方俊吉著

文史哲學集成

孟子學說及其在宋代之振興

文史哲出版社印行

孟子學說及其在宋代之振興 / 方俊吉著. --
初版 --臺北市：文史哲, 民 105.01 印刷
頁; 21 公分（文史哲學集成;291）
ISBN 978-957-547-799-8（平裝）

文史哲學集成 291

孟子學說及其在宋代之振興

著　　者：方　俊　吉
出 版 者：文 史 哲 出 版 社
http:// www.lapen.com.tw
e-mail：lapen@ms74.hinet.net
登記證字號：行政院新聞局版臺業字五三三七號
發 行 人：彭　正　雄
發 行 所：文 史 哲 出 版 社
印 刷 者：文 史 哲 出 版 社
臺北市羅斯福路一段七十二巷四號
郵政劃撥帳號：一六一八〇一七五
電話886-2-23511028・傳真886-2-23965656

實價新臺幣三八〇元

一九九三年（民八十二）七月初版
二〇一六年（民一〇五）一月（BOD）初刷

ISBN 978-957-547-799-8　00291

孟子學說及其在宋代之振興 目次

前言

孟子生當周室衰微，教化陵夷，諸侯放恣，民不聊生之世。幼受賢母義方之教，及長，受業於子思之門人。其學則紹承子思、曾子，而推本於孔子。當此之時，天下方致力於合縱連横，務先權謀以爲上賢，百家競起，處士横議，棄仁義，尚功利，致令儒學不著，大道充塞。於是孟子秉天縱之資，挺英邁之氣，以排異端、息邪說、正人心、宏聖道爲己任。仰則乎天道，以「人性本善」立論，標舉「萬物皆備於我」之說，揭櫫「知言、養氣」以充本善之論，教人居仁由義，藉以正本清源。進而明義利之辨，析王霸之別，欲以說諸侯息霸業，行王道也。其憂之也深，故其言之也切；其慮之也遠，故其說之也詳。儒家之大道得以綿延恢宏於世，孟子居功厥偉。孟子之德業，儼然中流之砥柱也。

宋・孫奭之〈孟子正義序〉云：「夫揔羣聖之道者，莫大乎六經，紹六經之教者，莫尚乎孟子。自昔仲尼既沒，戰國初興，至化陵遲，異端並作。儀、衍肆其詭辯；楊、墨飾其淫辭，遂致王公納其謀以紛亂於上；學者循其踵以蔽惑於下。猶洚水懷山，時盡昏墊，繁蕪塞路，孰可芟夷？惟孟子挺名世之才，秉先覺之志，拔邪樹正，高行厲辭，導王化之源以救時弊；開聖人之道以斷羣疑。其言精而贍，其旨淵而通，致仲尼之教，獨尊於千古。非聖賢之倫，安能至於此乎？」信哉宗古之言。然孟子之說，時君咸以為迂濶而不能納之。自秦漢以降，或以孟子之倡論「民貴君輕」，有忤於封建之君威，故難以為帝王所接受，是以未能徧為士林之所重。《孟子》一書乃始終浮沉於經、子二部之間矣。中唐之世，韓文公起而排佛老，倡古文，標舉儒家之「道統」，推尊孟子之德業，孟子學說遂漸為世之所注意焉。

逮乎有宋，前後三百餘年，《孟子》一書，非但躋登經學之列，孟子之學說亦普為儒者之所倡論，尤以北宋中葉之後，道學興起，心性之論，一時成為學者探討之要。及至衣冠南渡，道學鼎盛，孟子學亦隨之發展而為時代之顯學，歷乎元、明、清數代而不衰，誠不可謂不盛矣。竊以學術之盛衰，當有其內、外之因由，孟子學說歷經千餘年之沉浮，至宋而振興，自有其所以然之緣由，殊值一探究竟也。

歷來之治孟學者夥矣，亦各有千秋。本研究除綜述孟學之梗概外，旨在探究有宋三百餘年間，政經、社會等背景，與學術發展之互動關係，藉以明析孟學所以振興之緣由，從而尋繹其發展之脈絡也。本文凡五章：首章〈孟子其人、其書〉，分別考察孟子之生平、所處之時代背景，及《孟子》七篇之成書，并所謂「外書」之問題。第二章〈孟子學說之概述〉，在綜述孟子之主要學術思想，如：天道觀性善說、持養論、政治論、教育論等。第三章〈宋代以前孟子學之顯晦〉，分別考述秦漢至於五代，政經、學術之變遷，與孟學顯晦之概況。第四章〈宋代之時局變遷與儒學之發展〉，分別就北宋之前、後期，與衣冠南渡之後，凡三時段之政經、社會與學術之變遷，考論儒學發展之脈絡及趨向。第五章〈

宋代孟子學振興之分期析究〉，就有宋三百餘年間，孟子學由「地位之確立」，而「激盪振興」，以至於「鼎盛」，三階段分別歸納其所以然之因由，論述之。余此所爲，雖不敢謂得孟學之要，然於後之治孟學之士，或有取焉。奈以撰著之際，教學兼身，且居處南台，文獻不足，資料難徵，疏漏之處，在所難免，淹雅君子，幸垂教焉。

第一章　孟子其人、其書

第一節　孟子之生平概略

《孟子》〈萬章下〉孟子謂萬章曰：「……頌其詩、讀其書，不知其人可乎？是以論其世也，是尚友也。」然則，欲探一家之學，不知其人誠不可也。唯孟子距今約兩千二、三百年，其事跡遙邈，又值周室衰微，群雄並起，文獻難以稽徵，是以歷來載籍多甚簡略。於今所見孟子生平之記載，以《史記》〈孟子、荀卿列傳〉爲最早，然亦僅百餘言而已。

傳云：「孟軻，鄒人也，受業子思之門人。道既通，游事齊宣王，宣王不能用。適梁，梁惠王不果所言，則見以爲迂遠而闊於事情。當是之時，秦用商君，富國彊兵；楚、魏用吳起，戰勝弱敵；齊威王、宣王用孫子、田忌之徒，而諸侯東面朝齊，天下方務於合縱連橫，以攻伐爲賢。而孟軻乃述唐、虞、三代之德，是以所如者不合。退而與萬章之徒序《詩》、《書》，述仲尼之意，作《孟子》七篇。」

東漢趙岐爲《孟子》作注，乃今存最早一家，其〈題辭〉述孟子生平，雖較史傳爲詳，然猶未完備，有所疏略。

〈題辭〉云：「孟子，鄒人也，名軻，字則未聞也。鄒本春秋邾子之國，至孟子時，改曰鄒矣。國近魯，後爲魯所并，又言邾爲楚所并，非魯也。今鄒縣是也。或曰孟子，魯公族孟孫之後①，故孟子仕於齊，喪母而歸葬於魯也。三桓子孫，既以衰微分適他國。孟子生有淑質，夙喪其父，幼被慈母三遷之教，長師孔子之孫子思，治儒術之道，通五經，尤長於詩、書。周衰之末，戰國縱橫，用兵爭強，以相侵奪。當世取士，務先權謀以爲上賢。先王大道，陵遲隳廢，異端並起，若楊朱、墨翟放蕩之言，以干時惑眾者非一。孟子閔悼堯、舜、湯、文、周、孔之業，將遂湮微，正塗壅底，仁義荒怠，佞僞馳騁，紅紫亂朱。於是則慕仲尼，周流憂世，遂以儒道遊於諸侯，思濟斯民，由不肯枉尺直尋，時君咸謂之迂闊於事，終莫能聽納其說。孟子亦自知遭蒼姬之訖錄，值炎劉之未奮，進不得佐興唐、虞雍熙之和；退不能信三代之餘風，恥沒世而無聞焉，是故垂憲言以詒後人。仲尼有云：我欲託之空言，不如載之行事之深切著明也。於是退而論集，所與高第弟子，公孫丑、萬章之徒，難疑答問，又自撰其法度之言，著書七篇，二百六十一章，三萬四千六百八十五字。包羅天地，揆敘萬類，仁義道德，性命禍福，粲然靡所不載。……有風人之託物；二雅之正言。可謂直而不倨，曲而不屈，命世亞聖之大才者也。孔子自衛反魯，然後樂正，雅頌各得其所。乃刪《詩》，定《書》，繫《周易》，作《春秋》。孟子退自齊、梁，述堯、舜之道而著作焉。此大賢擬聖而作者也。七十子之疇，會集夫子所言，以爲《論語》，《論語》者五經之錧鎋，六藝之喉衿也。孟子之書，則而象之。……又有外書四篇：〈性善辨〉、〈文說〉、〈孝經〉、〈爲政〉（或作〈性善〉、〈辨文〉、〈說孝經〉、〈爲政〉）。其文不能宏深，不與內篇相似，似非《孟子》本眞，後世依放而託之者也。孟子既沒之後，大道遂絀。逮至亡秦，焚滅經術，坑戮儒生，孟子徒黨盡矣。其書號爲諸子，故篇籍得不泯絕。……」

至於《列女傳》〈母儀篇〉、《韓詩外傳》、《風俗通》〈窮通篇〉之所及，則止於片段之傳說耳。是以歷來爭議甚多。中古之後，考察議論者愈衆，尤以明、清二代爲夥。如：元有程復心之《孟子年譜》、張頊之《孟母墓碑記》，明代則有呂兆祥、呂逢時同編之《孟子年表》、譚貞默之《孟子編年略》、陳士元之《孟子雜記》、呂元善之《聖門志》、薛應旂之《四書人物考》、陳仁錫之《四書考》等。至於清代，則有黃宗羲之《孟子師說》、施彥士之《讀孟質疑》、毛奇齡《四書賸言》、閻若璩之《孟子生卒年月考》、萬斯同之《群書疑辨》〈孟子生卒年月辨〉、任兆麟之《孟子時事略》、潘眉之《孟子遊歷考》、黃玉瞻之《孟子年譜》、陳寶泉之《孟子時事考徵》、孟廣均之《孟子年表》、王特選、孟衍泰合編之《孟子年表》、宋翔鳳之《孟子事蹟考辨》、狄子奇之《孟子編年》、曹之升之《孟子年譜》、周廣業之《孟子四考》、林春溥《孟子列傳纂》及《孟子時事年表》、蔣陳錫等之《孟子年表》、黃本驥《孟子年譜》、臧庸之《拜經日記》有〈孟子生卒年月〉、張曜等之《重纂三遷志年表》、孔廣牧之《先聖生卒年月考》、朱芹之《孟子雜記》、梁玉繩之《史記志疑》、張宗泰之

《孟子七篇諸國年表》、魏源之《孟子年表考》、崔述之《孟子事實錄》、焦循之《孟子正義》、朱駿聲之《孟子紀年》、孫葆田之《孟子編略》、馮雲鵷之《孟子年譜》、蔣建侯之《孟子略考》（今收於其子蔣伯潛之《諸子通考》內）……等，誠不勝枚舉。民國以來，如羅根澤、胡適、繆天綬、錢穆、吳康、李日剛……等，亦有所考述。紛紜之說，不一而足。綜觀歷來諸家之爭議，則以孟子之生卒年歲，與遊仕經歷最爲分歧。有關師承與《孟子》一書之作者等問題，雖有異見，尚不複雜。至於家世、里籍、字號之問題，雖有詳略之出入，然大體而言，較爲明朗，且以其不涉於孟子之學術思想，是以鮮有嚴重之爭論矣。

今檢歷來有關孟子之生卒年歲諸說，僅生年一事，歧異之說，不下十種。其中以元張頊《孟母墓碑記》所載，謂孟子生於孔子卒後三十五年，即周定王二十五年（西元前四四四年），爲生年最早之說。而元程復心《孟子年譜》與清萬斯同《群書疑辨》〈孟子生卒年月辨〉所載，謂孟子生於周列王四年（西元前三七二年），此說則最晚，且主此一說者較其他爲多。僅一生年，前後竟相去七十餘年之遠矣。至於卒年，雖異見較少，亦不盡一致。主要有清周廣業《孟子四考》所稱，孟子卒於周赧王十三年（西元前三〇二年）之說外，錢穆《孟子要略》所附〈孟子年譜〉，則雖未直言孟子之卒年，然其年表所列迄於周赧王十九年（西元前二九六年），意蓋以此爲終卒之年。而程復心《孟子年譜》所載，孟子卒於周赧王二十六年（西元前二八九年）之說，則較爲普遍。是以歷來計孟子之年壽，即有七十四歲②、七十五歲③、八十四歲④、九十四歲⑤、與九十七歲⑥等出入。其中又以主八十四歲之說者為衆。其紛紜之況，可見一斑矣。錢穆《先秦諸子繫年考辨》卷二〈孟子生年考〉則云：「……顧余考齊宣王、梁惠王世次，史策既多誤。諸家據以論孟子，則宜其治絲而益棼矣。今既於齊、梁、宋、滕諸國世系年代，一一重為釐定，而孟子遊仕先後，亦詳加審核。參伍錯縱，斟酌事情，而定孟子生年，最早當在安王之十三年，最晚當在安王二十年。乃與朱子、周氏之所推定，亦若相符。然其立論造斷之所以然，則固自不同。且尤有進者，知人論世，貴能求其並世之事業，不務詳其生卒之年壽。今謂孟子生於烈王四年，或謂生於安王十七年，前後相去不越十五年，此不過孟子一人享壽之高下，與並世大局無關也。苟既詳考孟子遊仕所至，並世情勢，及列國君卿大夫往來交接諸學士，則孟子一人在當時之關係已畢顯，可無論其年壽之或為七十，或為八十矣。無徵不信，必欲穿鑿，則徒自陷於勞而且拙之譏，又何為者？」錢氏之說切實得理。唯欲探一家之學，則其師承之關係影響至鉅，誠又不能不知也。今依此原則，且列述孟子之師承及遊踪之概況如下：

孟子幼受賢母義方之教，固無疑義，然其師承之說，則歷來稍有出入。依《史記》所載，孟子乃「受業子思之門人。」唯劉向《列女傳》〈母儀篇〉則云：「孟子旦夕勤學不輟，師事子思，遂成天下之名儒。」《漢書》〈藝文志〉班固自注云：「名軻，鄒人，子思弟子。」趙岐〈題辭〉、應劭《風俗通》〈窮通篇〉之說亦同。自是爭議遂多。唐司馬貞《史記索隱》引王劭之說，疑《史記》所云，「人」為衍字。李翺《復性書》上篇云：「子思，仲尼之孫，得其祖之道，述《中庸》四十七篇，以傳於孟軻。」有宋司馬光《資治通鑑》〈周紀二〉顯王三十三年載：「初，孟子師子思，嘗問牧民之道何先？……」清毛奇齡《四書賸言》云：「王草堂謂《史記》〈孔子世家〉：『子思年六十二。』然考《春秋》，孔子卒在周敬王四十一年（西元前四七九年），伯魚尤先孔子卒三年矣。向使子思生於伯魚卒之年，亦止當在周烈王三、四年間。乃孟子實生於烈王四年，其距子思卒時，已有五十年之遠。……若孟子則不能親受業也。」雖然，毛奇齡之結論，卻以梁惠王即位之年距魯繆公卒年，不過四十餘年，而當時孟子已老。據此以謂孟子「受業子思，或未可盡非歟？」周廣業《孟子四考》四，則云：「伯魚先孔子五年卒。孔子卒，子思爲喪主，知其年已長矣。孟子書，論及張儀、公孫衍，當是赧王五年辛亥以後書。自辛亥逆推至敬王壬戌，孔子卒，百七十年。去伯魚卒，百七十四年。以百八、九十年間所生人物，而謂其處函丈，何壽考？至是，或謂安王二十五年甲辰，子思言苟變於衛，而孟子，魏惠時已稱叟，計其生，近安王即位時。謂孟子親受業奚不可？曰安王甲辰，去伯魚卒，百有七年，孔子卒，百有二年，可云子思尚存哉？孟子之少也，其母三遷而後知學，復爲斷機，其娶也，見妻踞而欲出之，其時，吾不知其年，固知未從子思學也。過此，又可云子思尚存哉？且魯繆公在威烈王十九年甲戌，而孟子書亟稱繆公尊禮子思，時子思年已九十耄矣。其居衛有齊寇，必少壯從仕時事。言苟變於衛，亦必在悼敬昭公時。夫思、孟生卒之年既不相値，而孟子稱子思字者非一，又言昔者魯繆公，其爲追溯無疑。惟是子思之學，得諸曾子，而七篇述二子之言最多，則師承固非無自耳」。且觀焦循《孟子正義》云：「按〈六國年表〉魯穆公元年，即威烈王十九年；魏惠王元年，當周烈王六年，相距三十八年。惠王三十五年，孟子來大梁，上溯魯穆公時，已七十餘年。如以親受業子思言之，則子思年必大耋，而孟子則童年時也。」竊以周廣業、焦循之辨甚詳，亦較近是。蓋依情理言，孟子畢生最崇慕者，乃孔子也，若眞親炙於孔子之孫子思，則七篇之中，必亟言所承教論，且當多所稱頌。今觀《孟子》一書則不然，是於情、於理均有未洽也。至於其學出於曾子、子思一脈，而推本於孔子，則當無庸置疑矣。

至於孟子遊蹤之說，雖論說不一，然錢穆於《四書釋義》〈孟子要略〉中，以其重爲齊、梁、宋、滕諸國釐定世系年代爲據，參之七篇所載，而訂孟子遊仕之先後⑦。較之歷來諸說尤爲審慎，頗値參考。〈要略〉謂孟子「遊齊，當齊威王之世。與匡章交遊。……其後，孟子嘗居宋。去宋過薛。曾在魯。魯平公元年，當齊威王之三十六年。臧倉毀孟子後喪踰前喪，……及返鄒。孟子至滕。孟子去滕，遂遊梁，當梁惠王之後元十五年，爲齊威王三十八年。是年，齊威王薨，子宣王立。明年，梁惠王薨，子襄王立。是年孟子即去梁返齊，爲齊宣王元年。燕王噲讓國於相子之，國亂，齊伐燕，其事在宣王六年。至宣王九年，爲燕昭王元年，燕既畔齊，孟子亦去，當在其時。今考孟子年歲，其至梁在惠王後元十五年，時惠王在位已五十一年，計其壽殆及七十，或已過之，而稱孟子曰「叟」。「叟」是長老之稱，則孟子之年亦當近及七十也。至是去齊，又踰七、八年，孟子已老，此後遂不復見於世矣。」錢氏所考歷程，均附引七篇中相關章節以爲佐證。雖自謂「余茲所陳，固非以爲定論，而摧廓舊說，開陳新義，亦足見考古之意。」⑧然依其所考，則非但於孟子之遊蹤可瞭然若指，且於七篇中相關章節之時空背景，亦可了無滯礙矣。

【附註】

①按：宋鄭樵《通志》〈氏族略四〉載：「孟氏，姬姓，魯桓公慶父之後也。慶父曰公仲，本仲氏，亦曰仲孫氏，爲閔公之故，諱弒君之罪，更爲孟氏……齊有孟軻。」又清焦循〈孟子題辭正義〉則更考其世系云：「魯桓公生同，爲莊公。次慶父爲仲孫氏。次叔牙爲叔孫氏。次季友爲季孫氏，是爲三桓。仲孫氏即孟孫氏。慶父生公叔敖，即孟穆伯。穆伯生文伯惠叔。文伯惠叔生仲孫蔑，即孟獻子。獻子生仲孫速，即孟莊子。莊子生孺子秩。秩生仲孫貜，即孟僖子。僖子生仲孫何忌，即孟懿子。懿子生孟孺子洩，即孟孟武伯。武伯生仲孫捷，即孟敬子。入春秋後，其獻子次子懿伯生仲孫羯。杜預《世族譜》以懿伯即子服仲叔它。生孟椒。椒生子服回。回生子服何，是爲子服景伯，別爲子服氏。孟氏之族有孟公綽、孟之反。孟懿子之弟有南宮敬叔。孟武伯之弟有公期孟。……其後宜有達人。孟子既以孟爲氏，宜爲孟孫之後，但世系不可詳。故趙氏以或曰疑之耳。」

②見錢穆《四書釋義》〈孟子要略〉附〈孟子年譜〉起自周烈王六年（西元前三七〇年），終於周赧王十九年（西元前二九六年），前後凡七十四年。

③見《孔孟學報》第七期，屈萬里〈孟子七篇的編者和孟子外書的眞僞問題〉云：「孟子或生於周安王十七年前後，卒齊宣王八年以後，年約七十五歲左右，或者近乎事實。」

④見明陳士元《孟子雜記》引《孟氏譜》云：「孟子以周定王三十七年四月二日生，即今之二月二日。赧王二十六年正月十五日卒，即今之十一月十五日，壽八十四，墓在鄒縣四基山。」清黃宗羲《孟子師說》雖按之《史記》謂定王二十八年崩，無三十七年，然以魯平公六年次之，上距周安王五年甲申，則年八十四矣。蔣建侯《

孟子略考》則謂「生於周烈王四年……周赧王二十六年卒。年八十四。」

⑤見李日剛《孟子釋義》云：「竊嘗推勘及此，以爲欲考定孟子生卒年壽，仍應就《索隱》之原始記載求之。《索隱》所列生年「定王三十一」及「年八十四」，當必爲「安王二十」及「年九十四」傳寫之誤。」

⑥見清陳寶泉《孟子時事考徵》引甘馭麟氏之說，謂生於安王丙申，年九十七。

⑦見錢穆《先秦諸子繫年考辨》卷二，〈孟子生年考〉。

⑧見同註⑦。

第二節　孟書之篇章與作者

《孟子》一書，體裁仿《論語》，而書名則同於諸子。趙岐〈題辭〉云：「其書號爲諸子，故篇籍得不泯絕。」今之傳本凡七篇：〈梁惠王〉、〈公孫丑〉、〈滕文公〉、〈離婁〉、〈萬章〉、〈告子〉、〈盡心〉，各篇均分上下。《史記》〈孟子、荀卿列傳〉載：「……孟軻乃述唐、虞、三代之德，是以所如者不合。退而與萬章、公孫丑之徒序《詩》、《書》，述仲尼之意，作《孟子》七篇。」然則，司馬遷當時所見《孟子》，其篇數與今本符。唯〈漢志〉所著錄則謂《孟子》十一篇，而班固〈漢志〉即以劉歆《七略》爲底本，據此，則西漢晚期，《孟子》一書即有十一篇之本傳世。東漢應劭《風俗通》〈窮通篇〉亦云：「孟子作書，中外十一篇。」趙岐〈題辭〉則云：「此書孟子所作也，故總謂之《孟子》。……於是退而論集，所與高第弟子公孫丑、萬章之徒，難疑答問，又自撰法度之言，著書七篇。……又有外書四篇：〈性善辨〉、〈文說〉、〈孝經〉、〈爲政〉（或作〈性善〉、〈辨文〉、〈說孝經〉、〈爲政〉）。其文不能宏深，不與內篇相似，似非《孟子》本眞，後世依放而託也。」是東漢之時，十一篇本之《孟子》似已流行矣。而趙岐爲孟書作注，不能不詳爲辨明，故斥所謂外書四篇，其文不能宏深，判其非《孟子》本眞，而不爲作注，以故外書終不傳焉。

今考《荀子》與兩漢諸書所引孟子之言，多有不見於今本《孟子》者，如：

○《荀子》〈大略篇〉引孟子三見齊王而不言事，門人問曰：「曷爲三遇齊王而不言事。」孟子曰：「我先攻其邪心。」

○《荀子》〈性惡篇〉：「今人之性善，皆將喪失其性故也。」孟子曰：「今之學者，其性善也。」

○《史記》〈殷本紀〉有「孟軻謂之寄君。」唐司馬貞《索隱》云：「奇君謂人困於下，主驕於上，故孟軻謂之寄君也。」

○《史記》〈燕召公世家〉載：死者數萬，衆人恫恐，百姓離志，孟軻謂齊王曰：「今伐燕，此文、武之時，不可失也。」司馬貞《索隱》云：「謂如武王成文王之業伐紂之時。然此語與《孟子》不同。」

○《史記》〈淮南衡山列傳〉載：伍被對淮南王云：孟子曰：「紂貴爲天子，死曾不若匹夫，是紂先自絕於天下久矣，非死之日而天下去之。」

○《韓詩外傳》：孟子云：「江海異於行潦者，深廣也；泰山別於邱陵者，高大也。若深不異於行潦，則孺子浴其淵；高不出於邱陵，則跛羊陟其巔。」

○《韓詩外傳》：高子問於孟子曰：「夫嫁娶者，非己所自親也，衛女何以編於《詩》也？」孟子曰：「有衛女之志則可，無衛女之志則怠。若伊尹於太甲，有伊尹之志則可，無伊尹之志則篡。」

○《韓詩外傳》：孟子說齊宣王而不悅，惇于髡侍，孟子曰：「今日說公之君不悅，意者其未知善之爲善？」惇于髡曰：「夫子亦誠無善耳，昔者匏巴鼓瑟，而潛魚出聽；伯牙鼓琴，六馬仰秣。魚馬猶知善之爲善，而況君人者也。」孟子曰：「夫震雷之起也，破竹折木，震驚天下，而不能使聾者卒有聞；日月之明，遍照天下，而不能使盲者卒有見。今公之君若此也。」惇于髡曰：「不然，昔者揖封生高商，齊人好歌，杞梁之妻悲哭，而人稱詠。夫聲無細而不聞，行無隱而不形。夫子苟賢，居魯而魯國之削何也？」孟子曰：「不用賢，削何有也。呑舟之魚，不居潛澤；度量之士，不居汙世。夫蓺、冬至必彫，吾亦時矣。」

○劉向《說苑》載：孟子曰：「人皆知以食愈饑，莫知以學愈愚。夫學者崇名立身之本也。儀狀齊等，而飾貌者好；質性同倫，而學問者知。是故砥礪琢磨非金也，而可以利金；詩書僻立非我也，而可以厲心。」

○《說苑》又載：或問爲學之道，孟子曰：「靜，然後知虛。使良心不汨於欲，領然後會；使良知不誘於物，則道之章微析妙罕不解矣。此學之道也。」

○又：孟子曰：「人皆知糞其田而莫知糞其心。糞田不過利苗得粟；糞心易行，而得所欲。何謂糞心？博學多問；何謂易行？一欲止淫。」

○《列女傳》載：孟子曰：「君子稱身而正位，不為苟得受賞。」

○揚雄《法言》〈修身篇〉載：孟子曰：「有意而不至，有矣！未有無意而至者也。」①

○應劭《風俗通》〈正失篇〉：孟軻云：「堯、舜不勝其美，桀、紂不勝其惡。」

○桓寬《鹽鐵論》載：孟子曰：「吾於河廣知德之至也。」

○《鹽鐵論》又載：孟子曰：「堯、舜之道，非遠人也，人不思之爾。」

○又：孟子曰：「居今之朝不易其俗，而成千乘之勢，不能一朝居也。寧窮居於陋巷，安能變己而從俗？」②

○又：孟子曰：「蠶麻以時，布帛不可勝衣也；佃漁以時，魚肉不可勝食。」③

○鄭玄注《禮記》〈孔子閒居〉：孟子曰：「舜年五十，而不失孺子之心。」

○又《周禮》〈大行人〉注引：孟子曰：「諸侯有王。」

○高誘注《呂氏春秋》〈當染篇〉引：孟子曰：「王者師臣也。」④

倘就前舉《荀子》與《史記》之引文觀之，固可謂今傳七篇本，有所遺佚。若以《史記》之後，諸書所引未見於今本者而論，將之視即外書四篇之逸文，亦非不可。此外，兩漢以降，學者引孟子之說而不見於今本，或與七篇異者，且偶可得見。無怪乎宋代以來，考逸者不乏其人也⑤。

唯所謂外書四篇者，趙岐之時既已斥其非《孟子》之本眞矣，而後之學者竟猶有強爲之說，甚或僞作以滿足其說者。蓋自《隋書》〈經籍志〉著錄有晉、綦毋邃《孟子注》九卷⑥，而有關外書之論遂又興起。焦循《孟子正義》云：「（南宋）孫奕《履齋示兒篇》云：『昔嘗聞前輩有云，親見館閣中有《孟子》外書四篇：曰〈性善辨〉，曰〈文說〉，曰〈孝經〉，曰〈爲政〉。』」周廣業《孟子四考》〈外書篇目〉，則引陳仁錫《孟子考異序》云：「曰〈性善〉、曰〈辨文〉、曰〈說孝經〉、曰〈爲政〉，蓋依元刻《玉海》〈藝文〉句讀也。」周氏又云：「劉昌詩云：『新喻謝氏多藏古書，有〈性善辨〉一帙。』則知與〈文說〉、〈孝經〉、〈爲政〉是謂四篇。」然翟灝《四書考異》以爲「南宋去趙氏，千有餘歲，不應館閣中能完然如故，孫氏僅得耳聞，道聽途說，必不足爲據。」而清李慈銘《越縵堂讀書記》竟稱：「《孟子》外書四篇，此書具多微言精理，與七篇毫無差謬，不解邠卿何以不取？」蓋李慈銘之所據，當是今所見，光緒七年八月重刊於廣漢之函海本《孟子外書四篇》⑦，該書署名宋熙時子注，清左綿，李調元校，其末並附有馬端臨之父廷鸞之序。實則，相傳熙時子即北宋時人劉攽，唯宋人卻未嘗提及劉氏有此著作⑧。丁杰《小酉山房集》〈孟子外書疏證〉云：「此書雜採他書引《孟子》文，兼及其不云孟子者，綴輯敷衍，往往氣不貫穿。人名事蹟，僞謬甚多。後人徵引，或由傳聞失實，豈有直接其人，目擊其事，與其徒著書而紀錄不眞者乎？姚叔祥好造僞書，此爲叔祥僞造無疑。」蔣伯潛《諸子通考》下篇〈諸子著述考〉按云：「姚士粦（叔祥）所傳之本，係吳騫刊行。」是知今所見《孟子外書四篇》乃明姚士粦所造，屬僞中之僞，誠不值討論矣。此外，有以外書四篇，乃孟子之門人所記者，如清陳寶泉《孟子時事考徵》即持此見。然若就外書四篇之篇目觀之，已顯然與七篇相異其趣矣。蓋七篇之題，與《論語》相似，皆取各篇首章、首句之二、三字為之，是以篇題與內容並無關連。而外書四篇之目，雖或因句讀之不同而有二說，然均各具意義，其與七篇不倫，至為明確。是以其文即便留存，亦誠不得與七篇相提並論。況乎趙氏早已謂其不能宏深，而不為之作注。無怪乎歷來論孟子之學術思想者，多不及之矣。

再者，清馬國翰《玉函山房輯佚書》有〈孟子篇敘〉之文。焦循《孟子正義》引周廣業之〈孟子章指考證〉所云：「篇敘亦趙邠卿所作，其意蓋本序卦，欲使知篇次相承，不容紊錯也。」論曰：「孟子以為聖王之盛，惟有堯、舜。堯、舜之道，仁義為上，故以梁惠王問利國，以仁義為首篇也。仁義根心，然後可以大行其政，故次之以公孫丑問管、晏之政，答以曾西之所羞也。政莫善於反古之道，滕文古樂反古，故次以文公為世子始，有從善思禮之心也。奉禮之謂明，明莫甚於離婁，故次之以離婁之明也。明者當明其行，行莫大於孝，故次之以萬章問舜往於田號泣也。孝道之本，在於情性，故次以告子論情性也。情性在內，而主於心，故次以盡心也。盡己之心，與天道通，道之極者也，是以終於盡心也。」據此觀之，七篇之意似有相屬，脈絡一貫矣。唯若謂孟子七篇篇首之義自相關連，固似可通，然若謂七篇之文，義相條貫則不可。蓋〈梁惠王〉首章固論仁義，唯其餘各章，有論王政，論湯武革命者，豈可以首章之論仁義而涵蓋之？〈公孫丑〉首章問管、晏之政，而其次則論不動心、論養氣、知言，與夫出處、進退、擴充四端之大道，此又豈能以為政一義包舉之？其餘各篇亦然。足見將七篇之義，強以各篇首章聯綴之，恐失之籠統矣。

至於《孟子》七篇之作者，歷來之說亦紛紜不一。《史記》〈孟子、荀卿列傳〉云：「退而與萬章、公孫丑之徒序《詩》、《書》，述仲尼之意，作《孟子》七篇。」趙岐〈題辭〉云：「此書孟子所作也，故總謂之《孟子》。……於是退而論集，所與高第弟子公孫丑、萬章之徒，難疑答問，又自撰法度之言，著書七篇。」應劭《風俗通》〈窮通篇〉亦云：「孟子作書，中外十一篇。」至於有唐，韓愈於〈答張籍書〉云：「孟軻之書，非軻自著。軻既沒，其徒萬章、公孫丑相與記軻所言焉耳。」而林愼思之《續孟子》序亦云：「《孟子》書，先自其徒記言而著，予所以復著者，蓋以孟子久行教化，言不在其徒盡矣。故演作《續孟》。」韓、林之說與兩漢諸家不同，雖未列舉所據，然已引發後之學者之議論矣。北宋之時，司馬光著《疑孟》以明《孟子》書，有非軻之言者。蘇轍《古史》〈孟子傳〉則云：「退而與其弟子公孫丑、萬章之徒，記其平生答問稱道之言，作《孟子》七篇。」南宋晁公武《郡齋讀書志》子部．儒家類〈孟子〉云：「按此書韓愈以爲弟子所會集，非軻自作。今考其書，則知愈之言非妄也。書載孟子所見諸侯皆稱謚，如齊宣王、梁惠王、梁襄王、滕定公、滕文公、魯平公是也。夫死然後有謚，軻著書時，所見諸侯不應皆死。且惠王元年至平公之卒，凡七十七年，孟子見惠王，王目之曰叟，必已老矣，決不見平公之卒也。故予以愈言爲然。」⑨稍後朱熹於應答弟子吳伯豐之問，則云：「熟讀七篇，觀其筆勢，如鎔鑄而成，非綴輯可就也。」⑩又《朱子語類》亦載朱子云：「《論語》多門弟子所集，故言語時有長短不類處。孟子疑自著之書，故首尾文字一體，無此子瑕疵，不是自下手，安得如此好？若是門弟集，則其人亦甚高，不可謂軻死不傳。」雖然，朱熹《孟子集註》〈滕文公〉首章在「孟子道性善，言必稱堯、舜」下竟注云：「門人不能悉記其辭，而撮其大旨如此。」又於同篇第四章：「決汝、漢，排淮、泗，而注之江」下注云：「記者之誤也。」是朱熹自相矛盾矣。趙順孫〈孟子集註序說〉纂疏云：「韓子曰：『孟軻之書，非軻自著。軻既沒，其徒萬章、公孫丑相與記軻所言焉耳。』愚案：二說不同，《史記》近是。」明陳士元《孟子雜記》引蘇洵之言云：「《孟子》之文，語約而意盡，不為巉刻斬絕之言，而其雄不可犯。」又引賈同〈責荀篇〉之說，云：「《孟子》十四篇者，孟軻之述也」。是知宋、明之時，七篇作者之說，已呈紛歧矣。至於有清，閻若璩之《孟子生卒年月考》則先調和諸說云：「道不行，歸而作書七篇。……卒後，書為門人所敘定，故諸王加諡焉。」然卻又云：「七篇為孟子自作。止韓昌黎故亂其說，……七篇成于己手，故但記言語或出處耳。」周廣業《孟子四考》則以為：「此書敘次數十年之行事，綜述數十人之問答，斷非輯自一時，出自一手。其始章、丑之徒，追隨左右，無役不從，於孟子之言、動，無不熟察而詳記之。每章冠以孟子曰者，重師訓，謹授受，兼法《論語》也。」崔述《孟子事實錄》亦謂：「余按：謂《孟子》一書為公孫丑、萬章所纂述者，近是。謂孟子與之同撰，或孟子所自撰，則非也。《孟子》七篇之文，往往有可議者，如禹決汝、漢，排淮、泗，而注之江，伊尹五就湯、五就桀之屬，皆於事理未合。果孟子所自著，不應疏略如是，一也；七篇中，稱時君皆舉其諡，如梁惠王、襄王、齊宣王、魯平公、鄒穆公皆然。乃至滕文公之年少亦如是，其人未必皆先孟子而卒，何以皆稱其諡？二也；七篇中於孟子門人多以子稱之，如樂正子、公都子、屋廬子、徐子、陳子皆然，不稱子者無幾，果孟子所自著，恐未必自稱其門人皆曰子，三也。細玩此書，蓋孟子門人萬章、公孫丑等所追述，故二子問答之言，在七篇中爲最多，而二子在書中亦皆不以子稱也。」魏源之《孟子年表考》第五，則又以爲：「七篇中無述孟子容貌言動，與《論語》爲弟子記其師者不類，當爲手著無疑。又公都子、屋廬子、樂正子、徐子皆不書名，而萬章、公孫丑獨名。《史記》謂退而與萬章之徒作七篇者，其爲二人親承口授而筆之書甚明。（咸丘蒙、浩生不害、陳臻等偶見，或亦得預記述之列）與《論語》成於有子、曾子門人，故獨稱子者，殆同一間，此其可知者。」梁啓超《要籍解題及其讀法》之說，與崔述略同，唯其《古書眞僞及其年代》則云：「大約是孟子弟子所編，曾經孟子看過。」

逮乎晚近，蔣伯潛於《諸子通考》下編〈諸子著述考〉之說，亦與崔述無別。其結語云：「故《孟子》七篇，必非孟子自著。惟《論語》非一人、一時所記纂，故〈上論〉、〈下論〉截然不同。《孟子》則由萬章、公孫丑等親炙弟子一次纂成，故全書一致耳。」而羅根澤《諸子考索》〈孟子傳〉則更綜列歷來主要諸說，並詳加考論崔述所云，案曰：「綜合諸儒之說，竊韙史公之說，任公之釋。《孟子》書中，皆稱孟子，古無自己稱子之例；且於門弟子亦時稱子，更不合理，故朱子自著之說，不能立也。韓氏謂軻既沒，其徒萬章、公孫丑等所追記，而未佐證；至晁氏始以所見諸侯皆稱謚爲言；至崔氏更益以書有可議及門人爲子二事。今考孟子見梁惠王⑪、滕文公，則梁惠王、滕定公皆卒於孟子前，自無待言。……惟鄒穆、滕文之卒，於史無考，而以可考者例之，多數稱謚者皆先孟子卒，孰能必其不亦先孟子卒乎？……總之，可知者皆卒先孟子，不可知者，不能據爲《孟子》書必爲卒後門弟子所追記之證也。至決汝、漢，排淮、泗，而注之江之紕繆，伊尹五就湯、五就桀之荒唐，亦不足爲未經孟子寓目之證。史地專家，猶有時而誤，況孟子言此，乃藉以明理，而史實非所留意而深考者乎？……予竊謂此等神語式之口碑，周、秦之際，所在多有，孟子偶爾摭拾以爲論理明義之資，萬章等記錄撰述，據之而書，孟子鑑核，亦因仍未改，以意不在考訂事蹟故也。不然，如崔氏之言，書成於孟卒之後，謂孟子無此言耶？萬章等何得任意附會？謂孟子有此言耶？則與成於卒前、卒後無涉也。崔氏疑古太甚，故有此進退失據之懷疑也。決汝、漢云云，其舛繆失實，無庸言諱。但爲作者失檢，抑傳寫之誤，尚不可定。此種僞謬，任人書中，皆所難免。……豈能以一二語之偶誤，而謂全書成於孟子之後耶？孟子亦人耳，則必無失檢偶誤；萬章等孟子弟子耳，獨須定有譌舛。況此而文誤，則其失亦不在孟子、萬章也。故余以爲謂此爲紕繆失實則可，以此斷定非孟子曾經寓目則不可。書中萬章、公孫丑不稱字，他弟子稱字，故知爲萬章、公孫丑等所撰述（陳臻、咸丘蒙，容亦預修撰之列，魏源說甚是）；書中無述孟子行狀者（所記辭受取予、出處進退，皆因言論附敘者），故知曾經孟子鑑核。至外書四篇，史公未見，當然爲後人僞託；今所傳者，更僞中之僞者也。」錢穆《四書釋義》〈孟子要略〉則列述《史記》、趙岐〈題辭〉與崔述《孟子事實錄》之說，而云：「今會合三說，殆孟子自有所撰，而終成於萬章、公孫丑之徒之所撰集，最爲近是。」

綜觀歷來犖犖諸說，要以羅根澤氏之說，較爲詳盡，亦洽近乎理。錢穆之說，固近似羅氏，唯未明所持之故，失之簡略矣。今復檢七篇二百六十章，除〈離婁〉之末，「齊人有一妻一妾」章，乃設事以闡理，未直稱孟子應答云謂之語外，其餘各章，無不有孟子之言說或應答之語者，而其行文均以「孟子曰」、「孟子對曰」等方式載錄。若屬孟子自撰，則按理應作「軻曰」、「軻對曰」或「孟軻曰」等，豈有自稱「子」者？由是觀之，羅根澤等人，謂七篇成於萬章、公孫丑，甚或陳臻、咸丘蒙等弟子亦與其事，應屬可取。再就其內容而言，似多萬章、公孫丑之徒，平素各有所記錄，而後加以彙整成書。且以七篇之中，獨湣王不稱謚號，推知編纂時間，當在湣王之時。按之錢穆所訂〈孟子年譜〉⑫，則湣王立於周赧王十四年（西元前三〇一年），其後，孟子至少尚存活五、六年。是以謂書曾經孟子所鑒核，當是合理也。

【附註】

①王應麟《困學紀聞》引此謂：「今《孟子》無此語，其在外書歟？」

②以上所引，除《列女傳》外，具見明陳士元《孟子雜記》〈逸文·校引·附記〉。而顧炎武《日知錄》卷十〈孟子外篇〉所考亦略同。

③見周廣業《孟子逸文考》。

④見同註③。

⑤如：宋之王應麟《困學紀聞》、馬端臨《文獻通考》、明陳士元《孟子雜記》、清顧炎武《日知錄》、周廣業

《孟子逸文考》、程大中《四書逸箋》、翟灝《四書考異》等。

⑥按：晉綦毋邃《孟子注》九卷，李善《文選注》尚引之，則其書在唐時或尚存在，唯唐人著作未見引用也。清同治間有輯佚一卷。

⑦按：《孔孟學報》第七期，載屈萬里先生考孟子外書之版本，計有函海本、藝海珠塵本、拜經樓本、經苑叢書本，與竹柏山房十五種本等。

⑧見蔣伯潛之《諸子通考》下編〈諸子著述考〉。

⑨按：朱彝尊之《經義考》引此，誤作晁說之之說。

⑩見《朱子語類》，王應麟《困學紀聞》引文同。

⑪按：梁惠王當是梁襄王之誤。蓋孟子見梁襄王，以推論梁惠王先於孟子卒，是也。

⑫見錢穆《四書釋義》〈孟子要略〉第一章〈孟子傳略〉附。

第三節　《孟子》七篇引述經籍與聖賢言行之概況

《孟子》〈滕文公下〉孟子曰：「……楊、墨之道不息，孔子之道不著，是邪說誣民，充塞仁義。仁義充塞，則率獸食，人將相食。吾爲此懼，閑先聖之道，距楊、墨，放淫辭。……」趙岐〈孟子題辭〉云：「（孟子）治儒術之道，通《五經》，尤長於《詩》、《書》，……孔子自衛返魯，然後樂正，雅、頌各得其所，乃刪《詩》、定《書》、繫《周易》、作《春秋》。孟子退自齊、梁，述堯、舜之道而著作焉。此大賢擬聖而作者也。七十子之疇，會集夫子所言，以為《論語》，《論語》者，五經之錧鎋，六藝之喉衿也。孟子之書，則而象之。」北宋孫奭之《孟子正義》序亦云：「夫摠群聖之道者，莫大乎《六經》；紹《六經》之教者，莫尚乎孟子。」然則，孟子挺天縱之才，紹承先聖之道，優游於六藝之中；留意於《詩》、《書》之際，欲以正人心、息邪說、距詖行、放淫辭。是以七篇所載，孟子引述經書或孔子嘉言者，所在多有。其有引《書》、《詩》二經者尤多。清陳澧《東塾讀書記》卷三云：「孟子通五經，尤長於《詩》、《書》。澧案：孟子引《詩》者三十，論《詩》者四；引《書》者十八，論《書》者一，又有似引《書》而不言《書》者一。所謂尤長於《詩》、《書》者，於此可以窺見矣。其引〈烝民〉之詩以證性善，性理之學也；引〈雨我公田〉以證周用助法，考據之學也；〈小弁〉之怨，親親也，親親，仁也。此由讀經而推求性理，尤理學之圭臬也。蓋性理之學、政治之學，皆出於《詩》、《書》，是乃孟子之學也。」實則，七篇中孟子除援述《詩》、《書》外，其說《禮》、言《春秋》，或引孔子、曾子等，聖賢之嘉言者亦不少，而向之學者考之者衆且詳矣。如：明陳士元之《孟子雜記》①，清顧炎武之《日知錄》②，及陳澧之《東塾讀書記》等③，均有所考。今人林漢仕於所著《孟子探微》中④，嘗分別就《孟》書所引《詩》、《書》之文，比對於今之傳本，甚為醒目。其表列如下：

(一)《孟子》引《書》（二十七則）表

孟子篇目	孟子引書原文	尚書篇目	今本書經異同	依據
梁惠王上	湯誓曰時日害喪予及女偕亡。	今文湯誓	今商書湯誓篇「害」作「曷」「偕」作「皆」。	
梁惠王下	書曰：天降下民，作之君，作之師。惟曰，其助上帝，寵之四方有罪無罪，惟我在。天下曷敢有越厥志。	僞古文泰誓上	正義說在「梅賾書泰誓上篇。」趙氏以《逸書》目之，則不當是《泰誓》之文。屈萬里氏疑在《周書》。	趙注尚書逸篇
	書曰湯一征，自葛始，天下信之，東面而征西夷怨，南面而征北狄怨，曰奚爲後我。	僞古文	今湯征引孟子文，故入逸篇屈萬里按趙岐不言逸篇。按趙氏云，此二篇皆《尚書》逸篇。亦見《盡心》篇引，惟無湯征說也。	趙注此二篇尚書逸文也
	書曰：徯我后，后來其蘇。		見滕文公欄引。	

滕文公

太甲曰：天作孽，猶可違，自作孽，不可活，此之謂也。（二引，其另一見離婁篇）	僞古文太甲（中）	天作孽，猶可違，自作孽，不可逭，互用孟子及禮記緇衣引太甲之文。	
若藥不瞑眩，厥疾不瘳。	僞古文說命上	焦正義云：趙稱書逸篇，未知所屬。今僞古文說命上「不」改爲「弗」。	
書曰：葛伯仇餉。	見尚書逸文引	趙岐說尚書逸篇也。今見僞古文尚書仲虺之誥。	
書曰：徯我后，后來其無罰。	僞古文仲虺之誥	僞古文改易孟子文爲「徯于后，后來其蘇。」又見尚書逸文湯征。	
有攸不惟臣，東征，綏厥士女，匪厥元黃，紹我周王見休，惟臣附于大邑周。	趙注尚書逸篇	僞古文尚書武成篇改易孟子之文爲：肆予東征，綏厥士女，惟其士女，篚厥玄黃，昭我周王，天休震動，用附我大邑周。	見江聲尚書逸文

	太誓曰：我武惟揚，侵于之疆，則取于殘，殺伐用張，于湯有光。	僞古文泰誓中	我武惟揚，侵于之疆，取彼凶殘，我伐用張，于湯有光改易孟子文如此。	趙岐古太誓文
	書曰：洚水警余。	趙云尚書逸篇	正義云：不知百篇何篇也。朱子云虞書大禹謨。按今在僞古文尚書。	
	放勳曰：勞之、來之、匡之、直之、輔之、翼之，使自得之，又從而振德之。	屈萬里附尚書逸文		
	書曰：丕顯哉，文王謨，丕承哉，武王烈，佑啓我後人，咸以正無缺。	趙云尚書逸篇	正義云：此引書亦不見二十八篇朱熹云周書君牙篇按亦僞古文尚書。「無」改爲「罔」。	
離婁	太甲曰：天作孽，猶可違，自作孽，不可活。	商書太甲		

萬章

堯典曰：二十有八載，放勳乃徂落，百姓如喪考妣，三年，四海遏密八音。	堯典	二十有八載，帝乃殂落，百姓如喪考妣，四海遏密八音。	今文虞夏篇
萬章曰：舜流共工于幽州，放驩兜于崇山，殺三苗于三危，殛鯀于羽山，四罪而天下咸服。	今文堯典	焦正義曰：此虞書堯典文也。「殺」易曰「竄」，「州」爲「洲」。	今文尚書堯典
萬章問曰：舜往于田，號泣于旻天。	僞古文大禹謨	帝初于歷山，往于田，日號泣于旻天，于父母（略有改易）。又見疑逸書篇（屈萬里說）。	朱熹注說
帝使其子九男二女，百官牛羊倉廩備，以事舜於畎畝之中。	疑逸書篇	見屈萬里尚書釋義卷一六四頁。	
萬章曰：父母使舜完廩、捐階、瞽瞍焚廩。使浚井，出，從而揜之。象曰：謨蓋都君咸我績、牛羊父母，倉廩父母，干戈朕，琴朕，弤朕，二嫂使治朕棲。象往	見屈萬里尚書釋義疑逸書篇	焦正義以爲文辭古崛，不類孟子文，史記舜本紀亦載其事，其爲舜典之文無疑，案今僞古文尚書大禹謨有「惟茲臣庶，期于予治」之文。	

入舜宮，舜在床琴。象曰：鬱陶，思君爾，忸怩。舜曰：惟茲臣庶，汝其于予治。			
欲常常見之，故源源而來，不及貢，以政接于有庳。	尚書逸篇	趙岐注皆尚書逸篇之辭孟子以告萬章。	焦循亦以爲逸文
書曰：祇載見瞽瞍夔齋栗，瞽瞍亦允若。	尚書逸文	趙岐稱尚書逸篇。正義曰：不見二十八篇。 屈萬里氏虞書篇載：疑虞書。	
泰誓曰：天視自我民視，天聽自我民聽。	僞古文	趙岐云：尚書篇名。 今見僞古文尚書泰誓（中）。	
伊訓曰：天誅造攻自牧宮朕載自亳。	尚書逸篇	趙注尚書逸篇。	
康誥曰：殺越人于貨閔不畏死，	今文康誥	趙注康誥，尚書篇名。殺越人于	

	凡民罔不譈。		貨暋不畏死，罔弗憝。	
告子	書曰：享多儀；儀不及物曰不享，惟不役志于享。	今文洛誥	趙注尚書洛誥篇。儀不及物「惟」曰不享，多一「惟」字。	
盡心	伊尹曰：予不狎于不順。	朱熹云商書太甲篇今僞古文尚書太甲上	正義引江聲尚書集注音疏說「自是尚書文而不稱書曰。」屈氏疑逸書篇引孟子。太甲上：予弗狎于弗順。略有改易。	
	王曰：無畏，寧爾也，非敵百姓也。若崩厥角稽首。	朱熹云書太誓文。僞古文尚書太誓（中）	罔或無畏，寧執非敵，百姓懍懍，若崩厥角。改易孟子述武王之語及史臣敘事之辭。	

按：表中所列，視陳澧《東塾讀書記》卷三所考多八則，且多《今文尚書》所未見者。其中孟子明言〈太甲〉、〈泰誓〉或《書》曰等，而不見於《今文尚書》者，當可斷其爲古老《尚書》之逸文無疑。至於孟子未明指其書目，而見於僞《古文尚書》者，固可能眞爲《書》之逸文，實亦有可能爲孟子所見之其他古籍之文，而王肅妄加採入，成爲僞《古文尚書》之片段也。

(二)《孟子》引《詩》（三十二則）表

孟子篇目	引詩原文	今詩經篇目	異同
梁惠王	詩云「經始靈臺、經之營之，庶民攻之，不日成之。經始勿亟，庶民子來，王在靈囿，麀鹿攸伏、麀鹿濯濯，白鳥鶴鶴。王在靈沼，於牣魚躍。」	趙注：〈大雅〉靈臺篇	焦《正義》說鶴鶴，詩作翯翯，肥澤也。
	詩云：「他人有心，予忖度之。」	趙注小雅巧言之篇	
	詩云「刑于寡妻，至于兄弟，以御于家邦。」	趙注大雅思齊篇	
	詩云：「思天之威，于時保之。」	趙注周頌我	

		將之篇	
	詩云：「王赫斯怒，爰整其旅，以遏徂莒，以篤周祐，以對于天下。」	趙注大雅皇矣之篇	焦正義說「遏」今詩作「按」。「莒」詩作「旅」。
	詩曰：「哿矣富人，哀此煢獨。」	趙注小雅正月之篇	
	詩云：「乃積乃倉，乃裹糇糧，于橐于囊，思戢用光，弓矢斯張，干戈戚揚，爰方啓行。」	趙注大雅公劉之篇	焦正義乃，迺古字通，糇、餱、乾食。
	詩云：「古公亶甫，來朝走馬，率西水滸，至于岐下，爰及姜女，聿來胥宇。」	趙注大雅綿之篇	正義：甫詩作父，古字通。
公孫丑	詩云：「自西自東，自南自北，無思不服。」	趙注大雅文王有聲篇	
	詩云：「迨天之未陰雨，徹彼桑土，綢繆牖戶，今此下民，或敢侮予。」	趙注邠國鴟鴞之篇	

	詩云：「永言配命、自求多福」（滕文公篇又引）⑤。	趙注大雅文王之篇	
滕文公	詩云：「晝爾干茅、宵爾索綯，亟其乘屋，其始播百穀。」	趙注豳風七月之篇	
	詩云：「雨我公田，遂及我私」	趙臣小雅大田之篇	
	詩云：「周雖舊邦，其命惟新。」	趙注大雅文王之篇	
	魯頌曰：「戎狄是膺，荆舒是懲。」另一章則下接「則莫我敢承。」	趙注魯頌閟宮之篇	
	詩云：「不失其馳，舍矢如破。」	趙注小雅車攻之篇	
離婁	詩云：「不愆不忘率由舊章。」	趙注大雅嘉樂之篇	焦正義：大雅假樂，毛傳假嘉也。
	詩云：「天之方蹶，無然泄泄。」	趙注大雅板	

		之篇	
	詩云：「殷鑒不遠，在夏后之世。」	趙注大雅蕩之篇	
	詩云：「商之孫子，不麗不億，上帝既命、侯于周服，侯服于周，天命靡常，殷士膚敏，祼將于京。」	趙注大雅文王之篇	
	詩云：「誰能執熱，逝不以濯。」	趙注大雅桑柔篇	
	詩云：「其何能淑，載胥及溺。」	趙注大雅桑柔篇	
萬章	詩云：「普天之下莫非王土，率土之濱莫非王臣。」	趙注小雅北山之篇	焦正義「薄」「普」是假借字，大也
	雲漢之詩曰：「周餘黎民，靡有孑遺。」	正義：大雅雲漢	
	詩云：「娶妻如之何，必告父母。」	趙注齊國風	

		南山之篇	
	詩曰：「永言孝思，孝思惟則。」	趙注大雅下武之篇	
	詩云：「周道如底，其直如矢，君子所履，小人所視。」	趙注小雅大東之篇	「底」詩作砥，礪石也，焦正義說。
告子	詩曰：「天生蒸民，有物有則，民之秉夷，好是懿德。」	趙注大雅蒸民之篇	正義說「烝」民，夷「彝」。
	詩云：「既醉以酒，既飽以德。」	趙注大雅既醉之篇	
盡心	詩曰：「不素餐兮。」	趙注魏伐檀之篇	
	詩云：「憂心悄悄，慍于群小。」	趙注邶風柏舟之篇	
	「肆不殄厥慍，亦不殞厥問。」	趙注大雅綿之篇也。	

按：表中所列，凡三十四則，含〈公孫丑上〉引〈大雅．文王〉：「永言配命，自求多福。」在〈離婁上〉重出一次⑥；及〈魯頌．閟宮〉：「戎狄是膺，荊舒是懲。」分別在〈滕文公上〉與〈滕文公下〉均有援引，實止三十二則。而陳澧所考凡三十則⑦。其中含重複出現之二則外，另有〈梁惠王下〉「齊宣王見孟子於雪宮」章，孟子謂昔齊景公召太師作樂，其詩曰：「畜君何尤。」此詩不見於三百篇，陳氏亦計其數，而林氏表中則未列之。至於，〈滕文公下〉王良所引〈小雅．車攻〉：「不失其馳，舍矢如破。」與〈萬章上〉萬章所引〈齊國風．南山〉娶妻如之何？必告父母。」二章，因非孟子本人所言，陳氏明言不列於三十則之中。另陳氏三十則中，有〈滕文公上〉「有爲神農者」章，孟子引〈小雅．伐木〉：「出於幽谷，遷於喬木。」林氏之表則漏列矣。

(三)《孟子》七篇之引述《易》：

七篇之中，雖未見孟子明引《易》之言語，然〈公孫丑下〉陳臻問曰：「前日於齊，王餽兼金一百而不受。於宋餽七鎰而受。於薛，餽五十鎰而受。前日之不受是，則今日之受非也。今日之受是，則前日之不受非也。夫子必居一於此矣。」孟子曰：「皆是也。當在宋也，予將有遠行，行者必以贐，辭曰餽贐，予何爲不受？當在薛也，予有戒心，辭曰聞戒，故爲兵餽之，予何爲不受？若於齊則未有處也，無處而餽之，是貨之也。焉有君子而可以貨取乎？」又〈滕文公下〉彭更問曰：「後車數十乘，從者數百人，以傳食於諸侯，不亦泰乎？」孟子曰：「非其道，則一簞食不可受於人；

如其道，則舜受堯之天下，不以爲泰。」正孟子體現《易》〈乾．文言〉所云：「知進退存亡而不失其正者，其惟聖人乎」之精神處。且〈公孫丑上〉孟子稱頌孔子謂：「……可以仕則仕，可以止則止；可以久則久，可以速則速，孔子也。皆古聖人也。吾未能行焉，乃所願則學孔子也。」其理亦同。

〈滕文公下〉孟子曰：「……天下之生久矣，一治一亂。」則又孟子體會《易》〈繫辭下〉所云：「《易》之爲書也，不可遠；爲道也，屢遷。變動不居，周流六虛，上下旡常，剛柔相易」之理，此其明證也。至於七篇中，諸多孟子勉人進德立誠之言，實可謂宏揚《易》〈乾．文言〉所云：「君子進德修業，忠信所以進德也；修辭立誠，所以居業也」之道。其他表現《易》之精義處，亦隨處可見也。在在均足以證明孟子之深明於《易》，且勤於體現恢宏也。

(四)《孟子》七篇之引述《禮》：

陳澧《東塾讀書記》云：「孟子說《禮》有明言《禮》者，（如：《禮》曰：諸侯耕助云云。禮朝廷不歷位而相與言云云，是也。諸侯失國云云。）……有不明言《禮》者，（古者棺槨無度云云。夏后氏五十而貢云云。夏曰校云云。卿以下必有圭田云云。）……有與人論《禮》者，（景丑曰：《禮》曰：父召無諾云云。淳于髡曰：男女授受不親，禮與。齊宣王曰：神爲舊君有服。萬章曰：父母愛之，喜而不忘云云。與〈內則〉略同。）其曰諸侯之禮，吾未之學。蓋禮文繁博，閒或有未學者，故趙氏不以爲尤長耳。」⑧是知孟子雖不以《禮》爲特長，然亦時時關注於《禮》，且亟論述及之也。

(五)《孟子》七篇之引述《春秋》：

陳澧《東塾讀書記》云：「孟子說《春秋》者雖不多，其云臣弒其君，子弒其父。孔子懼，作《春秋》。《春秋》，天子之事也。此明《春秋》之所以作也。《春秋》無義戰，亦《春秋》之大義。故孟子亦惡戰也。（其事、其文、其義三者，不獨深明《春秋》，凡後世史學亦包括無遺矣。）」⑨按：《孟子》言及《春秋》者雖僅八次，但以《論語》一書近五百章，於《春秋》卻隻字未及，較之，則孟子所云《春秋》之所以作之言，彌顯珍貴矣。

(六)《孟子》七篇引述孔子之言行：

〈公孫丑上〉孟子曰：「……宰我、子貢，善爲說辭；冉牛、閔子、顏淵，善言德行；孔子兼之，曰：我於辭命則不能也。然則，夫子既聖矣乎。」又：「乃所願則學孔子也。」且亟稱於孔子曰：「自有生民以來，未有孔子也。」顧炎武《日知錄》云：「孟子引孔子之言，凡二十有九。其載於《論語》者八。」又云：「又多大同而小異。然則，夫子之言，其不傳於后者多矣。故曰：仲尼沒而微言絕。」⑩陳澧《東塾讀書記》云：「孟子引孔子之言，凡二十九，其載於《論語》者八。《日知錄》詳考之矣。其不明引孔子曰者，君子之德風也，小人之德草也，草上之風必偃。生事之以禮，死葬之以禮，祭之以禮。（孟子引曾子曰）亦見《論語》。大人者，言不必信，行不必果。亦本於《論語》。言必信，行必果，硜硜然小人哉。原泉混混，不舍晝夜。亦本於逝者如斯，夫不舍晝夜。蓋孟子之言，本於孔子者多矣。」⑪今林漢仕《孟子探微》重考之，謂：「孟子最敬孔子，所以全書引孔子之言有二十四次之多；引孔子行事以證道及敘孔子所以聖的，近三十次。」蓋不誤也。林氏並分：「引孔子曰的」、「藉孔子以明道的」、「接聞夫子狀貌、顏色、居處的」、「敘孔子之所以聖的」⑫。茲就林氏所考，分列如下：

○引孔子曰者：

孔子曰：「德之流行，速於置郵而傳命。」（〈公孫丑〉）

孔子曰：「聖則吾不能，我學不厭而教不倦也。」（〈公孫丑〉）

孔子曰：「爲此詩者，其知道乎？能治其國家，誰敢侮之。」（〈公孫丑〉）（另一引在〈告子〉）

孔子曰：「里仁爲美，擇不處仁，焉得智。」（〈公孫丑〉）

孔子曰：「君薨，聽於冢宰，歠粥、面深墨，即位而哭，百官有司莫敢不哀，先之也。」（〈滕文公〉）

孔子曰：「知我者，其爲《春秋》乎；罪我者，其爲《春秋》乎。」（〈滕文公〉）

孔子曰：「大哉！堯之爲君，惟天爲大，惟堯則之，蕩蕩乎民無能名焉。君哉！舜也，巍巍乎有天下而不與焉。」（〈滕文公〉）

孔子曰：「道二，仁與不仁而已矣！」（〈離婁〉）

孔子曰：「仁不可爲衆也，夫國君好仁，天下無敵。」（〈離婁〉）

孔子曰：「小子聽之，清斯濯纓，濁斯濯足矣，自取之也。」（〈離婁〉）
孔子兼之，曰：「我於辭命則不能也。」（〈公孫丑〉）
孔子曰：「求，非我徒也，小子鳴鼓而攻之可也。」（〈離婁〉）
孔子曰：「其義則丘竊取之矣。」（〈離婁〉）
孔子曰：「於斯時也，天下殆哉岌岌乎。」（〈萬章〉）
孔子曰：「天無二日，民無二主。」（〈萬章〉）
孔子曰：「會計而已矣。」「牛羊茁壯長而已矣。」（〈萬章〉）
孔子曰：「唐、虞禪，夏后殷、周繼，其義一也。」（〈萬章〉）
孔子去魯曰：「遲遲吾行也。」（〈萬章〉）（又〈盡心〉篇有：去齊接淅而行，去他國之道也。）
孔子曰：「有命。」（〈萬章〉）
孔子曰：「操則存，舍則亡，出入無時，莫知其鄉。」（〈告子〉）
孔子曰：「舜其至孝矣；五十而慕。」（〈告子〉）
孔子曰：「過我門而不入我室，我不憾焉者，其惟鄉愿乎。」（〈盡心〉）
孔子曰：「惡似而非者：惡莠，恐其亂苗也；惡佞，恐其亂義也；惡利口，恐其亂信也；惡鄭聲，恐其亂樂也；惡紫，恐其亂朱也；惡鄉愿，恐其亂德也。」（〈盡心〉）

○藉引孔子以明道者：

「昔者孔子沒，三年門人治任將歸……子貢反築室於場，獨居三年，然後歸。」（〈滕文公〉）以證陳相、陳辛背師之非。

「孔子奚取焉！取非其招不往也。」（〈滕文公〉）（另一見〈萬章〉篇）

「孔子亦矙其亡也而往拜之，」（〈滕文公〉）說明君子之所養。

「楊、墨之道不息，孔子之道不著……孔子成《春秋》，亂臣賊子懼……我亦欲正人心，息邪說，距詖行，放淫辭，以承三聖者。」（〈滕文公〉）

「由此觀之，君不行仁政而富之，皆棄於孔子者也。」（〈離婁〉）

「禹、稷當平世，三過其門而不入，孔子賢之；顏子當亂世，居於陋巷，一簞食，一瓢飲，人不堪其憂，顏子不改其樂，孔子賢之。」（〈離婁〉）說明聖人易地皆然。

「孔子爲魯司寇，至乃孔子則欲以微罪行。」（〈告子〉）說明君子之所爲，衆人固不識也。

「孔子登東山而小魯，登太山而小天下。」（〈盡心〉）這是說明環境可改變人的眼界。

○接聞夫子狀貌、顏色、居處者：

傳曰：「孔子三月無君則皇皇如也。」（〈滕文公〉）

「孔子懼，作《春秋》；《春秋》，天子事也。」（〈滕文公〉）

「或謂孔子於衛主癰疽與侍人瘠環，何以爲孔子。」（〈萬章〉）

孔子去齊接淅而行，去魯曰：「遲遲吾行也。」（〈萬章〉）

「孔子仕於魯也，魯人獵較，孔子亦獵較。」（〈萬章〉）

「孔子嘗爲委吏矣，曰：會計當而已矣。嘗爲乘田矣，曰：牛羊茁壯長而已矣。」（〈萬章〉）

「孔子爲魯司寇不用，從而祭、燔肉不至，不稅冕而行。」（〈告子〉）

孔子在陳曰：「盍歸乎來，吾黨之小子狂簡，進取不忘其初。」（〈盡心〉）

○敘孔子所以聖者：

宰我、子貢善於說辭，冉牛、閔子、顏淵善言德行，孔子兼之，曰：「我於辭命則不能也；我學不厭而教不倦。」子貢曰：「學不厭，智也；教不倦，仁也；仁且智，夫子既聖矣乎。」（〈公孫丑〉）

「可以仕則仕，可以止則止，可以久則久，可以速則速，孔子也；……乃所願則學孔子也。」（〈公孫丑〉）（又見〈萬章〉）

自有生民以來，未有孔子也……宰我曰：「以予觀於夫子，賢於堯、舜遠矣。」子貢曰：「見其禮而知其政，聞其樂而知其德，由百世之後，等百世之王，莫之能違也。自生民以來，未有夫子也。」有若曰：「豈惟民哉，麒麟之於走獸，鳳凰之於飛鳥，泰山之於丘垤，河海之於行潦，類也，聖人之於民，亦類也，出於其類，拔乎其萃；自有生民以來，未有盛於孔子也。」（〈公孫丑〉）

「孔子，聖之時者也；孔子之謂集大成。」（〈萬章〉）

「以德服人者，中心悅而誠服也，如七十子之服孔子也。」（〈公孫丑〉）

「他日，子夏、子張、子游，以有若似聖人，欲以所事孔子事之，強曾子，曾子曰：不可……皜皜

乎不可尚已。」（〈滕文公〉）

「予未得爲孔子徒也，予私淑諸人也。」（〈離婁〉）

「孔子有見行可之仕，有際可之仕，有公養之仕。」（〈萬章〉）

「由文王至孔子，五百有餘歲……若孔子則聞而知之。」（〈盡心〉）

(七)《孟子》七篇引述曾子與子思之言行：

孟子既受業於子思之門人，子思又曾子之弟子，是以七篇中，除孔子外，援引或追述曾子與子思之言，視孔門其他弟子爲多。陳澧《東塾讀書記》云：「孟子稱述曾子者最多。曾子曰：戒之戒之。曾子曰：晉、楚之富。曾子曰：生事之以禮。曾子曰：脅肩諂笑。曾子謂子襄。曾子居武城。曾子養曾晳。曾子不忍食羊棗。子夏、子張、子游欲事有若，曾子曰不可。凡九條。孟子傳曾子之學，即此可見。孟施舍似曾子；北宮黝似子夏，是曾子、子夏皆不動心。此孟子不動之學所自出。曾子述夫子自反而縮數語，即孟子所謂浩然之氣也。又觀或問曾西一節，即孟子所謂不爲管仲也。即仲尼之徒無道桓文之事之證也。」又云：「檀弓、穆公之母卒，使人問於曾子曰：如之何？對曰：申也聞諸申諸父曰：哭泣之哀，齊斬之情，饘粥之食，自天子達。孟子告滕文公云：吾嘗聞之矣，三年之喪，齊疏之服，飦粥之食，自天子達於庶人。孟子所聞，蓋出於曾申所述曾子之語也。」⑬林漢仕《孟子探微》則謂：「述曾子之言的有十一次。」較陳澧所考多二則，並分：「引曾子曰的」與「述曾子以明事」。茲依林氏所考，分列如下：

○引曾子曰者：（凡六則）

曾子曰：「戒之，戒之，出乎爾者，反乎爾者也。」（〈梁惠王〉）

曾子曰：「晉、楚之富，可及也。彼以其富，我以吾仁；彼以其爵，我以吾義，吾何慊乎哉。」（〈公孫丑〉）

曾子曰：「生事之以禮，死葬之以禮，祭之以禮，可謂孝矣。」（〈滕文公〉）

曾子曰：「不可，江、漢以濯之，秋陽以暴之，皜皜乎不可尚已。」（〈滕文公〉）

曾子曰：「脅肩諂笑，病于夏畦。」（〈滕文公〉）

昔者曾子謂子襄曰：「子好勇乎！吾嘗聞大勇於夫子矣，自反而不縮，吾不惴焉！自反而縮，雖千萬人，吾往矣。」（〈公孫丑〉）

○述曾子以明事者：（凡五則）

「孟施舍似曾子。」「曾子守約也。」（〈公孫丑〉）

「子背子之師而學之，而異於曾子矣。」（〈滕文公〉）

「曾子養曾皙必有酒肉……曾元養曾子必有酒肉……若曾子可謂養志也。事親若曾子可也。」（〈離婁〉）

「曾子居武城，有越寇。或曰：寇至，盍去諸……曾子、子思同道。曾子師也，父兄也；子思臣也，微也。曾子、子思易地皆然。」（〈離婁〉）

「曾皙嗜羊棗，而曾子不忍食羊棗……羊棗所獨也。諱名不諱姓，姓所同也，名所獨也。」（〈盡心〉）

至於七篇引述子思之言者，陳澧並未述及，林氏《孟子探微》則稱：「引子思言行情狀的有十六次。」⑭蓋有誤也。且林氏並未列出。今詳考之，實止六則耳。茲分列如下：

（孟子）曰：「坐，我明語子。昔者魯繆公無人乎子思之側，則不能安子思。泄柳申詳無人乎繆公之側，則不能安其身。子爲長者慮，而不及子思。子絕長者乎？長者絕子乎？」（〈公孫丑下〉）

子思居於衛，有齊寇。或曰：「寇至，盍去諸？」子思曰：「如伋去，君誰與守？」孟子曰：「曾子、子思同道。曾子師也，父兄也；子思臣也，微也。曾子、子思易地皆然。」（〈離婁下〉）

費惠公曰：「吾於子思則師之矣。吾於顏般則友之矣。王順、長息則事我者也。」（〈萬章下〉）

（孟子）曰：「繆公之於子思也，亟問，亟餽鼎肉。子思不悅，於卒也摽使者出諸大門之外。北面稽首再拜而不受。曰：今而後，知君之犬馬畜伋。……」……（孟子）曰：「子思以爲鼎肉使己僕僕爾亟拜也，非養君子之道也。……」（〈萬章下〉）

（孟子）曰：「爲其多聞也，則天子不召師，而況諸侯乎？爲其賢也，則吾未聞欲見賢而召之也。繆公亟欲見於子思，曰：古千乘之國以友士，何如？子思不悅，曰：古之人有言曰：事之云乎，豈曰友之云乎？子思之不悅也，豈不曰以位，則子君也，我臣也，何敢與君友也。以德，則子事我者也，奚可以與我友？……」（〈萬章下〉）

（淳于髡）曰：「魯繆公之時，公儀子爲政，子柳、子思爲臣，魯之削也滋甚。若是乎，賢者之無益於國也。」（〈告子下〉）

(八)《孟子》七篇引述孔門其他弟子或賢者之言行：

林漢仕《孟子探微》云：「引述子路六次、子貢七次，均無美辭，亦無貶意。引子張、子游各二次，子夏三次，均含有貶意。此外，孟子數引公明儀曰，如：

公明儀曰：「『文王我師也。』周公豈欺我哉！」（〈滕文公〉）

公明儀曰：「古之人，三月無君則弔。」（〈滕文公〉）

公明儀曰：「庖有肥肉，廄有肥馬，民有饑色，野有餓莩，此率獸食也。」（〈滕文公〉）

公明儀曰：「宜若無罪焉。」（〈離婁〉）

陳澧說孟子最敬其人。孔穎達說他是子張弟子。焦循說他是曾子弟子。朱熹說他是魯賢人。」⑮

今考林氏所云子路、子張、子游、子夏之次數均是。唯子貢在七篇中，僅〈公孫丑上〉「公孫丑問夫子加齊之卿相」章，與〈滕文公上〉「有爲神農之言者許行」章，各引述及之耳。至於公明儀之說，陳澧《東塾讀書記》云：「公明儀，曾子弟子。（見〈祭義〉鄭注。〈檀弓〉，孔疏云：子張弟子。）孟子述其言曰：『文王我師也。周公豈欺我哉。』孟子所謂師文王，蓋本於此也。又述其言曰：『庖有肥肉，廄有肥馬，民有饑色，野有餓莩，此率獸食也。』又以此數語告齊宣王，論逢蒙殺羿，亦引其語。蓋最敬其人也。」⑯雖公明儀爲何人弟子，衆說不一，然朱熹於〈滕文公上〉

「滕文公爲世子」章，註云：「公明姓，儀名，魯賢人也。」當不誤也。如此，則孟子敬之且時有引述，亦屬自然之理矣。

【附註】

①見《孟子雜記》卷二。
②見《日知錄》卷九。
③見《東塾讀書記》卷三。
④見《孟子探微》第十一篇〈孟子引詩書〉。
⑤按：〈公孫丑上〉引《詩》〈大雅·文王〉：「永言配命，自求多福。」在〈離婁上〉重出，林漢仕表中所稱〈滕文公〉，誤也。
⑥同註⑤。
⑦同註③。
⑧同註③。
⑨同註③。
⑩見《日知錄》卷十。
⑪同註③。

⑫見《孟子探微》第十一篇〈孟子引詩書〉。
⑬同註③。
⑭同註⑫。
⑮同註⑫。
⑯同註③。

第二章　孟子學說之概述

第一節　孕育孟子學術思想之主要因素

朱子〈大學章句序〉云：「……及周之衰，賢聖之君不作，學校之政不修，教化陵夷，風俗頹敗。時則有若孔子之聖，而不得君師之位以行其政教，於是，獨取先王之法，誦而傳之，以詔後世。……三千之徒，蓋莫不聞其說，而曾氏之傳，獨得其宗。……及孟子沒而其傳泯焉。」儒家學說肇端於孔子，經曾子、子思，再傳而得孟子。當孔子之世，周室雖已衰微，然封建體制尚未完全毀廢，宗法觀念，尚未完全喪失，而大宗巨室猶存其殘餘之勢力，且諸侯顧及國際均勢之維持，在形式上多能接受「尊王攘夷」之主張，以致國際間雖暗潮洶湧，但其表面尚得相安。當此之際，由於官學初壞，學術環境尚屬單純，是以儒家學說得以獨秀一時也。

三家分晉之後，局勢丕變。封建體制瓦解，強欺弱，大凌小，霸道橫行，戰事頻繁，民不聊生。諸侯爲求本身之壯大，需才孔亟，遊說之風興盛，諸子百家，應運紛然而興。孟子生當亂世，秉天縱之資，紹承曾子、子思之學，而推本於孔子，獨奮於百家齊鳴之時，以排異端，息邪說，正人心，恢宏儒家學說為職志，奔走於國際之間。《孟子》〈滕文公下〉公都子曰：「外人皆稱夫子好辯，敢問何也？」孟子曰：「予豈好辯哉？予不得已也。……」良有以也。奈以王道、尚義與民貴君輕之說，難以為君侯所接受，僅得立說傳教以終老焉。

觀乎孟子學術思想之孕育，除客觀之時代環境所促成之外，其家教根基、師承關係與知識分子之強烈使命感，與篤信大道之信心等，在在均影響其思想之趨向與學術之主張也。茲先就客觀因素列述如下：

㈠周室衰微，封建體制瓦解，諸侯放恣，橫行霸道，戰亂頻繁，井田毀壞，經濟崩潰，民不聊生。

——周自平王東遷，王室式微，諸侯放恣，強欺弱，大凌小，封建體制為之動搖；同時各國內亂時作，臣弒君者有之，弟弒兄者有之，亂臣賊子滋起，宗法制度已然崩潰。加之以申侯推翻幽王時，嘗借重犬戎之力，是以平王即位之後，即難以擺脫戎狄之困擾，於諸侯亦造成嚴重之威脅。於是齊桓公用管仲而倡「尊王攘夷」，終能維持表面之相安也。《論語》〈憲問〉子曰：「管仲相桓公，霸諸侯，一匡天下。民到于今受其賜。微管仲，吾其被髮左衽矣。……」即為此而發也。逮乎周威烈王二十三年（西元前四〇三）韓、趙、魏三家分晉，正式受命為諸侯；齊國大夫田和奪權，復為周天子命為諸侯，天下正式進入所謂「戰國」時代紛亂局面終難以收拾矣。

當戰國之時，諸侯已肆無忌憚，為所欲為，戰亂頻繁，君侯多縱其私欲，置民生於不顧，致令民不聊生。生當此時，無怪乎〈梁惠王上〉載，孟子毫不諱言，對梁襄王曰：「今夫天下之人牧，未有不嗜殺人者也。」又，對齊宣王曰：「然則王之所大欲可知已。欲辟土地，朝秦、楚，蒞中國，而撫四夷也。」〈盡心下〉孟子曰：「不仁哉！梁惠王也，……梁惠王以土地之故，糜爛其民而戰之。大敗，將復之，恐不能勝，故驅其所愛子弟以殉之。」足見當時之君侯，爲一己之權欲，置百姓之生死於不顧，更遑論王道仁政之遂行，此政治紛亂之一斑也。

再者，由於戰亂之頻繁，加之以君侯之奢靡，致使民間經濟蕭條，民不聊生，社會秩序，亦自然紛亂矣。〈梁惠王上〉孟子對（梁惠王）曰：「狗彘食人食而不知檢，塗有餓莩而不知發。人死，則曰非我也，歲也。是何異於刺人而殺之，曰非我也，兵也。」又（孟子）曰：「庖有肥肉，廄有肥馬，民有飢色，野有餓莩，此率獸而食人也。獸相食，且人惡之，爲民父母行政，不免於率獸而食人，惡在其爲民父母也？」〈梁惠王下〉孟子對（鄒穆公）曰：「凶年饑歲，君之民，老弱轉乎溝壑，壯者散而之四方者，幾千人矣。而君之倉廩實，府庫充。有司莫以告，是上慢而殘下也。」又孟子（對齊宣王）曰：「……今也制民之產，仰不足以事父母，俯不足以畜妻子。樂歲終身苦，凶年不免於死亡。……」〈離婁上〉孟子曰：「……由此觀之，君不行仁政而富之，皆棄於孔子者也，況於爲之強戰。爭地以戰，殺人盈野；爭城以戰，殺人盈城。此所謂率土地而食人肉，罪不容於死。」是又顯示孟子當時社會百姓之疾苦矣。

㈡**春秋以降，官學漸廢，私人講學之風盛，學術逐漸多元化而自由發展。加之以戰國期間，諸侯圖謀**

富強，求才孔亟，養士之風漸盛，遊說之士漸多，形成「百家爭鳴」之盛況。

——周初之時，受教育爲貴族專有之權利。春秋、戰國時期，因封建體制逐漸解體，貴族沒落者多，其原本爲卿士者，多憑其知識技能之傳授以維持生活，而凡民之俊秀，亦莫不自求良師，私人講學之風漸盛。《史記》〈孔子世家〉云：「孔子以《詩》、《書》、《禮》、《樂》教弟子，蓋三千焉。身通六藝者，七十有二人。」《墨子》〈公輸第五十〉載：「楚王問其故，子墨子曰：公輸子之意，不過欲殺臣。殺臣，宋莫能守，可攻也。然臣之弟子，禽滑釐等三百人。」至於孟子時，〈滕文公下〉彭更問（孟子）曰：「後車數十乘，從者數百人，以傳食於諸侯，不以泰乎？」足見春秋戰國之時，私人講學之盛況也。再者，春秋以降，各國無不銳意改革，以求富國強兵，是以諸侯求才若渴。楚才晉用，布衣可致卿相，於是遊說之士漸多。加之以春秋戰國，養士之風流行，諸侯公卿，或爲壯大勢力，或爲儲備可用之才，多大量招徠食客。如：魏文侯、齊宣王、燕昭王等諸侯，又齊之孟嘗（田文）、趙之平原（趙勝）、魏之信陵（魏無忌）、楚之春申（黃歇），世稱養士四公子，均食客盈門。一時學術風氣蓬勃，且其發展亦趨於多元化、自由化矣。《莊子》〈天下篇〉云：「天下之治方術者多矣，皆以其有爲不可加矣。……天下大亂，賢聖不明，道德不一；天下多得一察焉以自好。……是故，內聖外王之道，闇而不明，鬱而不發，天下之人，各爲其所欲焉，以自爲方。悲夫！百家往而不反，必不合矣。」《漢書》〈藝文志〉云：「諸子十家，其可觀者九家而已。皆起於王道既微諸侯方政，時君世子，好惡殊方，是以九家之術，蠭出並作，各引一端，崇其所善，以此馳說，取合諸侯。」春秋以降，學術之自由發展與多元化，可見一斑矣。〈滕文公下〉孟子曰：「……聖王不作，諸侯放恣，處士橫議，楊朱、墨翟之言盈天下；天下之言，不歸楊則歸墨。」蓋孟子乃有感於當時以楊、墨二家予儒家壓力最大，傷害較深故耳。實則七篇之中，所及諸家之士不少。如：主張「與民並耕而食」之許行、陳相①；孟子譏為「以順爲正者，妾婦之道也」之公孫衍、張儀②；不重君臣倫理之陳仲③；不深察於義利之辨之宋牼④等人外，又如與張儀同爲務縱橫之術之蘇秦；專事兵術謀略之孫臏、龐涓；與專攻刑名之公孫鞅等，均爲當時之風雲人物矣。無怪乎《史記》〈孟子、荀卿列傳〉云：「當孟子之時，天下方務於合縱連橫，以攻伐爲賢。」趙岐〈孟子題辭〉亦云：「周衰之末，戰國縱橫，用兵爭強，以相侵奪。當世取士，務先權謀以爲上賢。先王大道，陵遲隳廢，異端並起。若楊朱、墨翟放蕩之言，以干時惑衆者非一。」孟子所處之學術、輿論之環境，其激發孟子之言行取向與學術，由此已足見其大端矣。

㈢周平王東遷之後，宗法制度難以維持，群臣、諸侯對王室逐漸離心，朝綱漸壞，影響所及，社會之倫常道德亦逐漸敗壞。

——周天子之政治地位，除賴封建體制之維繫外，宗法道德之維持，亦甚重要。唯西周之末，幽王廢申后及太子宜臼，改立褒姒爲后，伯服爲太子，公然違反宗法制度，朝綱敗壞。申侯乃連絡犬戎攻陷鎬京，弒幽王於驪山。平王非但未能懲處申侯等，反受其擁立而即位，致使群臣與諸侯逐漸離心，不聽命焉。自是政治倫理喪失，諸侯間弱肉強食，甚至於大夫公然篡奪君侯之權位。影響所及，社會之倫常道德亦隨之敗壞矣。〈滕文公下〉孟子曰：「世衰道微，邪說暴行有作，臣弒其君者有之，子弒其父者有之。」可謂春秋戰國之世，倫常道德敗壞最直接之敘述也。

以上所述，乃孟子所處時代之政經、學術與社會等概況。對此，孟子於〈滕文公下〉嘗綜而述之，從而並申明其志曰：「予豈好辯哉？予不得已也。……聖王不作，諸侯放恣，處士橫議，楊朱、墨翟之言盈天下；天下之言，不歸楊則歸墨。楊氏爲我，是無君也；墨氏兼愛，是無父也。無父無君，是禽獸也。公明儀曰：庖有肥肉，廄有肥馬，民有飢色，野有餓莩，此率獸而食人也。楊、墨之道不息，孔子之道不著，是邪說誣民，充塞仁義也。仁義充塞，則率獸食人，人將相食。吾爲此懼，閑先聖之道，距楊、墨，放淫辭，邪說者不得作。作於其心，害於其事；作於其事，害於其政。聖人復起，不易吾言矣。昔者，禹抑洪水而天下平；周公兼夷狄，驅猛獸而百姓寧；孔子成《春秋》，而亂臣賊子懼。……我亦欲正人心，息邪說，距詖行，放淫辭，以承三聖者。豈好辯哉？予不得已也。」孟子憂時之深，希聖之切，與夫挽狂瀾、障百川之大志，均溢於言表。足見客觀之時代背景，影響於孟子之思想言行之大矣。

次言影響於孟子學術思想之主觀因素：

㈠**孟子生有淑質，幼受賢母義方之教，及長，受業於子思之門人。除建立其端正之根基外，並承儒家由孔子、曾子而子思，一脈相傳之學術思想統緒。**

——趙岐〈題辭〉云：「孟子生有淑質，夙喪其父，幼被慈母三遷之教。」又：「治儒術之道，通五經，尤長於《詩》、《書》。」劉向《列女傳》〈母儀篇〉云：「其舍近墓。孟子之少也，嬉遊為墓間之事，踴躍築埋。孟母曰：此非吾所以居處子。乃去舍市旁。其嬉戲為賈衒賣之事。孟母又曰：此非吾所以居處子也。復徙舍學官之傍。其嬉遊乃設俎豆揖讓進退。孟母曰：眞可以居吾子矣。遂居。」又載：「既學而歸，孟母方織，問曰：學所至矣？孟子曰：自若也。孟母以刀斷其織。孟子懼而問其故。孟母曰：子之廢學，若吾斷斯也。……孟子懼，旦夕勤學。」而《韓詩外傳》亦云：「孟子少時誦，其母方織，孟子輟然中止。乃復進，其母引刀裂其織，以此誡子。」又：「孟子問其母曰：東家殺豚何為？母曰：欲啖汝。其母自悔，乃買東家豚以食。」孟母三遷，斷機杼，買東家豚諸事，雖或有質疑者⑤，唯就諸事析察，雖未必盡為事實，然其欲明孟母之善教子，當屬可信也。所謂善讀書者，當察其意之所在，不必盡以為事實也。孟子曰：「盡信書，則不如無書。」⑥即此意也。孟子根基之端正，盡此可知矣。

再者，孟子受業於子思之門人，治儒家之業，通五經，尤長於《詩》、《書》，見七篇之所引可知也。又孟子蓋以當世之人，無足師法，是以崇古聖王，欲學孔子。〈滕文公上〉載：「孟子道性善，言必稱堯、舜。」〈公孫丑上〉（孟子）曰：「非其君不事；非其民不使。治則進；亂則退，伯夷也。何事非君；何使非民。治亦進；亂亦進，伊尹也。可以仕則仕；可以止則止；可以久則久；可以速則速，孔子也。皆古聖人也。吾未能有行焉，乃所願則學孔子也。……自有生民以來，未有孔子也。……自生民以來，未有夫子也。……自生民以來，未有盛於孔子也。」又〈離婁下〉孟子曰：……

予未得爲孔子之徒也，予私淑諸人也。」孟子亟稱於孔子，又明其師法之志，七篇中，此類之言，尚不止於此，足見孟子嚮往於孔子之深也。今人韋政通於《先秦七大哲學家》云：「影響一個人人格成長的因素，極爲複雜，但認同的對象，是其中有力的一種。在兒童時代，認同的對象主要是雙親。慢慢長大，他的同輩遊伴、師長、以及同時和異時代的大人物，都可能成爲他認同的對象。……其中激發他認同感最重、最深的，影響他也就最大。由《孟子》一書，可以看出孟子讚賞的或評論過的前輩人物，包括曾子、子夏、伯夷、伊尹、柳下惠、太公、子產、子思。但在孟子心目中的份量，沒有一個可以和孔子相比擬。……孟子的終生不得志，與孔子如出一轍，也許就是孔子人格內化（Internalization）的結果。由於孔、孟皆不得志，因而形成一種焦慮的性格，而焦慮也就成爲歷代儒者性格上的一大特徵。史家每喜稱儒者們具有悲天憫人的情懷，這種情懷顯是焦慮的性格，經由昇華作用而釀成的。」⑦竊以爲韋氏所謂孟子認同於孔子，受孔子影響最大，且同其悲天憫人之情懷，誠無疑義。唯所謂焦慮性格，則未必然也。蓋聖人胸懷宇內，心廣體胖，不怨天、不尤人，坦蕩蕩然，何焦慮之有？其悲天憫人、仁民愛物之心，純然充其惻隱之心而然也。總之，孟子之母教與師承關係，非但端正其思想根基與學術取向，其崇尚堯、舜，師法孔子，尤其能強化於本身之志業，從而肯定於儒家之道統矣。羅根澤云：「其志大，其取則遠，故能矗立於戰國衰亂之世。」⑧誠不誣也。

㈡孟子紹承孔子、曾子、子思一脈相傳之學術思想，於護衛並宏揚儒家之道統，充滿其強烈之責任心，從

而亦激發其平治天下之時代使命感。

——韋政通《先秦七大哲學家》云：「儒家的道統觀念，開始於孔子的『古帝理想化』。所謂古帝理想化，就是孔子把古代的帝王，套進儒家的框架，使古代的帝王，都成爲儒道的實踐者，作爲推行儒道時宣揚的根據。這個觀念到孟子手中已經成型。」⑨蓋孟子之時，學術自由蓬勃，諸子百家如雨後春筍，致使儒家遭受嚴重威脅。孟子崇篤儒道，爲護衛儒道，一則強烈排斥所謂異端邪說；一則於儒道本身，建立其統緒，以強化儒道對抗異端之力量。初雖無所謂「道統」之名，其實已隱然若現矣。如：〈滕文公下〉載：「我亦欲正人心，息邪說，距詖行，放淫辭，以承三聖者。」孟子明示其志在承繼，由大禹、周公、至孔子一脈相傳之道業。〈離婁下〉孟子曰：「禹惡旨酒而好善言；湯執中，立賢無方；文王視民如傷，望道而未之見；武王不泄邇，不忘遠；周公思兼三王，以施四事，其有不合者，仰而思之，夜以繼日，幸而得之，坐以待旦。」於此孟子將禹、湯、文、武、周公諸聖貫串以顯其統緒。又〈盡心下〉末章，敘及天道循環之意，孟子依序提稱堯、舜、禹、湯、文王、孔子諸聖。在在均顯示孟子於七篇中雖未見直言「道統」二字，然其心中確已爲儒道之傳承，建立其一貫之統緒矣。而此一「道統」觀念之確立與護衛，於中唐韓愈、李翺與兩宋諸儒之對抗釋、道，提供其強有力之依恃也。

再者，孟子秉持其護衛儒家道統之信念，更進而激發其身爲知識分子之時代使命感，如前文所引〈滕文公下〉孟子即云：「我亦欲正人心，息邪說，距詖行，放淫辭，以承三聖者。豈好辯哉？予不得已也。能言距楊、墨者，聖人之徒也。」又〈公孫丑下〉（孟子）曰：「……五百年必有王者興，其間必有名世者。由周而來，七百有餘歲矣，以其數者過矣，以其時考之則可矣。夫天未欲平治天下也，如欲平治天下，當今之世，舍我其誰也？」

㈢孟子於儒道顯示其強烈之信心，由此而激發其篤踐大道之毅力，從而建立知識分子之典範。

——韋政通《先秦七大哲學家》中，引陳少廷《廿世紀的意義》所及，謂：「有人把人的「自我系統」（Self system）分為三組主要模式，即「認同」（Identification）、「要求」（Demand）、和「期料」（Expectation），並用這三組模式來了解人格。」韋氏又云：「孟子有「五百年必有王者興」的觀念，而他認為自己就是這王者傳統裏的一個承先啓後者。這個觀念正代表他的「期料」。」⑩竊以為除韋氏所舉「五百年必有王者興」⑪之外，如〈盡心下〉孟子曰：「由堯、舜至於湯，五百有餘歲，……由湯至於文王，五百有餘歲，……由文王至於孔子，五百有餘歲，……由孔子而來，至於今，百有餘歲。去聖人之世，若此其未遠也；近聖人之居，若此其甚也。然而，無有乎爾，則亦無有乎爾。」亦在在顯其「期料」之切也。然〈公孫丑下〉孟子所云：「……其間必有名世者。由周而來，七百有餘歲矣，以其數者過矣，以其時考之則可矣。」則孟子是以「名世」者自居，進而充滿並強化其自信之心。〈滕文公上〉載孟子導化滕文公之言云：「夫道一而已矣。成覸謂齊景公曰：彼丈夫也；我丈夫也，吾何畏彼哉？顏淵曰：舜何人也？予何人也？有為者亦若是。公明儀曰：文王我師也，周公豈欺我哉？」足見孟子肯定於大道之篤踐不懈，其必可以有為矣。是以其本身雖「

所如者不合」⑫，屢遭挫折，猶能篤道不二也。

【附註】

①見《孟子》〈滕文公上〉。
②見《孟子》〈滕文公下〉。
③見同註②。
④見《孟子》〈告子下〉。
⑤見崔述《孟子事實錄》。
⑥見《孟子》〈盡心下〉。
⑦見韋政通《先秦七大哲學家》第二章〈孟子〉三。
⑧見羅根澤《諸子考索》〈孟子傳〉。
⑨見同註⑦。
⑩見同註⑦。
⑪見《孟子》〈公孫丑下〉。
⑫見《史記》〈孟子、荀卿列傳〉。

第二節　孟子之學術思想導源於其「天道觀」

夫天地自然乃人類智慧之根源。換言之，人類之文明與哲學理念之啓發，實導源於先哲仰觀俯察於天地自然，所得之體悟。儒家先聖自不例外。《易》〈繫辭下〉云：「古者庖羲氏之王天下也，仰則觀象于天，俯則觀法于地，觀鳥獸之文，與地之宜，近取諸身，遠取諸物，於是始作八卦，以通神明之德，以類萬物之情。」《書》〈君奭〉載：「公曰：君奭，我聞在昔，成湯既受命，時則有若伊尹，格於皇天；在太甲，時則有若保衡；在太戊，時則有若伊陟臣扈，格於上帝；……率惟茲有陳，保以有殷。故殷禮陟配天，多歷年所。」《詩》〈大雅．文王之什〉：「上天之載，無聲無臭。儀刑文王，萬邦作孚。」〈周頌．清廟之什〉：「維天之命，於穆不已。於乎不顯，文王之德之純。」是足見先王畏天、崇天、法天之一斑矣。《禮記》〈禮運〉載：「故聖人作則，必以天地爲本，以陰陽爲端，以四時爲柄，以日星爲紀，月以爲量，鬼神以爲徒，五行以爲質，禮義以爲器，人情以爲田，四靈以爲畜。」〈中庸〉則云：「仲尼祖述堯、舜，憲章文、武，上律天時，下襲水土。辟如天地之無不持載，無不覆幬，辟如四時之錯行，如日月之代明。萬物並育而不相害，道並行而不相悖。小德川流，大德敦化。此天地之所以爲大也。」明乎儒家尊先王之法，以承天地之道，以治人之情也。《論語》〈公冶長〉子貢雖有：「夫子之文章可得而聞也。夫子之言性與天道，不可得而聞也。」之言，然夫子崇天、法天、畏天與樂天之言語，則鑿鑿於載籍：如《論語》〈述而〉：「子曰：天生德於予，桓魋其如予何？」〈泰伯〉：「子曰：……巍巍乎，唯天爲大，唯堯則之。」〈憲問〉：「子曰：不怨天，不尤人，下學而上達，知我者，其天乎。」〈季氏〉：「孔子曰：君子有三畏：畏天命，畏大人，畏聖人之言。小人不知天命而不畏也，狎大人，侮聖人之言。」〈陽貨〉：「子曰：予欲無言。子貢曰：子如不言，則小子何述焉？子曰：天何言哉？四時行焉，百物生焉，天何言哉？」《禮記》〈禮運〉載「孔子曰：夫禮，先王以承天之道，以治人之情。故失之者死，得之則生。……是故，夫禮，必本於天，殽於地，列於鬼神，達於喪祭、射、御、冠、昏、朝、聘。」然則，夫子之道，乃「順乎天理，應乎人情」明矣。孟子受業於子思之門人，其思想則推本於孔子。七篇之中，引孔子之言以明道者，凡二十四次。敘孔子之行事以證道，或崇贊孔子者，近三十次。其他言語所及，亦將近百①。其中，〈公孫丑上〉：「乃所願則學孔子。」「自有生民以來，未有孔子也。」「自生民以來，未有盛於孔子。」〈萬章下〉：「孔子，聖之時者也。孔子之謂集大成。」尤顯乎孟子仰慕夫子之情懷。是則，孟子之於天道，當亦效法夫子，崇之、法之、畏之且樂之矣。察乎七篇之文，無論其性善論、持養論、政治論、教育論，乃至於歷史觀等，孟子之思想體系，隱然導源於其天道理念之中，殆無疑義。向之論孟子學者衆矣，然於孟子之天道思想，或略而不言，或未加深究。今欲明孟子學說，當先就《孟子》七篇論及天道之言，略加析述。

《孟子》七篇之中，語及天道者，蓋七十有餘次。其餘發揮天理者，亦比比皆是。孟子於天之認知與肯定，略而言之，可分爲目及身體，四時錯行，日月代明之「自然天」，與夫主宰宇宙，生化萬物，爲至高無上，大道本原之「人格天」，意至明顯。茲分別列舉其要，析述之：

㈠造物賦性之「人格天」——孟子認爲天降生民，則既莫不與之以仁、義、禮、智之根性，唯因氣質之稟，或不能齊，是以不能皆有以知其性分之所有而全之。且此天賦之善根，亦人之所以異於禽獸，而爲萬物之靈之所在也。

○〈公孫丑上〉孟子曰：「……夫仁，天之尊爵也，人之安宅也。莫之禦而不仁，是不智也。……」

按：朱子《集註》云：「仁、義、禮、智，皆天所與之良貴，而仁者天地生物之心，得之最先而兼統四者，所謂元者善之長也，故曰尊爵。在人則爲本心全體之德，有天理自然之安，無人欲陷溺之危。人當常在其中，而不可須臾離者也，故曰安宅。」

○〈告子上〉孟子曰：「……詩曰：天生蒸民，有物有則。民之秉彝，好是懿德。孔子曰：爲此詩者，其知道乎。故有物必有則，民之秉彝，故好是懿德。」

按：此孟子引《詩》〈大雅．蒸民〉之篇，並孔子之贊語，用明天生衆民，使之有事物必有法則，以成其完善之社會。人所秉持之常性，均有好善之美德也。

○又（同篇）：孟子曰：「富歲子弟多賴，凶歲子弟多暴。非天之降才爾殊，其所以陷溺其心者然也。……」

按：王引之《經傳釋詞》云：「爾，猶如此也。《孟子》〈告子〉篇曰：富歲子弟多賴，凶歲子弟多暴。非天之降才爾殊。言非天之降才如此其異也。凡後人言不爾、乃爾、果爾、聊復爾耳者，並與此同義。」然則，此又孟子用明天所賦之性，並不因人、因時而有異也。

○又（同篇）（孟子）曰：「耳目之官不思，而蔽於物。物交物，則引之而已矣。心之官則思，思則得之，不思則不得也。此天之所與我者。……」

按：朱子《集註》云：「耳司聽，目司視，各有所職，而不能思，是以蔽於外物，既不能思而蔽於外物，則亦一物而已。又以外物交於此物，其引之而去不難矣。心則能思，而以思爲職。凡事物之來，心得其職，則得其理，而物不能蔽。失其職，則不得其理，而物來蔽之。此三者，皆天之所以與我者，而心爲大，若能有以立之，則事無不思，而耳目之欲不能奪之矣。此所以爲大人也。然「此天」之「此」，舊本多作「比」，而趙註亦以比方釋之。今本既多作「此」，而註亦作「此」，乃未詳孰是。但作「比」字，於義爲短，故且從今本云。」

○又（同篇）孟子曰：「有天爵者，有人爵者。仁、義、忠、信、樂善不倦，此天爵也。公卿大夫，此人爵也。……」

按：此孟子所謂天爵者，即上天所賦予人類之善根之謂也。與前引〈公孫丑上〉：「夫仁，天之尊爵也……」義同。

㈡**主宰、定命之「人格天」**——孟子以天爲宇宙中，至高無上之主宰，萬物之貴賤、貧富、得失、壽天悉由天定。人但當盡人事而後聽天命耳。順之者存，逆之者亡矣。

○〈梁惠王下〉孟子對曰：「昔者大王居邠，狄人侵之，去之岐山之下居焉。非擇而取之，不得已也。苟爲善，後世子孫必有王者矣。君子創業垂統，爲可繼也。若夫成功，則天也。……」

按：此孟子舉太王遷岐山之事，以對滕文公之問。蓋孟子以太王之所以遷居岐山之下，非以岐山爲美而擇之也，爲避狄人之入侵，不得已也。朱子《集注》云：「言能爲善，則如太王，雖失其地，而其後世遂有天下，乃天理也。然君子造基業於前，而垂統緒於後，但能不失其正，令後世可繼而行耳。若夫成功，則豈可必乎？彼齊也，君之力既無如之何，則但彊於爲善，使其可繼而俟命於天耳。」

○又（同篇）（孟子）曰：「行或使之，止或尼之。行止，非人所能也。吾之不遇魯侯，天也。臧氏之子，正使予不遇哉？」

按：此言人之行，必有人使之者；其止，必有人尼之者。然其所以行、所以止，則固有天命，而非人所能使，亦非人力之所能尼也。朱子《集註》云：「此章言聖賢之出處，關時運之盛衰，乃天之所爲，非人力之可及。」是也。

○〈公孫丑下〉：「……前日虞聞諸夫子曰：君子不怨天，不尤人。……夫天未欲平治天下也。如欲平治天下，當今之世，舍我其誰也。吾何爲不豫哉？！」

按：朱子《集註》云：「言當此之時，而使我不遇於齊，是天未欲平治天下也。然天意未可知，而其具又在我，我何爲不豫哉？然則，孟子雖若有不豫然者，而實未嘗不豫也。蓋聖賢憂世之志，樂天之誠，有其行而不悖者，於此見矣。」

○〈離婁上〉：「……詩曰：天之方蹶，無然泄泄。……」

按：此孟子引《詩》〈大雅．板之篇〉。毛傳：「蹶，動也。」鄭《箋》：「天，王也。王方欲變更先王之道，臣無沓沓然。」《說文》：「泄，多言也。詩曰：無然泄泄。又曰：「沓，語多沓沓也。」然細審上下文義，鄭、許之說，似有未洽。故朱子不從，別立新義，《集註》云：「蹶，顛覆之意。泄泄，怠緩悅從之貌。言天欲顛覆周室，群臣無得泄泄然不急救正之。」《左傳》〈隱．元年〉：「其樂也泄泄。」杜注：「泄泄，和樂也。」朱說似得其義也。

○又（同篇）孟子曰：「天下有道，小德役大德，小賢役大賢；天下無道，小役大，弱役強。斯二者，天也。順天者存，逆天者亡。……」

按：朱子《集註》云：「有道之世，人皆修德，而位必稱其德之大小。天下無道，人不修德，則但以力相役而已。天者，理勢之當然也。」

○〈萬章上〉萬章曰：「堯以天下與舜，有諸？」孟子曰：「否。天子不能以天下與人。然則，舜有天下，孰與之？曰：天與之。……」

按：趙岐注云：「言下能薦人於上，不能令上必用之。」蓋孟子以天爲至尊，主宰一切。是以舜之有天下，爲堯薦之，而天授之也。是以德合於天，則天爵歸之；行歸乎仁，則天下與之。天子不能以天下與人也。

○又（同篇）：萬章問曰：「人有言，至於禹而德衰，不傳於賢而傳於子。有諸？」孟子曰：「否，不然也。天與賢，則與賢；天與子，則與子。……舜、禹、益相去久遠，其子之賢、不肖，皆天也。非人之所能爲也。莫之爲而爲者，天也。莫之致而致者，命也。匹夫而有天下者，德必若堯、舜，而又有天子薦之者。故仲尼不有天下。繼世而有天下，天之所廢，必若桀、紂者也。故益、伊尹、周公不有天下也。……周公之不有天下，猶益之於夏，伊尹之於殷也。孔子曰：唐虞禪，夏后、殷、周繼，其義一也。」

按：此章孟子舉上古之傳世，或禪或繼，事雖有異，其理則一，所謂天命使然也。蓋天與賢則與賢，天與子則與子。甚或人子之賢與不肖，皆天也，然此皆非人力所爲，而自爲；非人力所致，而自致。以理言之，謂之天；自人言之，謂之命，其實則一而已矣。由此而推，益、伊尹、周公、孔子之不有天下亦命也。孟子之肯定天之主宰萬物，如此其顯也。

○〈盡心上〉孟子曰：「莫非命也，順受其正。是故，知命者不立乎巖牆之下。盡其道而死者，正命也。桎梏死者，非正命也。」

按：朱子《集註》云：「人物之生，吉凶禍福，皆天所命。然惟莫之致而至者，乃爲正命。故君子修身以俟之，所以順受乎此也。」又：「盡其道，則所值之吉凶，皆莫之致而至者矣。」朱子所云，亦〈中庸〉所謂「君子居易以俟命，小人行險以儌幸」之理也。

○又（同篇）孟子曰：「求則得之，舍則失之，是求有益於得也，求在我者也。求之有道，得之有命，是求無益於得也，求在外者也。」

按：趙岐注云：「言爲仁由己，富貴在天。」是也。而此引〈盡心上〉三章，實即孟子「天命觀」之大端也。

㈢教化本原之「人格天」

——孟子既以爲天有常道，行不言之教。人當法之，以爲大道之本原，人倫之常軌。然又以天命靡常，人當盡其道以俟正命矣。

○〈梁惠王下〉：「……書曰：天降下民，作之君，作之師。……」

按：趙岐注云：「書，尚書逸篇也。」孫奭《音義》云：「今尚書泰誓有此文，但三五字詳略不同耳。朱子《集註》云：「書，周書泰誓之篇也。然所引與今書文小異。」蓋東漢時，僅今文尚書，無泰誓之篇。今傳古文尚書泰誓，趙岐時尚未顯於世，故趙云：「逸篇也。」

○〈滕文公上〉孟子曰：「……且天之生物也，使之一本。……」

按：朱子《集註》云：「……且人物之生，必各本一父母而無二，乃自然之理，若天使之然也。故其愛由此立，而推於及人，自有差等。」

○〈離婁上〉孟子曰：「……是故，誠者，天之道也。思誠者，人之道也。至誠而不動者，未之有也。不誠未有能動者也。」

按：天道有常，以「誠」爲本然。人當法之，以爲理之當然也。朱子《集註》云：「誠者，理之在我者，皆實而無僞，天道之本然也。思誠者，欲此理之在我者，皆實而無僞，人道之當然也。」又云：「此章述中庸孔子之言。見思誠爲修身之本，而明善又爲思誠之本，乃子思所聞於曾子，而孟子所受乎子思者。亦與大學相表裏，學者宜潛心焉。」

○〈萬章上〉：「……然則，舜有天下也，孰與之？曰：天與之。天與之者，諄諄然命之乎？曰：否。天不言，以行與事示之而已矣。……」

按：此孟子明乎天爲宇宙之主宰，人之有天下與否，皆由天定。唯天既與之以天下，從而行不言之教，以行與事示之而已。受命者，當循之以爲政教之本也。此所謂「以行與事示之」，乃指「天」以其「行與事示之」於受命者。朱子《集註》云：「言但因舜之行事示以與之之意耳。」於理似有未洽也。蓋四時之運行，日月之代明，均明天道之有常序。天何言之？但以其行事示之而已。其聰明睿智，能盡其性者，天之以爲億兆之君師，當知以天道之常序，爲其政教之本原也。

○〈告子下〉孟子曰：「……故天將降大任於是人也，必先苦其心志，勞其筋骨，餓其體膚，空乏其身，行拂亂其所爲，所以動心忍性，曾益其所不能。」

按：此言天將降大任於其人，必先折磨之者，蓋欲激動其心，堅忍其性，使之更有毅力，能任事，增益其原所不能者也。此亦天之所以教人先苦後甘之意也。

○〈盡心下〉孟子曰：「口之於味也，目之於色也，耳之於聲也，鼻之於臭也，四肢之於安佚也，性也，有命焉，君子不謂性也。仁之於父子也，義之於君臣也，禮之於賓主也，智之於賢者也，聖人之於天道也，命也，有性焉，君子不謂命也。」

按：朱子《集註》云：「程子曰：仁、義、禮、智，天道在人，則賦於命者，所稟有厚薄清濁，然而性善可學而盡，故不謂之命也。……愚按：所稟者厚而清，則其仁之於父子也至，義之於君臣也盡，禮之於賓主也恭，智之於賢否也哲。聖人之於天道也，無不脗合，而純亦不已焉。薄而濁則反是，是皆所謂命也。」

◯又（同篇）孟子曰：「堯、舜性者也。湯、武反之也。動容周旋中禮者，盛德之至也。哭死而哀，非爲生者也；經德不回，非以干祿也，言語必信，非以正行也。君子行法以俟命而已矣。」

按：朱子《集註》云：「性者，得全於天，無所污壞，不假修爲，聖之至也。反之者，修爲以復其性，而至於聖人也。……法者，天理之當然者也。君子行之，而吉凶禍福有所不計。蓋雖未至於自然，而已非有所爲而爲矣。此反之之事，董子所謂正其宜，不謀其利，明其道，不計其功，正此意也。」

此正孟子所以明乎人當盡天賦之性，順天道而行，然後俟天命焉。

㈣**日月代明，四時錯行之「自然天」**——孟子除肯定天爲生化萬物，主宰宇宙之外，亦認知目及身受之自然現象。以謂高高在上之天，日月代明，星辰所繫，四時錯行，興雲作雨。唯此自然變化之現象，非人力所能及者，當亦所以示人之行與事也。

◯〈梁惠王上〉（孟子）對曰：「天下莫不與也。王知夫苗乎？七八月之間旱，則苗槁矣。天油然作雲，沛然下雨，則浡然興之矣。其如是，孰能禦之？……」

◯〈公孫丑上〉：「……詩云：迨天之未陰雨，徹彼桑土，綢繆牖戶。今此下民，或敢侮予。

孔子曰：爲此詩者，其知道乎。能治其國家，誰敢侮之。……」

○〈離婁下〉孟子曰：「……天之高也，星辰之遠也，苟求其故，千歲之日至，可坐而致也。」

按：此言天象自然，其運有常，循其已然之跡，則未來之現象當亦可推也。朱子《集註》云：「天雖高，星辰雖遠，然求其已然之跡，則其運有常。雖千歲之久，其日至之度，可坐而得，況於事物之近，若因其故而求之，豈有不得其理者，而何以穿鑿爲哉？……」

向之論孟子學者，多以「性善論」爲其基礎。然綜觀上述，孟子肯定「天」爲宇宙至高無上之主宰，造化萬物，既定命焉，且賦性矣。則孟子之「性善論」實導源於其天道思想，殆無庸置疑。蓋儒家尊先王之法，承天地之道，以治人之情。析究之，乃以「人」爲本，以天地爲依歸。〈告子上〉孟子引《詩經》〈大雅．蒸民〉之篇云：「天生蒸民，有物有則，民之秉彝，好是懿德。」以謂人所秉執之常性，乃天所賦予之美德。天地既有好生之德，是以人有不忍人之心矣。張子厚〈西銘〉云：「乾稱父，坤稱母，予茲藐焉，乃渾然中處。故天地之塞，吾其體；天地之帥，吾其性。民吾同胞，物吾與也。」誠足以明孟子之「性善論」之所本也。本此而論，孟子之持養論、政治論、教育論等，亦導源於其天道思想，可推而知矣。茲分別略述之：

○〈盡心上〉孟子曰：「盡其心者，知其性也。知其性則知天矣。存其心，養其性，所以事天也。殀壽不貳，修身以俟之，所以立命也。」

按：朱子《集註》云：「盡心知性而知天，所以造其理也。存心養性以事天，所以履其事也。不知其理，固不能履其事，然徒造其理，而不履其事，則亦無以有諸己矣。知天而不以殀壽貳其心，智之盡也。事天而能修身以俟死，仁之至也。智有不盡，固不知所以為仁，然智而不仁，則亦將流蕩不法，而不足以為智矣。」蓋孟子之「持養論」，要在「存其心，養其性」以事天，「殀壽不貳，修身以俟之」以立命也。明乎孟子崇天、法天與樂天之精神，其思想無不以天道為依歸明矣。次觀其「政治論」：

○〈梁惠王下〉：「齊宣王問曰：交鄰國有道乎？孟子對曰：有。惟仁者為能以大事小。是故，湯事葛，文王事昆夷。惟智者為能以小事大。故太王事獯鬻，勾踐事吳。以大事小者，樂天者也。以小事大者，畏天者也。樂天者保天下，畏天者保其國。詩云：畏天之威，于時保之。……書曰：天降下民，作之君，作之師。惟曰：其助上帝，寵之四方，有罪無罪，惟我在。天下曷敢有越厥志……。」

○〈公孫丑上〉孟子曰：「人皆有不忍人之心。先王有不忍人之心，斯有不忍人之政矣。以不忍人之心，行不忍人之政，治天下可運之掌上。……」

○〈滕文公上〉：「……孔子曰：大哉，堯之為君，惟天為大，惟堯則之；蕩蕩乎民無能名焉。君哉，舜也，巍巍乎有天下而不與焉。……」

○〈離婁上〉孟子曰：「天下有道，小德役大德，小賢役大賢。天下無道，小役大，弱役強，斯二者天也。順天者存，逆天者亡。」

○〈萬章上〉（孟子）曰：「使之主祭，而百神享之，是天受之；使之主事而事治，百姓安之，是民受之也。天與之，人與之。故曰：天子不能以天下與人。舜相堯，二十有八載，非人之所能爲也，天也。……泰誓曰：天視自我民視，天聽自我民聽。此之謂也。」

○〈盡心上〉孟子曰：「霸者之民驩虞如也，王者之民皞皞如也。殺之而不怨，利之而不庸，民日遷善而不知爲之者。夫君子所過者化，所存者神。上下與天地同流。豈曰小補之哉。」

綜上所述，孟子以爲德合於天，則天爵歸之，行歸於仁，則天下與之。繼天立極者，順乎天則存，逆乎天則亡矣。孟子之「政治論」以天道爲依歸甚明矣。再就其「教育論」觀之：

○〈離婁上〉孟子曰：「自暴者，不可與有言也；自棄者，不可與有爲也。言非禮義，謂之自暴也。吾身不能居仁由義，謂之自棄也。仁，人之安宅也。義，人之正路也。曠安宅而弗居，舍正路而不由，哀哉！」

○又（同篇）孟子曰：「……是故，誠者，天之道也。思誠者，人之道也。至誠而不動者，未之有也。不誠，未有能動者也。」

○〈離婁下〉孟子曰：「君子深造之以道，欲其自得之也。自得之，則居之安。居之安，則資之深。資之深，則取之左右逢其原，故君子欲其自得之也。」

○〈告子上〉孟子曰：「仁，人心也。義，人路也。舍其路而弗由，由放其心而不知求，哀哉！人有雞犬放，則知求之，有放心而不知求。學問之道無他，求其放心而已矣。」

○又（同篇）孟子曰：「有天爵者，有人爵者。仁、義、忠、信、樂善不倦，此天爵也。公卿大夫，此人爵也。古之人，修其天爵，而人爵從之。今之人，修其天爵，以要人爵。既得人爵，而棄其天爵，則惑之甚者也。終亦必亡而已矣。」

〈中庸〉云：「天命之謂性，率性之謂道，修道之謂教。」孟子以「仁」為心之德，「義」乃行之宜。而二者皆天爵也，乃人所固有之者也。唯人常以耳、目、口、鼻之欲而昏昧放逸之。故教育之首要，乃在於使人知所以復性，進而擴充之。然則，孟子之「教育論」亦以其天道思想為依歸，殆無疑義矣。此外四時錯行，日月代明。天運循環，無往不復。此又孟子治亂循環之歷史觀之所依據。如〈滕文公下〉云：「天下之生久矣，一治一亂。」〈盡心下〉云：「由堯、舜至於湯，五百有餘歲，……由湯至於文王，五百有餘歲，……由文王至於孔子，五百有餘歲。」②

【附註】

①見本文第一章第三節。

②本節見《高仲華先生八秩榮慶論文集》拙撰〈孟子之天道思想探微〉。

第三節　孟子之學術思想奠基於其「性善說」

儒家秉天地自然之理律，建立其「人本」之學說，而人乃心性之器，是以論人之問題，不能不窮究其「心性」之問題。唯《論語》〈公冶長〉子貢則謂「夫子之文章，可得而聞也。夫子之言性與天道，不可得而聞也。」雖然，孔子並非全未涉及，見《論語》〈陽貨〉載：「子曰：性相近也，習相遠也。」①次章載「子曰：唯上知與下愚，不移。」②又《孟子》〈告子上〉孟子引《詩》〈大雅·蒸民〉：「天生蒸民，有物有則，民之秉夷，好是懿德。」並孔子之贊語云：「爲此詩者，其知道乎。」然則，孔子當是肯定於人所秉之於天之常性，應是趨向於善，明甚。唯孔子當時不暇細究於此③，是以逮乎孟子，始進而揭櫫「人性本善」之論。且孟子之所倡，不論「內聖」或「外王」之道，均無不以其「性善說」爲前提。蓋確定人性之善，而後生命之價值始有基礎，導化人格之提昇始有所依循，且治國、平天下之道始有所本矣。是以謂孟子之學術思想，實奠基於其「性善說」也。茲就七篇所及，略加敘述：

〇〈公孫丑上〉孟子曰：「人皆有不忍人之心。先王有不忍人之心，斯有不忍人之政矣。以不忍人之心，行不忍人之政，治天下可運之掌上。所以謂人皆有不忍人之心者，今人乍見孺子將入於井，皆有怵惕惻隱之心。非所以內交於孺子之父母也；非所以要譽於鄉黨朋友也；非惡其聲而然也。由是觀之，無惻隱之心，非人也；無羞惡之心，非人也；無辭讓之心，非人也；無是非之心，非人也。惻隱之心，仁之端也；羞惡之心，義之端也；辭讓之心，禮之端也；是非之心，智之端也。人之有是四端也，猶其有四體也。有是四端而自謂不能者，自賊者也；謂其君不能者，賊其君者也。凡有四端於我者，知皆擴而充之矣。若火之始然，泉之始達。苟能允之，足以保四海；苟不充之，不足以事父母。」

按：此章於七篇中，論「心性本善」最爲詳細具體。於此孟子先肯定「人皆有不忍人」之善根存乎人心，先王以充此本然之善根以行其政，故能平治天下如運之掌上。蓋天下之事，莫大於平治天下，孟子以先王但知充其本然之善，竟能成其平治天下，且如此其輕易，則人之立身處世，寧有重於明其本然之善，且知擴而充之者乎？次舉人之乍見孺子將入於井之事，以證明善根乃人之固有也。進而析論人固有者，乃惻隱、羞惡、辭讓、是非之心，而此四者，正是仁、義、禮、智四德之根端也。此四端與軀體四肢，同爲人之所以爲人之必備條件也。孟子以謂，凡人知皆擴而充其本然之善，有若「火之始然，泉之始達」自然成就之，不必做作穿鑿也。且能明於此而充其善，則其功足保四海，反之，則其爲人最基本之侍奉父母之事，亦不足以盡也。朱子《集註》云：「此章所論人之性情，心之體，本然全具，而各有條理如此。」是也。

○〈離婁下〉孟子曰：「人之所以異於禽獸者幾希，庶民去之，君子存之。舜明於庶物，察於人倫，由仁義行，非行仁義也。」

按：此章孟子以人之善性，乃人之所以異於禽獸者。且其所以異者，如此其少，唯君子明乎此而不使失之。舜乃生而知之者，是以舜能識其理，且明察其詳，知仁義之根於心，而所行所爲皆從此出，非以仁義爲美，而後勉強行之也。朱子《集註》云：「物理固非度外，而人倫尤切於身。故其知之有詳略之異。在舜則皆生而知之也。由仁義行，非行仁義，則仁義已根於心，而所行皆從此出。非以仁義為美，而後勉強行之。所謂安而行之也。則聖人之事，不待存之而無不存矣。」又《集註》引尹焞之說云：「存之者，君子也。存者，聖人也。君子所存，存天理也。由仁義行，存者能之。」

○〈離婁下〉孟子曰：「天下之言性也，則故而已矣。故者以利為本。所惡於智者，為其鑿也。如智者若禹之行水也，則無惡於智矣。禹之行水也，行其所無事也。如智者亦行其所無事，則智亦大矣。天之高也，星辰之遠也，苟求其故，千歲之日至，可坐而致也。」

按：朱子《集註》：「天下之言性者，但言其故而理自明。猶所謂善言天者，必有驗於人也。然其所言故者，又必本自然之勢。如人之善，水之下，非有所矯揉造作而然者也。若人之為惡，水之在山，則非自然之故矣。」又引程子曰：「此章專為智而發。愚謂事之理，莫非自然，順而循之，則為大智。若用小智而鑿以自私，則害於性而反為不智。」竊以為此章首段，孟子要在闡明，性既屬形而上者，是以天下之言之者，端賴於人已然行事之跡，以推斷其本然。此固不誤也，唯此已然之跡，必乃順其本然而發者，方得以為憑，一旦有所造作，則已非其原本之固有矣。此尤顯孟子思維之縝密且合理也。

○〈告子上〉公都子曰：「告子曰：性無善無不善也。或曰：性可以為善，可以為不善。是故文、武興，則民好善；幽、厲興，則民好暴。或曰：有性善，有性不善。是故以堯為君而有象；以瞽瞍為父而有舜；以紂為兄之子且以為君，而有微子啓、王子比干。今曰性善，然則彼皆非與？」

孟子曰：「乃若其情，則可以爲善矣，乃所謂善也。若夫爲不善，非才之罪也。……仁、義、禮、智，非由外鑠我也，我固有之也。弗思耳矣。故曰：求則得之，舍則失之，或相倍蓰而無算者，不能盡其才者也。……」

按：朱子《集註》云：「乃若，發語辭。情者，性初動也；人之情，本但可以爲善，而不可以爲惡，則性之本善可知矣。」又「才猶材質，人之能也。人有是性，則有是才。性既善，則才亦善。人之爲不善，乃物欲陷溺而然，非其才之罪也。」此說甚是。此外，孟子進而強調仁、義、禮、智之根性，乃與生俱來，非由外冶煉而成者也。但人有自不思不求者，是以善惡之相去難以數計。是又勉人由思而求，求則必有得也。

○〈盡心上〉孟子曰：「人之所不學而能者，其良能也；所不慮而知者，其良知也。孩提之童，無不知愛其親也。及其長也，無不知敬其兄也。親親，仁也；敬長，義也。無他，達之天下也。」

按：朱子《集註》云：「良者，本然之善也。程子曰：良知、良能，皆無所由，乃出於天，不係於人。」又：「親親、敬長，雖一人之私，然達之天下無不同者，所以爲仁義也。」此說蓋明乎人之本然之善，乃與生俱來，不待學而能，不經慮而知者也。觀天下孩提之童，無不知愛其親，無不知敬其長，可以爲明證也。

總之，七篇之中，孟子論「人性本善」之說不少，今就上列諸章所述，可得其大要矣。唯七篇之言「心」與「性」時或分述，時或合言。此則宋儒多有論及，程伊川云：「心也，性也，天也，一理也。

自理而言謂之天；自稟受而言謂之性；自存諸人而言謂之心。」張子厚云：「由太虛有天之名，由氣化有道之名。合虛與氣，有性之名；合性與知覺，有心之名。」朱子則云：「心者，人之神明，所以具衆理而應萬事者也；性則心之所具之理，而天又理之所從以出者也。」④然則，「心」與「性」乃天之所賦予人者，二者當是一體之兩面。就其體而言，謂之性；就其作用言之，謂之心也。是以〈盡心上〉孟子曰：「盡其心者，知其性也。知其性，則知天矣。」

再者，孟子標舉「人性本善」之論，其主要目的在爲其「內聖」與「外王」之道奠其磐基，俾令其學說各有所依憑也。就「內聖」之道而言，孟子既肯定「惻隱」、「羞惡」、「辭讓」（或稱「恭敬」）、「是非」四者，爲「人」與生俱來之善根，而其是否知所存養、擴充，乃爲孟子認定「人格」高下所根據之標準所在。蓋朱子所謂：「蓋自天降生民，則既莫不與之以仁、義、禮、智之性矣，然其氣質之稟，或不能齊，是以不能皆有以知其性之所有而全之也。」⑤據此則孟子之「人格品類觀」亦可得而說之：

(一)人之所以異於禽獸者：

○〈公孫丑上〉孟子曰：「……由是觀之，無惻隱之心，非人也；無羞惡之心，非人也；無辭讓之心，非人也；無是非之心，非人也。惻隱之心，仁之端也；羞惡之心，義之端也；辭讓之心，禮之端也；是非之心，智之端也。人之有是四端也，猶其有四體也。……」

○〈滕文公上〉（孟子）曰：「……飽食煖衣，逸居而無教，則近於禽獸。……」

○〈滕文公下〉孟子曰：「……無父無君，是禽獸也。……」

○〈離婁下〉孟子曰：「……自反而忠矣，其橫逆由是也。君子曰：此亦妄人也已矣。如此則與禽獸奚擇哉？……」

○〈離婁下〉孟子曰：「人之所以異於禽獸者，幾希。庶民去之，君子存之。……」

○〈告子上〉孟子曰：「……雖存乎人者，豈無仁義之心哉？其所以放其良心者，亦猶斧斤之於木也。旦旦而伐之，可以爲美乎？其日夜之所息，平旦之氣，其好惡與人相近也者，幾希，則其旦晝之所爲，有梏亡之矣。梏之反覆，則其夜氣不足以存。夜氣不足以存，則其離禽獸不遠矣。……」

然則，孟子所謂之「禽獸」，固然名爲異於人類之一般動物之稱謂，實乃對於徒具「人」之形貌，而不知存養人類本然之善，以致陷溺其心，縱其私欲，其而「自暴、自棄」⑥，言行乖張狂妄，罔顧倫常之所謂「衣冠禽獸」之卑稱與定位。此類「衣冠禽獸」之生活，猶滯留於「生理需求之生活層次」，在孟子觀之，當然不具完整之人格。然而，孟子或以其猶存「人」之形貌，故又以「小人」或「一夫」、「不肖」（不才）、「鄉原」等名稱之，使之有別於常人或等而上之者。

○〈告子上〉公都子問曰：「鈞是人也，或爲大人，或爲小人；何也？」孟子曰：「從其大體爲大人；從其小體爲小人。」曰：「鈞是人也，或從其大體，或從其小體；何也？」曰：「耳目之官不思，而蔽於物，物交物，則引之而已矣。心之官則思，思則得之，不思則不得也。此天之所與我者，先立乎其大者，則其小者不能奪也，此爲大人而已矣。」

○〈梁惠王下〉齊宣王問曰：「湯放桀，武王伐紂，有諸？」孟子對曰：「於傳有之。」曰：「臣弑其君可乎？」曰：「賊仁者謂之賊，賊義者謂之殘。殘賊之人，謂之一夫。聞誅一夫紂矣，未聞弑君也。」

○〈離婁下〉孟子曰：「中也養不中，才也養不才，故人樂有賢父兄也。如中也棄不中，才也棄不才，則賢不肖之相去，其間不能以寸。」⑦

○〈盡心下〉萬章問曰：「孔子在陳曰：盍歸乎來！吾黨之士狂簡，進取不忘其初。孔子在陳，何思魯之狂士？」孟子曰：「孔子不得中道而與之，必也狂獧乎，狂者進取，獧者有所不爲也。孔子豈不欲中道哉？不可必得，故思其次也。……」（萬章）曰：「何如，斯可謂之鄉原矣？」（孟子）曰：「何以是嘐嘐也？言不顧行，行不顧言。則曰：古之人，古之人。行何爲踽踽涼涼？生於斯世也，爲斯世也，善斯可矣。閹然媚於世也者，是鄉原也。」萬章曰：「一鄉皆稱原人焉，無所往而不爲原人。孔子以爲德之賊，何哉？」曰：「非之無舉也，刺之無刺也，同乎流俗，合乎汙世，居之似忠信，行之似廉潔，衆皆悅，自以爲是，而不可與入堯、舜之道，故曰德之賊也。孔子曰：惡似而非者。惡莠，恐其亂苗也；惡佞，恐其亂義也；惡利口，恐其亂信也；惡鄭聲，恐其亂樂也；惡紫，恐其亂朱也；惡鄉原，恐其亂德也。……」

據此，則孟子以爲但知縱耳目之欲，追求「飽食煖衣，逸居而無教」者，則終必爲物所役，雖具人類形貌，實與禽獸無以異矣。至於假仁義之名，闍然媚於世，戕賊道德者，則其卑劣更甚於禽獸矣。

㈡君子之所以異於人者：

孟子固然將徒知縱其私欲而泯滅本初之秉性，言行乖張狂妄，罔顧倫常而淪爲「衣冠禽獸」者，與彼等「或徒知可欲之善，而若存若亡」⑧，然而尚能因應於一般群體生活之常人，區隔開來。然而，在人類之中，誠如孟子在〈萬章〉篇所謂，有「先知先覺」與「後知後覺」之分，是以在常人之中，不論「或生而知之，或學而知之，或困而知之，」（見〈中庸〉）但屬已知、已覺者，孟子又將之與常人區分開。其中，孟子對於不但能持養其本然之善，且進而能擴充之，以體現道德、發揮「民胞物與」之精神者，尊稱爲「大人」、「賢者」、「君子」或「大丈夫」、「仁者」、「信人」、「善人」等。

○〈告子上〉孟子曰：「從其大體爲大人，從其小體爲小人。」

○〈離婁下〉孟子曰：「大人者，言不必信，行不必果，惟義所在。」

○〈離婁下〉孟子曰：「非禮之禮，非義之義，大人弗爲。」

○〈離婁下〉孟子曰：「大人者，不失其赤子之心者也。」

○〈盡心上〉孟子曰：「有事君人者，事是君，則爲容悅者也。有安社稷臣者，以安社稷爲悅者也。有天民者，達可行於天下而後行之者也。有大人者，正己而物正者也。」

○〈盡心上〉王子墊問曰：「士何事？」孟子曰：「尚志。」曰：「何謂尚志？」曰：「仁義而已矣。殺一無罪，非仁也；非其有而取之，非義。居惡在？仁是也；路惡在？義是也。居仁由義，大人之事備矣。」

○〈告子上〉孟子曰：「……生亦我所欲，所欲有甚於生者，故不爲苟得也。死亦我所惡，所惡有甚於死者，故患有所不辟也。如使人之所欲莫甚於生，則凡可以得生者，何不用也。使人之所惡莫甚於死者，則凡可以辟患者，何不爲也。由是則生而有不用也。由是則可以辟患而有不爲也。是故，所欲有甚於生者，所惡有甚於死，非獨賢者有是心也，人皆有之，賢者能勿喪耳。一簞食、一豆羹，得之則生，弗得則死，嘑爾而與之，行道之人弗受，蹴爾而與之，乞人不屑也。萬鍾則不辨禮義而受之，萬鍾於我何加焉？爲宮室之美，妻妾之奉，所識窮乏者得我與？鄉爲身死而不受，今爲宮室之美爲之，鄉爲身死而不受，今爲妻妾之奉爲之，鄉爲身死而不受，今爲所識窮乏者得我而爲之，是亦不可以已乎。此之謂失其本心。」

○〈盡心下〉孟子曰：「賢者以其昭昭，使人昭昭。今以其昏昏，使人昏昏。」

○〈離婁下〉孟子曰：「君子所以異於人者，以其存心也。君子以仁存心，以禮存心。仁者愛人，有禮者，敬人。愛人者人恆愛之，敬人者人恆敬之。有人於此，其待我以橫逆，則君子必自反也，我必不仁也，必無禮也，此物奚宜至哉？其自反而仁矣，自反而有禮矣，其橫逆由是也，君子必自反也，我必不忠。自反而忠矣，其橫逆由是也，君子曰：此亦妄人也已矣，如此，則與禽獸奚擇哉？於禽獸又何難焉？是故，君子有終身之憂，無一朝之患也。乃若所憂則有之，舜人也，我亦人也，舜爲法於天下，可傳於後世，我由未免爲鄉人也，是則可憂也。憂之如何？如舜而已矣。若夫君子所患則亡矣。非仁無爲也，非禮無行也，如有一朝之患，則君子不患矣。」

○〈公孫丑下〉孟子去齊，充虞路問曰：「……虞聞諸夫子曰：君子不怨天，不尤人。……」

○〈盡心上〉孟子曰：「廣土眾民君子欲之，所樂不存焉。中天下而立，定四海之民，君子樂之，所性不存焉。君子所性，雖大行不加焉，雖窮居不損焉，分定故也。君子所性，仁、義、禮、智根於心，其生色也，睟然見於面，盎於背，施於四體，四體不言而喻。」

○〈萬章下〉（孟子）曰：「……夫義，路也；禮，門也。惟君子能由是路，出入是門也。詩云：周道如底，其直如矢。君子所履，小人所視。……」

○〈告子下〉孟子曰：「居下位，不以賢事不肖者，伯夷也。五就湯，五就桀者，伊尹也。不惡汙君，不辭小官者，柳下惠也。三子者，不同道，其趨一也。一者何也？曰仁也。君子亦仁而已矣，何必同。……」

○〈盡心上〉孟子曰：「君子之於物也，愛之而弗仁；於民也，仁之而弗親。親親而仁民，仁民而愛物。」

○〈盡心下〉孟子曰：「口之於味也，目之於色也，耳之於聲也，鼻之於臭也，四肢之於安佚也，性也，有命焉，君子不謂性也。仁之於父子也，義之於君臣也，禮之於賓主也，智之於賢者也，聖人之於天道也，命也，有性焉，君子不謂命也。」

○〈盡心下〉孟子曰：「言近而指遠者，善言也。守約而施博者，善道也。君子之言也，不下帶而道存焉。君子之守，修其身而天下平。人病舍其田，而芸人之田。所求於人者重，而所以自任者輕。」

○〈盡心下〉孟子曰：「堯、舜，性者也。湯、武，反之也。動容周旋中禮者，盛德之至也。哭死而哀，非爲生者也。經德不回，非以干祿也。言語必信，非以正行也。君子行法以俟命而已矣。」

○〈盡心下〉（孟子）曰：「……君子反經而已矣。……」

○〈滕文公下〉景春曰：「公孫衍、張儀，豈不大丈夫哉？一怒而諸侯懼，安居而天下熄。」孟子曰：「是焉得爲大丈夫乎？子未學禮乎？大丈夫之冠也，父命之；女子之嫁也，母命之。往送之門，戒之曰：往之女家必敬必戒，無違夫子，以順爲正者，妾婦之道也。居天下之廣居，立天下之正位，行天下之大道，得志與民由之，不得志，獨行其道。富貴不能淫；貧賤不能移；威武不能屈，此之謂大丈夫。」

○〈梁惠王上〉（孟子）曰：「無恆產而有恆心者，惟士爲能。若民則無恆產，因無恆心。苟無恆心，放辟邪侈，無不爲已。及陷於罪，然後從而刑之，是罔民也。焉有仁人在位，罔民而可爲也。」

○〈梁惠王下〉齊宣王問曰：「交鄰國有道乎？」孟子對曰：「有。惟仁者爲能以大事小。是故，湯事葛，文王事昆夷。……以大事小者，樂天者也。……」

〇〈公孫丑上〉孟子曰：「……仁者如射，射者正己而後發，發而不中，不怨勝己者，反求諸己而已矣。」

〇〈萬章上〉（孟子）曰：「仁者之於弟也，不藏怒焉，不宿怨焉，親愛之而已矣。……」

〇〈告子下〉白圭曰：「丹之治水也，愈於禹。」孟子曰：「子過矣。禹之治水，水之道也。是故禹以四海為壑，今吾子以鄰國為壑。水逆行謂之洚水。洚水者，洪水也。仁人之所惡也。吾子過矣。」

〇〈告子下〉孟子曰：「君子不亮，惡乎執？」

〇〈盡心下〉浩生不害問曰：「樂正子何人也？」孟子曰：「善人也，信人也。」「何謂善？何謂信？」曰：「可欲之謂善，有諸己之謂信，……」⑨

就上列諸章觀之，孟子於常人之中，又將能擴而充其本然之善，而體現道德之人，其人格歸屬為較高之層次。雖孟子於此等人之稱謂容或有所不同，然其自我提昇人格，並以體現道德為其生命目標則一也。此一層次之人，可謂之「道德生活層次者」也。

㈢人格之至高層次——聖人：

朱熹《孟子集註》引程子之說云：「聖人盡得人道，而能充其形也。蓋得天地之正氣而生，與萬物不同。既為人須盡得人理，然後稱其名，衆人有之而不知，賢人踐之而未盡，能充其形，惟聖人也。」⑩

然則，聖人、賢人與常人之所以異者，在於常人雖擁有善根，卻是往往有之而不自知，或知之而不知所以存之，並進而充之。賢人、君子雖已知體現之。然而未必能盡而且能化之。「唯聖人有是形，而又能盡其理，然後可以踐其形而無歉也。」⑪

○〈公孫丑上〉：「……宰我、子貢，善爲說辭。冉牛、閔子、顏淵，善言德行。孔子兼之。曰：我於辭命則不能也。然則，夫子既聖矣乎？（孟子）曰：惡！是何言也，昔者子貢問於孔子曰：夫子聖矣乎？孔子曰：聖則吾不能，我學不厭，而教不倦也。子貢曰：學不厭，智也；教不倦，仁也。仁且智，夫子既聖矣。夫聖，孔子不居，是何言也？昔竊聞之，子夏、子游、子張，皆有聖人之一體，冉牛、閔子、顏淵，則具體而微。敢問所安？曰：姑舍是。曰：伯夷、伊尹，何如？曰：不同道。非其君不事，非其民不使，治則進，亂則退，伯夷也。何事非君，何使非民，治亦進，亂亦進，伊尹也。可以仕則仕，可以止則止，可以久則久，可以速則速，孔子也。皆古聖人也。吾未能有行焉，乃所願，則學孔子也。伯夷、伊尹於孔子，若是班乎？曰：否，自有生民以來，未有孔子也。曰：然則，有同與？曰：有，得百里之地而君之，皆能以諸侯有天下，行一不義，殺一不辜，而得天下，皆不爲也。是則同。曰：敢問其所以異。曰：宰我、子貢、有若，智足以知聖人，汙不至阿其所好。宰我曰：以予觀於夫子，賢於堯、舜遠矣。子貢曰：見其禮而知其政，聞其樂而知其德，由百世之後，等百世之王，莫之能違也。自生民以來，未有夫子也。有若曰：豈惟民哉？麒麟之於走獸，鳳凰之於飛鳥，太山之於邱垤，河海之於行潦，類也。聖人之於民，亦類也。出於其類，拔乎其萃。自生民以來，未有盛於孔子也。」

○〈離婁上〉孟子曰：「規矩，方員之至也；聖人，人倫之至也。欲爲君盡君道，欲爲臣盡臣道，二者皆法堯、舜而已矣。不以舜之所以事堯事君，不敬其君者也；不以堯之所以治民治民，賊其民者也。……」

○〈萬章上〉孟子曰：「……吾未聞枉己而正人者也。況辱己以正天下者乎。聖人之行不同也，或遠或近，或去或不去，歸潔其身而已矣。……」

○〈告子上〉孟子曰：「……故凡同類者，舉相似也，何獨至於人而疑之？聖人與我同類者。……故曰：口之於味也，有同耆焉；耳之於聲也，有同聽焉；目之於色也，有同美焉。至於心，獨無所同然乎？心之所同然者何也？謂理也義也。聖人先得我心之所同然耳。……」

○〈盡心上〉孟子曰：「形色，天性也，惟聖人然後可以踐形。」

○〈盡心下〉孟子曰：「聖人，百世之師也。伯夷、柳下惠是也。故聞伯夷之風者，頑夫廉，懦夫有立志；聞柳下惠之風者，薄夫敦，鄙夫寬，奮乎百世之上，百世之下，聞者莫不興起也。非聖人而能若是乎？而況於親炙之者乎。」

○〈盡心下〉浩生不害問曰：「樂正子，何人也？」孟子曰：「善人也，信人也。」「何謂善？何謂信？」曰：「可欲之謂善，有諸己之謂信，充實之謂美，充實而有光輝之謂大，大而化之之謂聖，聖而不可知之之謂神。……」

綜上觀之，就體現人類與生俱來之善性而言，聖人與賢者、君子、大人、大丈夫，雖均以成就道德爲要務，唯此兩層次之人，其遂行之境界猶有差別，誠如〈中庸〉所謂：「誠者，不勉而中，不思而得，從容中道，聖人也。誠之者，擇善而固執之者也。」亦即所謂生知、安行與學知、利行，困知、勉行之別也。⑫孟子更強調「聖人」尤必須是能臻於「贊天地之化育」，亦即「大而能化之」之超越凡人境界。此外，孟子於「聖人」之層之中，又有所謂「聖之清者」、「聖之任者」、「聖之和者」與「聖之時者」之分，實因各以其方之別耳。唯其中以「聖之時者」爲集大成者。⑬至於「聖而不可知之」、「神」者，亦即所謂「天人合一」，達精神生命永恆之至高境界也。茲試就上列所述，作一簡表：

品類區分	稱謂		所呈現之生命意義	生活層次
超凡界	聖人	神	人格昇華臻於「天人合一」	「與天地參」層次
		聖之時者（聖之集大成）	生命之意義在追求「贊天地之化育」。	
		聖之清者 聖之任者 聖之和者		
人界	君子 大人 大丈夫 仁者 賢者 信人、善人		生命之意義在體現道德，發揮「民胞物與」。	「道德生活」層次
	常人		適應群體生活。	「社會生活」層次
獸界	禽獸（衣冠禽獸） 小人 不肖（不才） 一夫 鄉原		陷溺其心，但知縱欲，甚或違逆倫常戕賊道德。	「生理生活」層次

總之，孟子先確立其「人性本善」之說，從而按個人持養發揮其善根之程度，而論斷其人格之高下。其間孟子並提示，「思」、「求」與「存養」、「擴充」其本善之要，俾令學者得以有所依循，以為自我人格提昇之道。據此則足見孟子論「內聖」之道，以其「性善說」為立論之基礎，甚為明確矣。再者，因其「內聖」之道之確立，然後其「外王」之道，始得以有所本而伸張矣。⑭茲就七篇之說，略舉其要：

○〈梁惠王上〉孟子對曰：「王何必曰利，亦有仁義而已矣。……苟為後義而先利，不奪不饜。未有仁而遺其親者也，未有義而後其君者也。王亦曰仁義而已矣，何必曰利？」

按：孟子以仁義說梁惠王，而仁義之行，又皆源於人之本然善性，不待求之於外。則孟子論「外王」之道，以其「性善論」明甚。

○〈公孫丑上〉孟子曰：「人皆有不忍人之心。先王有不忍人之心，斯有不忍人之政矣。以不忍人之心，行不忍人之政，治天下可運之掌上。」

○〈離婁上〉孟子曰：「三代之得天下也，以仁；其失天下也，以不仁。國之所以廢興存亡者亦然。天子不仁，不保四海；諸侯不仁，不保社稷；卿大夫不仁，不保宗廟；士、庶人不仁，不保四體。」

由是觀之，孟子之論「外王」之道，無不以其「性善論」為前提。易言之，當政者施其政教於民，必當秉其本然之善，並擴而充之，以施之於政教，如此乃得以保其天下社稷也。是以謂孟子之論「內聖」與

「外王」之道，無不以其「性善說」爲立論之根據也。

【附註】

①按：朱子《集註》云：「此所謂性，兼氣質而言者也。氣質之性，固有美惡之不同矣，然以其初而言，則皆不甚相遠也。但習於善則善；習於惡則惡，於是始相遠耳。」又：「程子曰：此氣質之性，非言性之本也。若言其本，則性即是理，理無不善。孟子之言性善是也。何相近之有哉？」此言殆得之也。

②按：朱子《集註》云：「此承上章而言，人之氣質相近之中，又有美惡一定，而非習之所能移也。」又：「程子曰：人性本善，有不可移者，何也？語其性，則皆善也。語其才，則有下愚之不移。所謂下愚，有二焉：自暴、自棄也。人苟以善自治，則無不可移，雖昏愚之至，皆可漸磨而進也。惟自暴者，拒之以不信；自棄者，絕之以不爲。雖聖人與居，不能化而入也。仲尼之所謂下愚也。然其質非必昏且愚也，往往強戾而力才有過人者，商辛是也。聖人於此自絕於善，謂之下愚。然考其歸，則誠愚也。或曰：此與上章當合爲一，子曰二字蓋衍文也。」二者之說，其意一也，亦皆得理也。

③按：孔子之時，民智未開，是以聖人施其教化，但以彝倫之常，與立身處世之當然之道爲主，而不言玄虛奧妙之道，亦罕及其所以然之理也。

④三者之說具見《孟子》〈盡心上〉：「盡其心者，知其性也」章，朱子《集註》。

⑤見朱熹〈大學章句序〉。

⑥見《孟子》〈離婁上〉孟子曰：「自暴者，不可與有言也。自棄者，不可與有爲也。言非禮義，謂之自暴也，吾身不能居仁由義，謂之自棄也。仁，人之安宅也；義，人之正路也。」

⑦按：《孟子》〈告子上〉孟子曰：「乃若其情，則可以爲善矣，乃所謂善也。若夫爲不善，非才之罪也。」朱子註云：「才猶材質，人之能也。人有是性，則有是才。性既善，則才亦善。」〈告子上〉（孟子）又曰：「……仁、義、禮、智，非由外鑠我也，我固有之也，弗思耳矣。故曰：求則得之，舍則失之，或相倍蓰而無算者，不能盡其才者也。」是則，孟子所謂「不才」者是謂不能盡其才者，亦即舍失其本然之善者也。

⑧按：《孟子》〈盡心下〉浩生不害問曰：「樂正子何人也？」章，朱子《集註》引程子曰：「士之所難者，在有諸己而已，能有諸己，則居之安，資之深，而美且大可以馴致矣。待知可欲之善，而若存若亡而已，則能不受變於俗者鮮矣。」

⑨按：朱子《集註》云：「天下之理，其善者必可欲，其惡者必可惡。其爲人也，可欲而不可惡，則可謂善人矣。凡所謂善皆實有之，如惡惡臭，如好好色，是則可謂信人矣。張子曰：志仁無惡之謂善，誠善於身之謂信。」

⑩見《孟子》〈盡心上〉孟子曰：「形色，天性也……」章，朱子《集註》。

⑪同註⑩。

⑫見《中庸章句》第二十章。

⑬見《孟子》〈萬章下〉孟子曰：「伯夷，聖之清者也；伊尹，聖之任者也；柳下惠，聖之和者也；孔子，聖之時者也。孔子之謂集大成。集大成也者，金聲而玉振之也。金聲也者，始條理也。玉振之也者，終條理也。始

條理者，智之事也。終條理者，聖之事也。智，譬則巧也。聖，譬則力也。由射於百步之外也，其至爾力也，其中，非爾力也。」

⑭按：「內聖」、「外王」之名，始見於《莊子》〈天下篇〉：「是故內聖、外王之道，闇而不明，鬱而不發，天下之人，各爲其所欲焉以自爲方。」而歷來論「內聖」之道，多以個人內在品格之提昇爲主，殆不誤也。至於所謂「外王」之論，實可分爲個人成就之外顯，與施其政教於外兩者。而前者實乃「內聖」作用之延伸也。是以本文所謂「外王」之道，僅就後者言之。

第四節　孟子之要論略說

歷來論述孟子之學術思想者衆矣，各有千秋。然以今況古，而不得其要者，亦所在多有。觀乎七篇所載，雖以孟子應答弟子、時人或君侯之言論爲主，且未刻意整理歸納其系統，然通檢二百六十章之所錄，則其學術體系隱然可見。除上文所述，孟子之學術思想導源於其「天道觀」，而立論則以「性善說」爲基礎，由此而伸其「內聖」、「外王」之道之外。其進程則呈現由「盡性」而「推恩」之條理。其理想，就個人而言，在導化世人發揮持養之功夫，以提昇自我之人格，而臻於聖神功化之極；就群體社會、國家而言，在導化當政者發其不忍人之心，以行不忍人之政，俾令王道政治得以實現也。其他相關之論說，在在均爲達成此一理想而發也。茲就其中較大彰顯，影響較爲深遠者，分別列述之，以明孟子學之主體大要。

一、**自我持養論之大端**——《大學》云：「物有本末，事有終始，知所先後，則近道矣。」然則，個人之自我持養其心性，誠乃大道之根本也。七篇之中，孟子論持養之言甚多，其要在勉人由知其本然之善而持之使不失，進而擴而充之，以「盡其才」而臻聖神之極。其間又有相關功夫之所在。簡言之，乃由「思」而「求」而「養」而「充」。蓋人雖秉天賦之善根，但多不知思察，所以善惡之相去甚遠，故有聖賢愚劣之分。朱子在〈大學章句序〉云：「蓋自天降生民，則既莫不與之以仁義禮智之性矣。然其氣質之稟，或不能齊，是以不能皆有以知其性之所有而全之也。」即此之謂也。況《中庸》載：「子曰：道之不行，我知之矣。知者過之；愚者不及也。道之不明也，我知之矣。賢者過之；不肖者不及也。人莫不飲食，鮮能知味也。」孟子深知此理，於是勉人由「思」入手，曰：「思則得之，不思則不得。」意謂思則心有所得，以知人之所以異於禽獸者，在於人有惻隱、羞惡、辭讓（或謂之恭敬）、是非之心，亦即仁、義、禮、知四德之根端。唯人於思察之間，必不能為偏邪之言所蔽，且應知人所當務之急，俾本末先後，輕重緩急之事了然於心。是以孟子又有「知言」、「知務」之說，以使其心明乎正理而無所蔽，從而知所「求」之。孟子強調「求」，曰：「求則得之，舍則失之。」其所「求」者，殆在復其本然之善，且不令失之也。於是孟子又言「壹志」、「不動心」、「無暴其氣」之功夫以落實之。當人知求其本然之善、則當進而「養」，即「養」其「夜氣」（或「平旦之氣」），必使其善心常為一身之主，而良知、良能得以發揮，進而涵蘊出「配義與道」之「浩然之氣」。其間孟子又提示「寡欲」以爲養心之功夫矣。至於孟子論持養之極致，則在「擴而充其本然之善」，即「盡其心性」亦所謂「盡其才」也，以體現仁、義、禮、智之道德，並使之「充實而有光輝」，以臻於「大而化之」之聖，甚而至於「聖而不可知之」之神之境界也。①茲就上述分別引證如下：

(一)「思」與「知言」、「知務」：

○〈告子上〉孟子曰：「……惻隱之心，人皆有之；羞惡之心，人皆有之；恭敬之心，人皆有之；是非之心，人皆有之。惻隱之心，仁也；羞惡之心，義也；恭敬之心，禮也；是非之心，智也。仁、義、禮、智非由外鑠我也，我固有之也。弗思耳矣。」②又（同篇）孟子曰：「拱把之桐梓，人苟欲生之，皆知所以養之者，至於身而不知所以養之者，豈愛身不若桐梓哉？弗思甚也。」

○又（同篇）（孟子）曰：「耳目之官不思，而蔽於物。物交物，則引之而已矣。心之官則思，思則得之，不思則不得也。此天之所與我者。先立乎其大者，則其小者不能奪也。此爲大人而已矣。」

○〈公孫丑上〉（孟子）曰：「……行有不慊於心則餒矣。我故曰：告子未嘗知義，以其外之也。必有事焉而勿正，心勿忘，勿助長也。……何謂知言？曰：詖辭知其所蔽；淫辭知其所陷；邪辭知其所離；遁辭知其所窮。生於其心，害於其政，發於其政，害於其事。聖人復起，必從吾言矣。」③

○〈盡心上〉孟子曰：「知者無不知也，當務之爲急。仁者無不愛也，急親賢之爲務。堯、舜之知，而徧物，急先務也。堯、舜之仁，不徧愛人，急親賢也。不能三年之喪，而緦、小功之察，放飯流歠，而無問齒決，是之謂不知務。」

㈡「求」與「壹志」、「不動心」、「無暴其氣」：

○〈告子上〉孟子曰：「……仁、義、禮、智，非由外鑠我也，我固有之也。弗思耳矣。故曰：求則得之，舍則失之。或相倍蓰而無算者，不能盡其才者也。」

○又（同篇）孟子曰：「仁、人心也；義、人路也。舍其路而弗由，放其心而不知求，哀哉！人有雞犬放，則知求之，有放心而不知求。學問之道無他，求其放心而已矣。」

○〈告子下〉（孟子）曰：「夫道若大路然，豈難知哉？人病不求耳。子歸而求之，有餘師。」

○〈盡心上〉孟子曰：「求則得之，舍則失之，是求有益於得也。求在我者也；求之有道，得之有命，是求無益於得也。求在外者也。」

○又（同篇）孟子曰：「萬物皆備於我矣。反身而誠、樂莫大焉。強恕而行，求仁莫近焉。」

④

○〈公孫丑上〉（孟子）曰：「不得於言，勿求於心；不得於心，勿求於氣。不得於心，勿求於氣，可；不得於言，勿求於心，不可。夫志，氣之帥也。氣、體充之也。夫志至焉，氣次焉。故曰：持其志，無暴其氣。……志壹則動氣。氣壹則動志也。今夫蹶者趨者，是氣也，而反動其心。」

○〈離婁上〉孟子曰：「……今之欲王者，猶七年之病，求三年之艾也。苟爲不畜，終身不得。苟不志於仁，終身憂辱，以陷於死亡。」⑤

○〈告子上〉孟子曰：「今夫奕之爲數，小數也。不專心致志則不得也。」⑥

○〈盡心上〉王子墊問曰：「士何事？」孟子曰：「尚志。」曰：「何謂尚志？」曰：「仁義而已矣。」

(三)「養其夜氣」（「養其平旦之氣」）、「養浩然之氣」與「寡欲」：

○〈告子上〉孟子曰：「……雖存乎人者，豈無仁義之心哉？其所以放其良心者，亦猶斧斤之於木也。旦旦而伐之，可以爲美乎？其日夜之息，平旦之氣，其好惡與人相近也者幾希。則其旦晝之所爲，有梏亡之矣。梏之反覆，則其夜氣不足以存，夜氣不足以存，則違禽獸不遠矣。人見其禽獸也，而以爲未嘗有才焉者，是豈人之情也哉？故苟得其養，無物不長；苟失其養，無物不消。孔子曰：操則存，舍則亡，出入無時，莫知其鄉，惟心之謂與。」

○〈公孫丑上〉（公孫丑復問曰：）「敢問夫子惡乎長？」（孟子）曰：「我知言，我善養吾浩然之氣。」「敢問何爲浩然之氣？」曰：「難言也。其爲氣也，至大至剛，以直養而無害，則塞於天地之間。其爲氣也，配義與道，無是，餒也。是集義所生者，非義襲而取之也。行有不慊於心，則餒也。」

○〈盡心下〉孟子曰：「養心莫善於寡欲。其爲人也寡欲，雖有不存焉者寡矣。其爲人也多欲，雖有存焉者寡矣。」

(四)「擴而充其本然之善」以期臻於「聖」、「神」之境界：

○〈公孫丑上〉孟子曰：「凡有四端於我者，知皆擴而充之矣。若火之始然，泉之始達。苟能充之，足以保四海；苟不充之，不足以事父母。」

○〈盡心上〉孟子曰：「盡其心者，知其性也。知其性則知天矣。存其心，養其性，所以事天也。殀壽不貳，修身以俟之，所以立命也。」⑦

○〈盡心下〉（孟子）曰：「可欲之謂善，有諸己之謂信，充實之謂美，充實而有光輝之謂大，大而化之之謂聖，聖而不可知之之謂神。」

二、政治論之大端——孟子之論政治以其「性善說」爲基礎，前已述及矣。而其目標則在追求「王道」政治之遂行。職是，孟子乃提出「重仁義而輕利」之政治前提，而標舉「民貴君輕」之理念，主張「賤霸而非戰」，同時，於施政之具體措施，則倡導「因先」與「尊賢使能」，並重視「民生與教化」之具體措施。茲依次引證如下：

(一)「重仁義而輕利」之政治前提：

○〈梁惠王上〉孟子見梁惠王，王曰：「叟不遠千里而來，亦將有以利吾國乎？」孟子對曰：

「王何必曰利，亦有仁義而已矣。王曰：何以利吾國。大夫曰：何以利吾家。士、庶人曰：何以利吾身。上下交征利，而國危矣。萬乘之國，弒其君者，必千乘之家。千乘之國，弒其君者，必百乘之家。萬取千焉，千取百焉，不爲不多矣。苟爲後義而先利，不奪不饜。未有仁而遺其親者也；未有義而後其君者也。王亦曰仁義而已矣，何必曰利。」

按：朱子《集註》云：「此章言仁義根於人心之固有，天理之公也。利生於物我之相形，人欲之私也。循天理則不求利，而自無不利。徇人欲則求利未得而害已隨之。所謂毫釐之差，千里之繆。此孟子之書所以造端託始之深意，學者所宜精察而明辨也。」又：「太史公曰：余讀孟子書，至梁惠王問何以利吾國，未嘗不廢書而歎也。曰：嗟乎！利誠亂之始也。夫子罕言利，常防其源也。故曰：放於利而行，多怨。自天子以至於庶人，好利之弊，何以異哉？」又：「程子曰：君子未嘗不欲利，但專以利爲心則有害。惟仁義則不求利，而未嘗不利也。當是之時，天下之人，惟利是求，而不復知有仁義。故孟子言仁義而不言利，所以拔本塞源而救其弊，此聖賢之心也。」向之論孟子言「義利之辨」者衆矣，而程、朱之言，可謂得之。今人韋政通於所撰《先秦七大哲學家》中云：「站在道德的立場，義利之辨不僅是保住人格的一道防線，且是知識份子和非知識份子之間辨識的一個標準。歷史上的大儒，所以能夠和那群趨炎附勢，通過科舉追逐名利的士大夫們，釐清出一條明顯的界線，就是依靠這一個標準。」⑧竊以爲孟子「重仁義而輕利」之政治前提，亦乃孟子以「人性本善」爲一切立論基礎之明證也。

○又（同篇）孟子對曰：「……故曰：仁者無敵，王請勿疑。」

○〈梁惠王下〉（孟子）曰：「賊仁者謂之賊；賊義者謂之殘。殘賊之人謂之一夫。聞誅一夫紂矣。未聞弒君也。」

○〈公孫丑上〉孟子曰：「人皆有不忍人之心。先王有不忍人之心，斯有不忍人之政矣。以不忍人之心，行不忍人之政，治天下可運之掌上。」

○〈離婁上〉孟子曰：「三代之得天下也以仁，其失天下也以不仁。國之所以廢興存亡者亦然。天子不仁，不保四海，諸侯不仁，不保社稷、卿大夫不仁，不保宗廟，士、庶人不仁，不保四體。」

○又（同篇）孟子曰：「桀紂之失天下也，失其民也。失其民者，失其心也。得天下有道，得其民，斯得天下矣。得其民有道，得其心，斯得民矣。得其心有道，所欲與之聚之，所惡勿施爾也。民之歸仁也，猶水之就下，獸之走壙也。故爲淵毆魚者，獺也；爲叢毆爵者，鸇也；爲湯武毆民者，桀與紂也。今天下之君有好仁者，則諸侯皆爲之毆矣。雖欲無王，不可得已。」

按：此非但在明當政者宜知得天下在行仁政，亦顯示行仁政在得民心，施政者當知以民之好惡爲好惡，斯又表明孟子「以民爲貴」之理念矣。

○〈離婁下〉孟子曰：「君仁、莫不仁，君義、莫不義。」

○〈告子下〉（孟子）曰：「……爲人臣者，懷仁義以事其君，爲人子者，懷仁義以事其父；爲人弟者，懷仁義以事其兄。是君臣、父子、兄弟，去利，懷仁義以相接也。然而不王者，未之有也。何必曰利？」

○〈盡心下〉孟子曰：「不仁而得國者，有之矣。不仁而得天下，未之有也。」

(二)標舉「民貴君輕」之理念：

○〈梁惠王下〉齊宣王見孟子於雪宮。……孟子對曰：「……爲民上而不與民同樂者，亦非也。樂民之樂者，民亦樂其樂；憂民之憂者，民亦憂其憂。樂以天下，憂以天下，然而不王者，未之有也。」

○〈公孫丑下〉孟子曰：「天時不如地利，地利不如人和。……城非不高也，池非深也，兵革非不堅利也，米粟非不多也。委而去之，是地利不如人和也。故曰：域民不以封疆之界，固國不以山谿之險，威天下不以兵革之利。得道者多助，失道者寡助。寡助之至，親戚畔之，多助之至，天下順之。」

按：朱子《集註》云：「人和，得民心之和也。」又引尹焞曰：「言得天下者，凡以得民心而已。」

○〈離婁上〉孟子曰：「桀紂之失天下也，失其民也。失其民者，失其心也。得天下有道，得其民，斯得天下矣。得其民有道，得其心，斯得民矣。得其心有道，所欲與之聚之，所惡勿施爾也。」

○〈萬章上〉（孟子）曰：「……〈泰誓〉曰：天視自我民視，天聽自我民聽。此之謂也。」

按：此章孟子明引《尚書》〈泰誓〉之言，由此足見孟子「以民爲貴」之理念，有自來也。

○〈盡心下〉孟子曰：「民爲貴，社稷次之，君爲輕。是故得乎丘民而爲天子，得乎天子而爲諸侯，得乎諸侯爲大夫。諸侯危社稷則變置、犧牲既成，粢盛既潔，祭祀以時，然而旱乾水溢，則變置社稷。」

按：孟子雖襲蹈聖人之道，而其學卻久久介乎經、子之間。其主要原因之一，乃在於孟子標舉「民爲貴，君爲輕」之政治理念。而此一理念非但不得封建帝王之所接受，亦爲歷來保守學者之所不敢取者。然而，以今日高倡民主之時代，此一「民貴、君輕」之理念，尤顯其珍貴也。蓋嘗論之，以爲西方所倡之「民主」政治，重在有相對之體制以落實之，其中少數服從多數之精神，與選舉之措施，乃其要件，如此則百姓必先具相當程度之學識。否則，易因盲從而舉人不當，或因財利之賄誘，而爲人所利用。而「民貴」理念，乃欲從根本建立當政者以民之好惡爲好惡之認知，且此一理念並不受限於任一形式之政治體制。雖此一理念非始自孟子，然以孟子之能大力倡導於二千三百餘年前，使人不得不佩服其眞知灼見也。

(三)「賤霸而非戰」之主張：

○〈梁惠王上〉齊宣王問曰：「齊桓、晉文之事，可得聞乎？」孟子對曰：「仲尼之徒，無道桓、文之事者，是以後世無傳焉。臣未之聞也。無以則王乎。」按：朱子《集註》：「董子（按即董仲舒）曰：仲尼之門，五尺童子，羞稱五霸。爲其先詐力而後仁義也。亦此意也。」

○〈公孫丑上〉孟子曰：「以力假仁者霸，霸必有大國。以德行仁者王，王不待大。湯以七十里，文王以百里。以力服人者，非心服也，力不贍也。以德服人者，中心悅而誠服也。如七十子之服孔子也。《詩》云：自西自東，自南自北，無思不服。此之謂也。」

○〈告子下〉孟子曰：「五霸者，三王之罪人也。今之諸侯，五霸之罪人也。今之大夫，今之諸侯之罪人也。……五霸者，摟諸侯以伐諸侯者也。故曰五霸者，三王之罪人也。」

○（同篇）孟子曰：「今之事君者曰：我能爲君辟土地，充府庫。今之所謂良臣，古之所謂民賊也。君不鄉道，不志於仁，而求富之，是富桀也。我能爲君約與國，戰必克。今之所謂良臣，古之所謂民賊也。君不鄉道，不志於仁，而求爲之強戰，是輔桀也。由今之道，無變今之俗，雖與之天下，不能一朝居也。」

○〈盡心下〉孟子曰：「有人曰：我善爲陳，我善爲戰，大罪也。國君好仁，天下無敵焉。……征之爲言正也。各欲正己也，焉用戰。」

(四)倡導「因先」與「尊賢使能」：

○〈離婁上〉孟子曰：「離婁之明，公輸子之巧，不以規矩，不能成方員；師曠之聰，不以六律，不能正五音；堯舜之道，不以仁政，不能平治天下。今有仁心仁聞，而民不被其澤，不可法於後世者，不行先王之道也。故曰：徒善不足以爲政，徒法不能以自行。《詩》云：不愆不忘，率由舊章。遵先王之法而過者，未之有也。……故曰：爲高必因丘陵，爲下必因川澤。爲政不因先王之道，可謂智乎？」

○〈公孫丑上〉孟子曰：「仁則榮，不仁則辱。今惡辱而居不仁，是猶惡溼而居下也。如惡之，莫如貴德而尊士，賢者在位，能者在職，國家閒暇。及是時，明其政刑，雖大國必畏之矣。」

○〈同篇〉孟子曰：「尊賢使能，俊傑在位，則天下之士，皆悅而願立於其朝矣。」

○〈公孫丑下〉（孟子）曰：「……故將大有爲之君，必有所不召之臣。欲有謀焉則就之。其尊德樂道不如是，不足與有爲也。」

○〈萬章下〉（孟子）曰：「……悅賢不能舉，又不能養，可謂悅賢乎？……堯之於舜也，使其子九男事之，二女女焉，百官牛羊倉廩備，以養舜於畎畝之中，後舉而加諸上位。故曰：王公之尊賢者也。」

○〈盡心下〉孟子曰：「不信仁賢則國空虛，無禮義則天下亂，無政事則財用不足。」

按：朱子《集註》：「尹氏（按即尹焞）曰：三者以仁賢爲本，無仁賢，則禮義政事處之皆不以其道矣。」此說甚是。

(五)重視「民生與教化」之政策：

○〈梁惠王上〉（孟子）曰：「……不違農時，穀不可勝食也。數罟不入洿池、魚鱉不可勝食也。斧斤以時入山林，材木不可勝用也。穀與魚鱉不可勝食，材木不可勝用，是使民養生喪死無憾也。養生喪死無憾，王道之始也。五畝之宅，樹之以桑，五十者可以衣帛矣。雞豚狗彘之畜，無失其時，七十者可以食肉矣。百畝之田，勿奪其時，數口之家，可以無飢矣。謹庠序之教，申之以孝悌之義，頒白者不負戴於道路矣。七十者衣帛食肉，黎民不飢不寒，然而不王者，未之有也。」

按：孟子之政治理論，十分重視民生與教化之根本要務。是以此章對梁惠王道以具體措施與程序。此外於〈梁惠王下〉之末章，載其對齊宣王之問，亦提出相同之主張。由是足見孟子之政治理論，自有其理想之境界與可行之考量也。

○（同篇）孟子對（梁惠王）曰：「地方百里而可以王。王如施仁政於民，省刑罰，薄稅斂，深耕易耨。壯者以暇日修其孝、悌、忠、信，入以事其父兄，出以事其長上。可使制梃以撻秦楚之堅甲利兵矣。彼奪其民時，使不得耕耨以養其父母，父母凍餓，兄弟妻子離散。彼陷溺其民，王往而征之，夫誰與王敵。故曰仁者無敵，王請勿疑。」

○（同篇）（孟子對齊宣王）曰：「……今王發政施仁，使天下仕者皆欲立於王之朝，耕者皆欲耕於王之野，商賈皆欲藏於王之市，行旅皆欲出於王之塗，天下之欲疾其君者，皆欲赴愬於王，其若是，孰能禦之。……無恆產而有恆心者，惟士爲能。若民則無恆產，因無恆心。苟無恆心，放辟邪侈無不爲已。及陷於罪，然後從而刑之，是罔民也。焉有仁人在位，罔民而可爲也。是故明君制民之產，必使仰足以事父母，俯足以畜妻子，樂歲終身飽，凶年免於死亡，然後驅而之善，故民之從之也輕。今也制民之產，仰不足以事父母，俯不足以畜妻子，樂歲終身苦，凶年不免於死亡。此惟救死而恐不贍，奚暇治禮義哉？王欲行之，則盍反其本矣。五畝之宅，樹之以桑，五十者可以衣帛矣。……（此段與前引對梁惠王所說同）……然而不王者，未之有也。」

○〈公孫丑上〉孟子曰：「尊賢使能，俊傑在位，則天下之士皆悅而願立於其朝矣。市廛而不征，法而不廛，則天下之商，皆悅而願藏於其市矣。關譏而不征，則天下之旅，皆悅而願出於其路矣。耕者助而不稅，則天下之農，皆悅而願耕於其野矣。廛無夫里之布，則天下之民，皆悅而願爲之氓矣。信能行此五者，則鄰國之民仰之若父母矣。率其子弟攻其父母，自生民以來，未有能濟者也。如此則無敵於天下。無敵於天下者，天吏也，然而不王者，未之有也。」

○〈滕文公上〉滕文公問爲國，孟子曰：「民事不可緩也。……民之爲道也，有恆產者有恆心，……（此段與前引〈梁惠王上〉末章，孟子對齊宣王所說同。）……是故，賢君必恭儉禮下，取於民有制。……設爲庠序學校以教之。庠者，養也；校者教也；序者，射也。夏曰校；殷曰序；周曰庠。學校則三代共之，皆所以明人倫也。人倫明於上，小民親於下。有王者起，必來取法，是爲王者師也。」……使畢戰問井地。孟子曰：「子之君將行仁政，選擇而使子，子必勉之。夫仁政必自經界始。經界不正，井地不均，穀祿不平。是故暴君汙吏，必慢其經界。經界既正，分田制祿，可坐而定也。……請野九一而助，國什一使自賦。卿以下，必有圭田，圭田五十畝，餘夫二十五畝。死徙無出鄉，鄉田同井，出入相友，守望相助，疾病相扶持，則百姓親睦。方里而井，井九百畝，其中爲公田，八家皆私百畝，同養公田。公事畢，然後敢治私事，所以別野人也，此其大略也。若夫潤澤之，則在君與子矣。」

按：此章孟子所言，其重「民生」之理想，其措施則以土地、稅賦之法爲先，待民生無虞，則申以孝悌、人倫之教化。於此尤顯其條理井然，思慮深刻也。

○〈盡心下〉孟子曰：「有布縷之征，粟米之征，力役之征。君子用其一，緩其二。用其二，而民有殍，用其三，而父子離。」

三、教育論之大端

——儒家之聖賢非但爲哲學思想家，政治家，亦成功之教育家。自孔子以來皆然也，孟子自不例外。〈盡心上〉孟子云：「……善政不如善教之得民也。善政、民畏之；善教、民愛之。善政得民財，善教得民心。」其重視教育，可見一斑矣。孟子之「教育論」，亦以其「性善說」爲基礎。簡言之，孟子以「復性」並進而導化使「擴而充之」爲本，以「明人倫」，申「孝、悌、忠、信」之義爲要務。其教之之法，則秉承孔子「因材施教」之精神。其要領則在「知類」、「由博入約」並在「持恆且專志」，以達乎學者「自得之」之境界。至於所謂「易子而教」之提示，要在避免「父子責善」之教育反效果；亦孟子所關注者也。茲就七篇所載，引述如下：

㈠以「復性」並進而導化使「擴而充其本然之善」為本：

○〈告子上〉孟子曰：「仁、人心也；義、人路也。舍其路而弗由，放其心而不知求，哀哉！人有雞犬放，則知求之，有放心而不知求。學問之道無他，求其放心而已矣。」

○（同篇）孟子曰：「羿之教人射，必志於彀，學者亦必志於彀。大匠誨人，必以規矩，學者亦必以規矩。」

按：此章孟子言「志於彀」，彀者、滿弓之謂也。孟子之意，蓋欲學者以充盡個人本然之善，爲目標也。至於誨人「必以規矩」者，即指「人倫」「孝、悌、忠、信」之爲人處世之定法之謂也。

㈡以「明人倫」，申「孝、悌、忠、信」之義為要務：

○〈梁惠王上〉（孟子）曰：「……謹庠序之教，申之以孝悌之義，頒白者不負戴於道路矣。」

○（同篇）孟子對（梁惠王）曰：「……壯者以暇日修其孝、悌、忠、信，入以事其父兄，出以事其長上。可使制梃以撻秦楚之堅甲利兵矣。」

○〈滕文公上〉孟子曰：「……設爲庠序學校以教之。……學校則三代共之，皆所以明人倫也。人倫明於上，小民親於下。有王者起，必來取法，是爲王者師也。」

㈢秉承孔子「因材施教」之精神：

○〈盡心上〉孟子曰：「君子之所以教者五：有如時雨化之者，有成德者，有達財者，有答問者，有私淑艾者。此五者，君子之所以教也。」

○〈告子下〉孟子曰：「教亦多術矣。予不屑之教誨也者，是亦教誨之而已矣。」

㈣教之之要領有「知類」、「由博入約」並「持恆且專心」，以達乎學者「自得之」之境地：

○〈告子上〉孟子曰：「今有無名之指，屈而不信，非疾痛害事也。如有能信之者，則不遠秦楚之路，爲指不若人也。指不若人，則知惡之，心不若人，則不知惡，此之謂不知類也。」

按：所謂「知類」，即知本末輕重也。《大學》云：「物有本末，事有終始，知所先後，則近道矣。」孟子誨人當「知類」，則其教之之要領，當亦以此爲要也。

○〈離婁下〉孟子曰：「博學而詳說之，將以反說約也。」

○〈告子上〉孟子曰：「無或乎王之不智也。雖有天下易生之物也，一日暴之，十日寒之，未有能生者也。吾見亦罕矣。吾退而寒之者至矣。吾如有萌焉何哉？今奕之爲數，小數也。不專心致志則不得也。奕秋通國之善奕者也。使奕秋誨二人奕，其一人專心致志，惟奕秋之爲聽，一人雖聽之，一心以爲有鴻鵠將至，思援弓繳而射之。雖與之俱學，弗若之矣。爲是其智弗若與？曰：非然也。」

按：此章孟子雖以其開導王者之事言之，實正顯其重視學者之「持恆」與「專心致志」之要領也。

○〈離婁下〉孟子曰：「君子深造之以道，欲其自得之也。自得之則居之安，居之安則資之深，資之深則取之左右逢其原。故君子欲其自得之也。」

另者，孟子有「君子不教子」之說，乃承古人「易子而教」之法，蓋以父子責善則離，離則不祥莫大焉。此亦可謂教育法則之一也。由此亦足見孟子之論教育重視其可行性，並注意避免其反效果也。

○〈離婁上〉公孫丑曰：「君子之不教子何也？」孟子曰：「勢不行也。教者必以正，以正不行，繼之以怒。繼之以怒則反夷矣。夫子教我以正，夫子未出於正也，則是父子相夷也。父子相夷則惡矣。古者易子而教之。父子之間不責善，責善則離，離則不祥莫大焉。」

○〈離婁下〉孟子曰：「……責善，朋友之道也。父子責善，賊恩之大者。」

以上所列諸論，向之探討孟子學者，多有所及。唯孟子學說之中，除上列諸論之外，其影響於後世較爲深遠，且爲一般學者多所疏略者，尙有其關於「天命」之論述。孟子有關「天命」之說，蓋乃緣自孔子之啓示也。雖《論語》〈子罕篇〉載：「子罕言利與命與仁。」⑨然孔子並非否定有「命」之存在，試觀《論語》〈雍也篇〉：「伯牛有疾，子問之，自牖執其手。曰：亡之，命矣夫！斯人也，而有斯疾也，斯人也，而有斯疾也。」又〈述而篇〉子曰：「富而可求也，雖執鞭之士，吾亦爲之，如不可求，從吾所好。」〈季氏篇〉孔子曰：「君子有三畏；畏天命，畏大人，畏聖人之言。小人不知天命而不畏也。狎大人，侮聖人之言。」〈堯曰篇〉：子曰「不知命，無以爲君子也。不知禮無以立，不知言無以知人也。」此外，〈顏淵篇〉亦載：子夏曰：「商聞之矣，死生有命，富貴在天。」《中庸》則有：「故君子居易以俟命，小人行險以徼幸。」之言，則孟子之「天命觀」有自來矣。孟子之界定「天命」云：「莫之爲而爲者，天也。莫之致而致者，命也。」（見〈萬章上〉）又〈盡心上〉孟子曰：「求則得之，舍則失之，是求有益於得也，求在我者也。求之有道，得之有命，是求無益於得也，求在外者也。」孟子之意，蓋以「道德之提昇」與「學問之充實」皆操之在我，是求必有所得，舍必失之者也。外此，如：年壽、名位、權力、財富、福禍、得失……等，均屬求之有道，得之有命者，是求與得之間，無絕對關係者。職是，孟子乃云：「君子行法以俟命而已矣。」（見〈盡心下〉），又〈盡心上〉孟子曰：「莫非命也，順受其正。是故，知命者，不立乎巖牆之下。盡其道而死者，正命也。桎梏死者，非正命也。」孟子之意，以爲人之行事，雖有天命存在，然人當一切循天理盡人事，而後聽乎天、由乎命也。是以〈盡心上〉孟子曰：「盡其心者，知其性也。知其性則知天矣。存其心，養其性，所以事天也。殀壽不貳，修身以俟之，所以立命也。」此亦儒家之所以異於所謂「宿命論」者也。〈公孫丑下〉孟子去齊，充虞路問曰：「夫子若有不豫色然。前日虞聞諸夫子曰：君子不怨天，不尤人。」曰：「……夫天未欲平治天下也。如欲平治天下，當今之世，舍我其誰也？吾何爲不豫哉？」此正顯示孟子知「天命」之理，是以能有「不怨天，不尤人」樂觀進取之胸懷也。七篇中闡述「天命」之理，其所欲啓發後學者，當在此也。

此外，七篇之中，孟子所及關於「士」之言語者，一則在自我明志，再則、藉以期許於「士」，而欲其爲後之「士」者所遵循者也。於今觀之，孟子之本身既爲知識分子之典範，而其教化之言，影響於後世之知識分子誠甚深遠也。茲略舉其犖犖數章以明：

○〈盡心上〉王子墊問曰：「士何事？」孟子曰：「尚志」曰：「何謂尚志？」曰：「仁義而已矣。……居仁由義，大人之事備矣。」

○〈梁惠王上〉（孟子對齊宣王）曰：「無恆產而有恆心者，惟士爲能，若民則無恆產，因無恆心。苟無恆心，放辟邪侈無不爲已。」

○〈告子上〉孟子曰：「……生亦我所欲也；義亦我所欲也，二者不可得兼，舍生而取義者也。生亦我所欲，所欲有甚於生者，故不爲苟得也；死亦我所惡，所惡有甚於死者，故患有所不辟也。如使人之所欲莫甚於生，則凡可以得生者，何不用也。使人之所惡莫甚於死者，則凡可以辟患者，何不爲也。由是則生而有不用也，由是則可以辟患而有不爲也。是故所欲有甚於生者，所惡有甚於死者，非獨賢者有是心也，人皆有之，賢者能勿喪耳。」⑩

○〈盡心上〉孟子謂宋句踐曰：「子好遊乎，吾語子遊。人知之亦囂囂，人不知亦囂囂。」曰：「何如斯可以囂囂矣？」曰：「尊德樂義，則可以囂囂矣。故士窮不失義，達不離道。窮不失義，故士得己焉；達不離道，故民不失望焉。古之人，得志澤加於民。不得志，修身見於世。窮則獨善其身，達則兼善天下。」

○〈滕文公下〉孟子（答景春之問）曰：「……居天下之廣居，立天下之正位，行天下之大道。得志、與民由之，不得志、獨行其道。富貴不能淫，貧賤不能移，威武不能屈，此之謂大丈夫。」⑪

○〈盡心上〉孟子曰：「待文王而後興者，凡民也。夫豪傑之士，雖無文王猶興。」

【附註】

①見《孟子》〈盡心下〉（孟子）曰：「……充實之謂美、充實而有光輝之謂大，大而化之之謂聖，聖而不可知之謂神。」

②按：此章朱子《集註》云：「言四者之心，人所固有，但人自不思而求之耳。所以善惡相去之遠，由不思、不求而不思擴充以盡其才也。」又於〈大學章句序〉云：「蓋自天降生民，則既莫不與之以仁義禮智之性矣。然其氣質之稟，或不能齊，是以不能皆有以知其性之所有而全之也。」《中庸》：「子曰：道之不行也，我知之矣。賢者過之；不肖者不及也。人莫不飲食也，鮮能知味也。」然則、道之不行，不明，乃緣於人自不思、不察，是以有過與不及之弊。孟子深知此理，於是勉人由「思」入手，所謂「思則得之，不思則不得也。」

③按：朱子《集註》云：「其心明乎正理而無蔽，然後其言平正通達而無病，苟爲不然，則必有四者之病矣。……程子曰：心通乎道，然後能辨是非，如持權衡以較輕重。」然則、所謂「思」之積極意義既在辨明是非，以通正道，則「知言」之功夫當不能不講求也。

④朱子《集註》云：「此章言萬物之理，具於吾身體之實，則道在我而樂有餘。行之以恕，則私不容而仁可得。」是則，強恕而行乃「求」之積極實踐也。

⑤按：此雖對當政者而言，然勉壹其志於仁，則一也。

⑥按：此孟子以奕爲例，謂如此小技，不專心致志則不得，況乎行大道？

⑦朱子《集註》：「愚謂盡心、知性而知天，所以造其理也。存心、養性以事天，所以履其事也。不知其理，固不能履其事。然徒造其理而不履其事，則亦無以有諸己矣。知天而不以殀壽貳其心，智之盡也。事天而能修身

以俟死，仁之至也。智有不盡，固不知所以爲仁，然智而不仁，則亦將流蕩不法，而不足以爲智矣。」此說甚是。蓋朱子將孟子之自我持養功夫，由知而行，皆已道出矣。

⑧見韋政通《先秦七大哲學家》第二章〈孟子〉四。

⑨朱子《集註》引程子曰：「計利則害義，命之理微，仁之道大。」甚是。

⑩按：此章雖非專爲「士」而發，然其影響於後世之士者，甚爲深遠，觀古今之烈士可知矣。

⑪按：此章由孟子正景春之論公孫衍、張儀而發。誠乃孟子爲知識分子立一標竿也。於今，猶時可見人以此言自勉或勉人，其影響之深遠可見矣。

第三章　宋代以前孟子學之顯晦

第一節　兩漢以前孟子學之概況

孟子之世，周室已衰，諸侯放恣，不統於王。政治紛亂。民不聊生。正當群雄力征，惡禮樂，去典籍，但知富國強兵，求才孔急之際。處士橫議，棄仁義，違倫常。於是楊、墨之說盈乎天下①，而主張與民並耕而食之許行、陳相；致力於合縱連横之張儀、蘇秦；尙利之宋牼；輕君臣尊卑之陳仲等，亦已紛然蠭起②。孟子懼「邪說誣民，充塞仁義」，於是秉其「欲正人心，息邪說，距詖行，放淫辭，以承三聖者」之大志，力排異端，篤守仁義，恢宏大道。非但使儒家聖道屹立不搖，且其盛況，如彭更所云：「後車數十乘，從者數百人，以傳食於諸侯」③，誠不亞於孔子當時也。

孟子歿後，雖有荀卿以非難孟子而立說④，卓然成一大家，然正因此而益顯孟子學說於戰國晚期其影響之猶存。降及嬴秦，行挾書之律，坑戮儒生，孟子之學亦在壓抑之列。漢興，仍存挾書惡律，孝惠皇帝雖除之，其民間所藏猶未盡敢公布。孝文之世，雖嘗廣開遊學之路，置論、孟等傳記博士，然書缺簡脫，禮壞樂崩。是以武帝起而有「朕甚閔焉之嘆。於是建藏書之策，置寫書之官，下及諸子傳說，皆充秘府。迄孝宣皇帝，會諸儒於石渠閣，講論五經同異，撰成《石渠通義》。成帝時，復使謁者陳農，求遺書於天下，並詔光祿大夫劉向校經傳、諸子、詩賦，步兵校尉任宏，太史令尹咸校數術，侍醫李柱國校方技。每成一書，輒條舉篇目，撮其指意，錄而奏之。其後、會向卒，哀帝起而令向之子歆承父業。歆於是總群書而奏《七略》，東漢班固《漢志》以之爲底本。今以《漢志》觀之，所載諸子凡百八十九家，四千三百二十四篇。儒家五十三，八百三十六篇。其中著錄有孟子十一篇。至於平帝之時，復廣徵學者，不限於經生。然則，西漢之末，爲學廣出諸途，不第專以經學爲限，明矣。

東漢時國學稱盛，光武之初，廣設庠序。北至武威，南迄桂陽，僻壤蠻陬並有學校。⑤迄章帝之時，仿石渠故事，會諸儒於白虎觀，親臨稱決，並命班固編著《白虎通義》，今猶傳之於世。班固《東都賦》：「四海之內，學校如林，庠序盈門，獻酬交錯。」蓋不誣也。順帝以降，太學至三萬餘生。⑥當此之時，世多通儒，兼治諸家之學者衆，孟子之學於斯稱顯。趙岐〈孟子題辭〉云：「孟子既沒之後，大道遂絀。逮至亡秦，焚滅經術，坑戮儒生，孟子徒黨盡矣。其書號爲諸子，故篇籍得不泯絕。漢興，除秦虐禁，開延道德，孝文皇帝欲廣遊學之路，論語、孝經、孟子、爾雅皆置博士。後罷傳記博士，獨立五經而已。⑦訖今、諸經通義，得引孟子以明事，謂之博文。孟子長於譬喻，辭不迫切，而意已獨至。其言曰：說詩者，不以文害辭，不以辭害志，以意逆志爲得之矣。斯言殆欲使後人深求其意以解其文，不但施於說詩也。今諸解者，往往摭取而說之，其說又多乖異不同。孟子以來五百餘載，傳之者亦已衆多。」焦循《孟子正義》：「漢書藝文志云：秦燔書，而易爲筮卜之事，傳者不絕。又云：諸子之言，紛然殽亂，至秦患之，乃燔滅文章，以愚黔首。是時所最忌者，學古道之士，所坑者皆誦法孔子。長子扶蘇之言可證。不知孟子何得其與周易同不焚？逢行珪注鬻子敘云：遭秦暴亂，書紀略盡。鬻子雖不與焚燒，編帙由此殘缺。此亦以諸子不焚也。翟氏灝考異云：漢書河間王傳，稱孟子爲獻王所得。似亦遭秦播棄，至漢孝武世始復出者。然孝文已立孟子博士，而韓氏詩外傳、董氏繁露俱多引孟子語。則趙氏所云，書號諸子得不泯絕。定亦不虛。⑧……觀趙氏此文，孟子雖罷博士，而論說諸經，得引以爲證。如鹽鐵論載賢良文學對丞相御史，多本孟子之言。而鄭康成註禮箋詩，許愼作說文解字，皆引之。其見於史記、兩漢書、兩漢紀，如：鄒陽引不含恐不宿怒；終軍引枉尺直尋；倪寬引金聲玉振；王褒引離婁公輸；貢禹引民飢馬肥；梅福引位卑言高；馮異稱民之飢渴易爲飲食；李淑引緣木求魚；郅惲言強其君所不能爲忠，量君所不能爲賊；馮衍言臧倉，言泰山、北海；班彪引檮杌春秋；崔駰言登牆樓處；申屠蟠言處士橫議；王暢言貪夫廉、懦夫有立志；傅燮言浩然之氣。亦當時引以明事之證。⑨……趙氏言孟子以來五百餘歲。謂孟子沒後，至趙氏著書之年。非謂孟子沒之年至趙氏生之年也。孟子後，徵引孟子者，如：荀卿、韓嬰、董仲舒、劉向、揚雄、王充、班固、張衡、鄭康成、許愼、何休等，皆所謂摭取而說之。漢文帝時、立孟子博士，必有授受之人，惜不可考。河間獻王所得先秦舊本，不詳得自何人。至東觀漢紀，言章帝以孟子賜黃香。則香能傳之讀之與否？不可知。劉陶復孟軻，其所以復者不傳。惟後漢書儒林傳云：程曾、字秀升，豫章、南昌人，作孟子章句。建初三年，舉孝廉，遷海西令。建初爲章帝年號，則生東漢之初，在趙氏前專爲孟子之學者，自此始著。乃其章句不傳，莫可考究。高誘呂氏春秋敘，自言正孟子章句。誘、涿郡人，從盧植學。建安十年，辟司空掾，除東郡濮陽令。十七年，遷監河東。所注戰國策、呂氏春秋、淮南子皆存，惟孟子章句亡。誘於建安十年，始舉孝廉。趙氏卒於建安六年，年已九十餘，是誘爲趙氏後輩。隋書經籍志有漢、鄭康成孟子注七卷，劉熙孟子注七卷。鄭康成本傳詳列所著書，不言孟子。隋志所載，未知所據。……劉熙、高誘，皆與趙氏先後同時。劉熙注、見於史記、漢書、後漢書、文選等注所引，今散著各經文之下。高誘章句，無引之者，而所注諸書，多及孟子，尙可考見。」足見兩漢之際，孟子學說復爲士林之所重。其中尤以揚雄之推尊與趙岐之注本，影響最爲深遠。揚雄《法言》〈君子篇〉云：「或問孟子知言之要，知德之奧。曰非苟知之，亦允蹈之。或曰子小諸子，孟子非諸子乎？曰諸子者，以其知異於孔子者也。孟子異乎不異？或曰荀卿非數家之書侻也，至於子思、孟軻詭哉？曰吾於荀卿與見同門而異戶也，惟聖人爲不異。」至於有關孟子專著，除趙岐之《孟子注》流傳迄今，猶存諸《十三經注疏》外，其餘諸家之作均已散佚，清代雖有輯本，多非原貌。今依焦循所云，復考如左：

劉陶《復孟軻》 已佚。

程曾《孟子章句》 佚──清、同治馬國翰輯有《孟子程氏章句》一卷。

高誘《正孟子章句》 佚──清、同治馬國翰輯有《孟子高氏章句》一卷。

鄭玄《孟子注》（隋志：七卷）佚──清、同治馬國翰輯有《孟子鄭氏注》一卷。

劉熙《孟子注》（隋志：七卷）佚—清、嘉慶時有輯本。

—另有宋翔鳳輯《孟子劉熙注》本。

—葉德輝輯《輯孟子劉熙注》一卷。

—顧震福輯《孟子劉注輯述》七卷、光緒刻本。

至於王充《刺孟》一卷，則收於《論衡》之中，今猶傳諸於世矣。

再者，兩漢同重經學，而學術風氣不同。西漢多治今文，罕治古文。東漢則今古文並立。前漢專尚微言大義；後漢多詳章句訓故。西漢之人，多專一經；東漢則多兼通，所著解說，動輒數十萬言。此兩漢經學之大別也。⑩清末廖平作《今古學考》，以孟、荀、墨、韓諸書，多與今文家說合，並引爲今學。⑪此又兩漢學者治孟學之大勢，不可不知也。

【附註】

①《孟子》〈滕文公下〉孟子曰：「……聖王不作，諸侯放恣，處士橫議。楊朱、墨翟之言盈天下，天下之言不歸楊則歸墨。……公明儀曰：庖有肥肉，廄有肥馬，民有飢色，野有餓莩，此率獸而食人也。……」

②《史記》〈田完世家〉：「宣王喜文學遊說之士，如騶衍、淳于髡、田駢、接子、慎到、環淵之徒七十六人，皆賜列第，爲上大夫，不治而議論。是以齊稷下學士復盛，且數百千人。」又〈孟子荀卿列傳〉亦云：「自騶衍與齊稷下先生如：淳于髡、慎到、環淵、接子、田駢、騶奭之徒，各著書，言治亂之事。……慎到、趙人；

田駢、接子、齊人；環淵楚人。皆學黃老道德之術，因發明序其旨意。故愼到著十二篇；環淵著上下篇，而田駢接子皆有所論焉。……自如淳于髡以下，皆命曰列大夫，爲開第康莊之衢，高門大屋，尊寵之。覽天下諸侯賓客，言齊能致天下賢士也。」按：孟子時，稷下乃學術重鎭，諸家之盛可見一斑。

③《孟子》〈滕文公下〉彭更問曰：「後車數十乘，從者數百人，以傳食於諸侯，不以泰乎？」孟子曰：「非其道，則一簞食不受於人，如其道，則舜受堯之天下，不以爲泰，予以爲泰乎？」

④《荀子》〈非十二子篇〉云：「略法先王而不知其統，猶然而材劇志大，聞見雜博，安不往舊造說，謂之五行，甚僻違而無類，幽隱而無說，閉約而無解，案飾其辭而祗敬之曰：此先君子之言也。子思唱之，孟軻和之。世俗之溝猶瞀儒嚾嚾然不知其所以非也。遂受而傳之，以爲仲尼、子游爲茲厚於後世。是則子思、孟軻之罪也。」

⑤《後漢書》〈任延傳〉云：「延爲武威太守，造立校官，自掾吏子孫，皆令詣學受業。」又〈衛颯傳〉云：「爲桂陽太守，下車修庠序之教。」〈李忠傳〉云：「爲丹陽太守，以丹陽越俗，不好學，乃爲起學校，習禮容。」

⑥《後漢書》〈儒林傳〉云：「建武五年，修起太學，其後復爲功臣子孫，四姓末屬，別立校舍，搜選高能，以受其業。……自安帝覽政，薄於藝文，博士倚席不講，明徒相視怠散，學舍頹敝，鞠爲園疏。……順帝更修黌宇，凡所搆造，二百四十房，千八百五十室。……自是遊學增盛，至三萬餘生。」又《後漢書》〈黨錮傳〉云：「太學諸生三萬餘人，更相褒重，危言深論，不隱豪強，公卿以下，莫不畏其貶議，屣履到門。」

⑦《漢書》〈武帝紀〉云：「建元元年冬十月，詔丞相御史列侯中二千石，二千石諸侯相，舉賢良方正直言極諫

之士。丞相館奏所舉賢良，或治申、商、韓非、蘇秦、張儀之言，亂國政，請皆罷奏。可。」

又《漢書》〈董仲舒傳〉云：「自武帝初立，魏其武安侯爲相，而隆儒矣。及仲舒對冊，推明孔氏，抑黜百家。立學校之官，州郡舉茂材孝廉，皆自仲舒發之。」

⑧閻若璩《四書釋地》卷二十三．亦云：「趙岐序孟子，孝文皇帝欲廣遊學之路，論語、孝經、孟子、爾雅皆置博士，後罷傳記博士，獨立五經。朱子謂此事在漢書並無可考，愚謂漢書固有是說，但未見儒林傳，不觀劉歆移太常博士手書云：『孝文世，尙書初出於屋壁，詩始萌芽，天下衆書往往頗出，皆諸子傳說，猶廣立於學宮，爲置博士。』諸子傳說，即孟子等書也，後罷之，則以董仲舒對策專崇六藝云。」

⑨錢大昕《潛研堂答問》及按語云：「漢文帝令博士諸生作此王制之書，今王制篇中，制祿爵、關市等文，多取諸孟子，則孝文時立孟子博士審矣。」又周廣業《孟子四考》二亦云：「五經、論、孟，童而習之，推詳古本，必曰易與孟子，以二書皆不經秦焰也。」

⑩皮錫瑞《經學歷史》云：「今文者，今所謂隸書；古文者，今所謂籀書。隸書漢世通行，故當時謂之今文；籀書，漢世已不通行，故當時謂之古文。許慎謂孔子寫定六經，皆用古文。然則孔氏與伏生所藏書，亦必是古文。漢初發藏，以授生徒，必改爲通行之今文，乃便學者誦習。故漢立博士十四，皆今文家。而當古文未興之前，未嘗別立今文之名。史記儒林傳云：孔氏有古文尙書，安國以今文讀之。乃就尙書之今古文字而言。而魯、齊、韓詩，公羊春秋，史記不云今文家也。至劉歆始增置古文尙書、毛詩、周官、左氏春秋，既立學官，必創說解。後漢衛宏、賈逵、馬融又遞爲增補，以行於世，遂與今文分道揚鑣。」

⑪廖平《今古學考》以王制、穀梁春秋、公羊春秋、儀禮記、戴記今學各篇、孟子、荀子、墨子、司馬法、韓非子、吳子、易緯、尙書大傳、春秋繁露、韓詩外傳、公羊何氏解詁等，列於〈今學書目表〉，並云：「治今學者，祇許據此表書，不得雜古學。」另以周禮、左氏春秋、儀禮經、戴記古學各篇、逸周書、國語、說文等，歸之〈古學書目表〉，並云：「治古學者，祇許據此表書，不得雜今學。」

第二節　魏晉南北朝孟子學之衰微

兩漢時，黃老之術盛行，竇太后、楚王英倡之於上，蓋公善、司馬談、楊王孫、耿況、淳于恭、范升、矯愼等，率以習道論擅黃老稱著，一時蔚然成風。逮乎孝武之世，董仲舒以春秋災異推陰陽之所以錯行。其後，劉向又著《洪範五行傳》之書。自此，諸儒說經多混陰陽術數矣。至於光武以赤伏符受命，深信讖緯，以致學者解經義以讖爲決。如賈逵藉之以興左氏，曹褒賴之以定漢禮。終致東漢之世，以五經爲外學，七緯爲內學。

東漢自桓帝以後，紛亂不已，王室不振，宦官外戚相互傾軋，政治黑暗，終於釀成黃巾之亂。其後、黃亂雖平，而漢室王朝已呈分崩離析，兵禍連年，民不聊生。清議之士招致黨錮之禍，學術益形消沈。魚豢《魏略》〈儒宗傳序〉云：「從初平之元，至建安之末，天下分崩，人懷苟且，綱紀既衰，儒學尤甚。……正始中，有詔議圜丘，普延學士，是時郎官及司徒領吏二萬餘人，雖復分布，在京師者尙見萬人，而應書與議者，略無幾人，又是時朝堂公卿以下四百餘人，其能操筆者，未有十人，多皆相從飽食而退。嗟乎！學業沈隕，乃至於此。」①迄建安十四年，曹操、劉備、孫權三分天下，大勢初定。當此之時，當權者之用人，不以品德爲重。《三國志》〈魏志〉云：「建安十九年十二月，令曰：夫有行之士，未必能進取，進取之士，未必能有行也。陳平豈篤行；蘇秦豈守信耶？而陳平定漢業；蘇秦濟弱燕。由此言之，士有偏短，庸可廢乎？有司明思此義，則士無遺滯，官無廢業矣。」裴松注云：「建安二十二年八月，令曰：昔伊摯、傅說，出於賤人；管仲、桓公賊也，皆用之以興。蕭何、曹參縣吏也；韓信、陳平負污辱之名，有見笑之恥，卒能成就王業，聲著千載；吳起貪將，殺妻自信，散金求官，母死不歸。然在魏，秦人不敢東向，在楚，則三晉不敢南謀。今天下得無有至德之人，放在民間，乃果勇不顧，臨敵力戰。若文俗之吏，高才異質，或堪爲將守，負污辱之名，見笑之行，或不仁不孝，而有治國用兵之術，其各舉所知，勿有所遺。」影響所及，乘時勢者不重道義，而曠達之士，則託爲放逸。何晏、王弼之流，遂開清淡之風。一時名士風流，盛於洛下，棄經典而尙老莊，蔑禮法而崇放達，視其主之顛危若路人然。②儒學之中衰，自此始矣。

司馬氏簒魏（西元二六五年）之後，世亂未已，八王與五胡之亂相繼而起，民不聊生。當此之時，晉襲魏文以來「九品中正」之法，以致「上品無寒門，下品無世族。」布衣士子了無希望。加之以向秀、郭象等人，振起玄風，名士達宦，翕然傾向，祖尙浮虛，不治世務。③此外，司馬氏又藉儒家名教以爲束縛士子之桎梏，乃有爲免誅戮而放浪形骸，近於佯狂，抑或公然「非湯武而薄周孔」者，如阮籍、阮咸叔侄，與稽康、王戎之徒。④干寶《晉紀》云：「論曰：朝寡純德之人，鄉乏不貳之老，風俗淫僻，恥尚失所。學者以莊老爲宗而黜六經，談者以虛蕩爲辯而賤名檢，行身者以放濁爲通而狹節信，進仕以苟得爲貴而鄙居正，當官者以望空爲高而笑勤恪。由是毀譽亂於善惡之實，情慝奔於貨欲之塗。選者爲人擇官，官者爲身擇利。世族貴戚之子弟，陵邁超越，不拘資次，悠悠風塵，皆奔競之士。列官千百，無讓賢之舉。其婦女裝櫛織紝，皆取成於婢僕，未嘗知女工絲枲之業，中饋酒食之事也。先時而婚，任情而動，故皆不恥佚之過，不拘妒忌之惡，父兄不之罪也。又況責之聞四教於古，修貞順於今，以輔佐君子者哉？禮法刑政，於此大壞。」此乃魏晉以來，浮虛不實風尚之大端也。當此之世，雖治經之人亦賡續不絕，⑤習研諸子者，亦時有之。然此際，獨未見有治孟子之學，而因以成一家之言者。蓋難抵時尚之玄風故也。

西晉至惠帝時，昏庸無能，政治紛亂，雜居中原之胡人趁勢坐大，劉淵首先崛起，自立爲漢王（西元三〇四年），淵死，子劉聰篡立，相繼攻陷洛陽、長安，懷、愍二帝前後被俘。當此之際，北方大亂，典籍大受毀損，中原人士相繼南渡，琅邪王司馬睿即位於建康，號晉元帝，是爲東晉之始（西元三一七年）。不二年，劉聰死，劉曜自立於長安，改漢爲趙，史稱前趙。同年（西元三一九年），石勒自立於襄國，史稱後趙。越十年，後趙滅前趙，控有黃河南北。一時與東晉形成南北對峙。截至東晉中葉，黃河南北與長江上游大半江山，除前後趙之外，相繼有冉燕、前燕、成漢、前涼、代等國，終爲前秦苻堅所統一。苻堅既統一北方，企圖南下奪晉，肥水一戰終致崩潰。北方混亂，先後成立十餘國。史稱「五胡十六國」。其間拓跋氏趁苻堅崩敗之機，復建代國，改國號爲魏，史稱後魏、北魏或元魏，拓跋魏至太武帝時，相繼兼并北方諸國，而與篡晉之劉宋南北對峙。

南方自劉裕篡晉（西元四二〇年），自立爲宋武帝，即位之後政尙儉樸，抑制豪門，注意民生，力矯魏晉以來奢淫之風，一時政治清明。至於明帝繼位，劉氏內爭，骨肉相殘，北魏南侵。淮陰守將蕭道成應詔入衛京師，進而篡宋，自立爲齊高帝（西元四七九年）。其後，宗室相殘，雍州刺史蕭衍起兵東下，取代蕭齊，改國號爲梁（西元五〇二年）。梁武帝在位四十八年，勤政愛民，重視學術文化。惜以晚年沈迷佛法，導致降將侯景叛變，後雖爲陳霸先討平，而梁亦爲陳所篡矣（西元五五七年）。

至於北方，則北魏在孝文帝時，深慕中原文化，遷都洛陽，傾力推行漢化。重文教，祀孔子，求遺書，立太學。一時文風興盛。傳至孝明帝時，胡太后臨朝，寵信小人，迷信佛法，政治惡化，於是先有六鎭反叛，繼有爾朱氏之亂。終爲漢人高歡所平，其後，高歡把權，導致北魏分裂。東魏由高歡所控；西魏爲宇文泰所持，時當南朝梁武在位。旋東、西魏分別改國號爲齊與周，史稱北齊、北周。不久，周武帝滅北齊（西元五七七年），統一北方。二傳至靜帝，終爲外戚楊堅所篡。改國號爲隋（西元五八一年），即隋文帝也。八年之後，隋文帝趁南朝陳後主荒淫無度，國力衰弱之際，一舉將之消滅，天下統一。近三百年之分裂終告結束。

綜觀魏晉以來之學術，因歷經頻仍之戰亂，典籍損毀嚴重，經、子之學漸衰，而文章之術興盛，作者如林，不可殫述。若專就文學而論，魏晉南北朝之創作，已由樸拙而轉趨工麗。南北無間，翕然同聲。於是有評論詩文之作，有選錄文章之書，世且傳爲選學焉。至於南北對峙之時，知崇經術者，北有魏之孝文與周之武帝；南則以梁武之初稱著。當南北朝之時學者說經，有所謂「南學」與「北學」之分。⑥而孟子之學終未爲世之所重。其可考者，獨《隋書》〈經籍志〉三・有梁，綦毋邃《孟子》九卷。惜已亡佚。⑦究其所以，除因文士崇尚三玄之外，孟子主民貴君輕，明君臣之義，長幼之序。而魏晉南北朝諸君之得國，多以臣篡君權，或骨肉相殘，且在位者不以德教爲重，視民如草芥。當此之時，又豈容孟子思想之發揮？

另者，南北朝之宗教鼎盛，尤以佛、道爲甚。而佛教在此期間，爲當政者之所重，時之君主率多篤信佛陀，廣建寺院。且當時以西域僧徒大量來華，是以佛教亦自此分宗別派矣。⑧佛教之興盛，其影響於中國而後學術思想之發展甚是深遠。此誠不可不知也。

【附註】

①見《全三國文》

②《晉書》〈王衍傳〉云：「魏正始中，何晏、王弼等，祖述老莊立論，以爲天地萬物皆以無爲本。無也者，開物成務，無往不存者也。陰陽恃以化生，萬物恃以成形，賢者恃以成德，不肖恃以免身。故無之爲用，無爵而貴矣。」又顧炎武《日知錄》云：「魏明帝殂，少帝即位，改元正始，凡九年。其十年，則太傅司馬懿殺大將軍曹爽，而魏之大權移矣。三國鼎立至此垂三十年，一時名士風流，盛於洛下，乃其棄經典而尚老莊，蔑禮法

而崇放達，視其主之顛危若路人然，即此諸賢爲之倡也。自此以後，競相祖述。如晉書言王敦見衛玠，謂長史謝鯤曰：不意永嘉之末，復聞正始之音。沙門支遁以清談著名，於時莫不崇敬，以爲造微之功，足參諸正始。宋書言羊玄保有二子，太祖名賜曰咸、曰粲。謂玄保曰，欲令卿二子有林下正始遺風。王微與何偃書曰：卿少陶玄風，淹雅修暢，自是正始中人。南齊書言，袁粲言於帝曰：臣觀張緒有正始遺風。南史言，何尚之謂王球，正始之風尚在。其爲後人企慕如此。」

③《晉書》〈向秀傳〉云：「好老莊之學，爲之隱解，發明奇趣，振起玄風，讀之者超然心悟，莫不自足一時也，惠帝之世，郭象又述而廣之，儒墨之迹見鄙，道家之言遂盛焉。」

④《晉書》〈阮籍傳〉云：「籍本有濟世之志，屬魏晉之際，天下多故，名士亦少有全者。籍由是不與世事，遂酣飲爲常。……籍嫂嘗歸寧，籍相見與別。或譏之。籍曰：禮豈爲我設耶？」又《世說新語》卷一〈德行類〉：「晉文王稱阮嗣宗至愼。每與之言，言皆玄遠，未嘗臧否人物。」劉孝標注引王隱《晉書》云：「魏末，阮籍嗜酒荒放，露頭散髮。裸袒箕踞。其後貴游子弟，阮瞻、王澄、謝鯤、胡毋輔之徒，皆祖述於籍，謂得大道之本。故去巾幘，脫衣服，露醜惡，同禽獸。甚者名之謂通，次者名之謂達。」

⑤皮錫瑞《經學歷史》云：「世傳十三經注。除孝經爲唐明皇御注外，漢人與魏晉人各居其半。鄭君、箋毛詩，注周禮、儀禮、禮記。何休、注公羊傳。趙岐、注孟子。凡六經，皆漢人注。孔安國、尙書傳，王肅僞作。王弼、易注。何晏、論語集解。凡三經，皆魏人注。杜預、左傳集解。范甯、穀梁集解。郭璞、爾雅注。凡三經，皆晉人注。」

⑥《北史》〈儒林傳序〉云：「南人約簡，得其英華；北學深蕪，窮其枝葉。」又，皮錫瑞《經學歷史》云：「自劉、石十六國并入北魏，與南朝對立，爲南北朝分立時代。而其時說經者亦有「南學」與「北學」之分。此經學之又一變也。北史儒林傳序曰：『江左，周易則王輔嗣，尚書則孔安國，左傳則杜元凱；河洛，左傳則服子愼，尚書、周易則鄭康成，詩則並主於毛公，禮則同遵於鄭氏。』案南北學派，北史數言盡之。夫學出於一，則人知依歸；道紛於歧，則反致眩惑。鄭君生當漢末，未雜玄虛之習，僞撰之書，箋注流傳，完全無缺，欲治「漢學」，舍鄭莫由。北學，易、書、詩、禮皆宗鄭氏，左傳則服子愼。鄭君注左傳未成，以與子愼，見於世說新語。是鄭、服之學本是一家，宗服即宗鄭，學出於一世。南學則尚王輔嗣之玄虛，孔安國之僞撰，杜元凱之臆解，此數家與鄭學枘鑿，亦與漢儒背馳。乃使涇、渭混流，薰、蕕同器，以致後世不得見鄭學之完全，並不得存漢學之什一。豈非談空空覈玄玄者階之厲乎！南方玄學不行於北魏。李業興對梁武帝云：『少爲書生，止習五典，……素不玄學，何敢仰酬？』此北重經學、不雜玄學之明證。南學之可稱者，惟晉、宋間，諸儒善說禮服。宋初、雷次宗最著，與鄭君齊名，有雷、鄭之稱。當崇尚老、莊之時，而說禮謹嚴，引證詳實，有漢石渠、虎觀遺風，此則後世所不逮也。」

⑦梁、綦毋邃注《孟子》，清、同治間有輯本一卷。

⑧按：南北朝時，佛教之宗派有成實宗、三論宗、涅槃宗、華嚴宗、禪宗、攝論宗、俱舍宗、淨土宗、天台宗等。

第三節　隋唐五代為孟子學復振之先導

隋統一天下之後，文帝躬行節儉，精簡行政，嚴懲貪污，革新吏治，輕徭薄賦。搜校舊籍，提倡儒教，尊孔子為先師，一時學風興盛，①史稱「開皇之治」。惜文帝生性猜忌，在位僅二十四年，以皇后之影響，輕廢太子，改立次子楊廣。廣即位之後，好大喜功，起新都，築長城，治御道，鑿運河。雖設科舉之制，立進士之科，開布衣晉身之徑。然煬帝奢靡狂暴，恣情縱欲，終至民怨國敝，天下大亂。在位十四年，終為右屯衛將軍宇文化及所弒。隋之國祚，實止三十八年耳（西元五八一～六一八年）。

皮錫瑞《經學歷史》云：「學術隨世運為轉移，亦不盡隨世運為轉移。隋平陳而天下統一，南北之學亦歸統一，此隨世運為轉移者也；天下統一，南并於北，而經學統一，北學反并於南，此不隨世運為轉移者也。……經本樸學，非顓家莫能解，俗目見之，初無可悅。北人篤守漢學，本近質樸；而南人善談名理，增飾華詞，表裡可觀，雅俗共賞。故雖以亡國之餘，足以轉移一時風氣，使北人舍舊而從之。……人情既厭故喜新，學術又以華勝樸。當時北人之於南學，有如『陳相見許行而大悅，盡棄其學而學焉。』矣。《隋書》〈經籍志〉於《易》云：『梁、陳，鄭玄、王弼二註，列於國學。齊代，唯傳鄭義。至隋，王註盛行，鄭學浸微。』於《書》云：『梁、陳所講，有鄭、孔二家。齊代，唯傳鄭義。至隋，孔、鄭並行，而鄭氏甚微。」於《春秋》云：「左氏唯傳服義。至隋，杜氏盛行，服義浸微。」是僞孔、王、杜之盛行，鄭、服之浸微，皆在隋時。故天下統一之後，經學亦統一，而北學從此絕矣。」此隋統一天下後，學術之主流大端也。至於文學，則上承南北朝宮體文學之餘諸。文帝之時崇尙簡樸，雖有扭轉文風之意，然當時文壇率多南北朝之舊人，受南朝文風之影響至鉅，一時難以改革。迄乎煬帝，因個人之喜好，金粉文學再度興起。然當隋末之時，有大儒王通者，極力排斥南朝文風，著《中說》力主文必貫道濟義。②實爲唐、宋古文家，主張「文以載道」之先驅也。雖終隋之朝，有尊孔之舉，獨未見專治孟學之士。然經學之復興，與文中子「貫道濟義」之說，已隱然爲孟學之復振啓其道途矣。

隋煬帝之末，李淵任太原留守，天下紛亂，北方無主。淵趁機舉兵入長安，擁立煬帝之孫代王侑爲恭帝。煬帝被弒，淵廢恭帝自立（西元六一八年）。定都長安，改國號爲唐，是爲高祖。天下初定，太子建成爲次子世民所殺。次年（西元六二七年），世民即位，改元貞觀，是爲太宗。太宗勤政愛民，知人善任，虛心求治。力倡文教，尊孔子爲先聖，顏子爲先師。興辦國學，並禁止私學之設立。又設弘文館，廣納賢士。當時太宗以儒學多門，章句繁雜，乃詔國子祭酒孔穎達與諸儒撰定五經義疏，凡一百七十卷，名曰《五經正義》。頒示於天下學者。③高宗永徽之後至於有宋，明經取士，悉遵此本。「貞觀之治」國威大振，戎狄綏服。高宗繼位，失之庸懦，晚年政權爲武氏所控。高宗崩，武后連廢中宗、睿宗，進而稱帝（西元六九〇年）。武氏當政期間，毀譽參半，唯尙知重視文教，拔擢人才。

創殿試之法，親試貢士又進士科考，於明經之外，加試詩賦，唯時人以應明經科之士，專務速成，罕治大義，多輕鄙之。此外，又增設武舉，選拔武官。一時賢能薈集，文風興盛，爲後之開元盛世，奠立堅實之基。

長安五年（西元七〇五年），宰相張柬之乘武氏臥病，擁中宗復位。其後，中宗爲韋后所害，睿宗之子隆基殺韋后，擁父復辟，兩年後（西元七一三年），睿宗傳位予隆基，是爲玄宗。玄宗在位四十三年（西元七一三～七五五年），爲有唐一代由盛轉衰之關鍵。

玄宗初，甚留心於治道，任用賢能，尊禮學士，廣彙群書，經籍大備。④且寬緩賦役，刑罰清平，百姓樂業，四裔君長亦親來款獻。長安之繁榮，史稱空前，謂之「開元之治」。至開元末葉，玄宗寵幸楊貴妃，耽於遊樂，荒廢政事，且用人不當，大臣結黨營私，政風日壞。加之以玄宗廣設藩鎮，任用胡將，日益坐大，難以駕馭，卒釀巨變。唐代之盛況，自此趨於沒落矣。

安史之亂，前後八年（西元七五五～七六三年），雖終爲郭子儀、李光弼所平定，然唐朝元氣已爲之大傷。在此期間，官學已遭亂兵嚴重破壞，玄宗且適時撤除私學之禁，一時私人講學之風興，以致門閥子弟，習於家塾；而寒族子弟，則走向山林寺院。

唐自肅宗以降，宦官與藩鎮朋比爲奸，左右朝政。德宗時，河北藩鎮聯合作亂，兵連禍結。迄至憲宗，始予平抑，號稱中興。然藩鎮根基尚未拔除，朝廷之中，經生與文士又形成對立。前者主通經致用；後者講詞采清談。相互傾軋，爭權奪利，延續數十年，互有消長，歷數朝未曾中止。導致政治腐敗，國勢銳減，邊患亦乘機而起，民不聊生。

僖宗初，關東水、旱相繼爲災，王仙芝起事，黃巢繼之，歷時十餘年，大局已難收拾矣。昭宗時，宰相崔胤召朱全忠帶兵入京，盡殺宦官。朱氏乘機毀長安，挾帝遷都洛陽，把持大權。不久，朱氏竟弒昭宗，立哀帝，終篡位自立，唐朝於焉終結，國祚凡二百九十年（西元六一八～九〇七年）。

綜觀隋唐三百二十餘年，天下由統一臻於興盛，又由鼎盛漸趨衰微，終至四分五裂。其間學術之發展，因隋之統一天下，尊崇孔聖，廣搜校寫圖書典籍，並創科舉制度，終使治經之風取代魏晉以來之玄學。有唐代興，胡漢融合，文化呈調和之景象，學術則展蓬勃之局面。就儒學經術而言，先有初唐十八學士之啓導。⑤繼之而有考訂五經文字，與撰定五經義疏，並頒之於天下，用以爲取士之依據。《舊唐書》〈儒學列傳上〉云：「太宗又以經籍去聖久遠，文字多訛謬，詔前中書侍郎顏師古考定五經，頒行天下，命學者習焉。又以儒學多門，章句繁雜，詔國子祭酒孔穎達與諸儒撰定五經義疏，凡一百七十卷，名曰五經正義，令天下傳習。」自此開展經籍義疏之盛風。當唐之時，除官修之《五經正義》外，《周禮》、《儀禮》、《公羊》、《穀梁》等義疏，則由私人所撰。此外有關經學之論著甚衆。如：李鼎祚之《周易集解》、釋一行（俗名張先遂）之《易傳》、王元感之《尚書糾繆》、馮繼之《尚書廣疏》、成伯璵之《毛詩指說》與《禮記外傳》、施士丐之《施氏詩說》、許叔牙之《毛詩纂義》、張鎰之《三禮圖》、啖助之《春秋集傳》與《春秋統例》、趙匡之《春秋闡微纂類義疏》、陸淳（質）之《春秋集傳微旨》、《集傳春秋纂例》⑥與《春秋辨疑》、陳岳之《春秋折衷論》、陸希聲之《春秋通例》、韓愈之《論語筆解》⑦等。

實則，爲經作疏，始自兩晉⑧。，而隋唐之治經，要在是正文字，一統義說，使經學聖道定於一尊。然而，義疏內容多承襲前人之說，少有創見。皮錫瑞《經學歷史》論之云：「議孔疏之失者，曰彼此互異，曰曲徇注文，曰雜引讖緯。案著書之例，注不駁經，疏不駁注；不取異義，專宗一家；曲徇注文，未足爲病。讖緯多存古義，原本今文，雜引釋經，亦非巨謬。惟彼此互異，學者莫知所從；既失刊定之規，殊乖統一之義。……唐人義疏，其可議者誠不少矣；而學者當古籍淪亡之後，欲存漢學於萬一，窺鄭君之藩籬，舍是書無徵焉。是又功過互見，未可概論者也。前乎唐人義疏，經學家所寶貴者，有陸德明《經典釋文》。《經典釋文》亦是南學。其書創始於陳後主元年，成書在未入隋以前。……陸本南人，未通北學，固無怪也。與義疏同時並出者，唐初有定本，出顏師古，五經疏嘗引之。師古爲顏之推後人。之推本南人，晚歸北，其作家訓，引江南、河北本，多以江南爲是。師古定本從南，蓋本《家訓》之說；而《家訓》有不盡是者。……自正義、定本頒之國冑，用以取士，天下奉爲圭臬。唐至宋初數百年，士子皆謹守官書，莫敢異議矣。故論經學，爲統一最久時代。」若就當時學者疏解經義之形式而言，則又不免於受當時佛典疏鈔與僧徒講論之影響。梁啓超先生於《飲冰室合集》〈專集之五十九〉云：「隋唐義疏之學，在經學界有特別的價值，此人所共知矣！而此種學問，實與佛典疏鈔之學問同時發生。吾固不敢逕指此爲翻譯文學之產物。然至少必有彼此相互影響。」

再者，隋唐經學之發展，又與明經之科考有密不可分之關係。馬宗霍氏於《中國經學史》云：「

自五經定本出，而後經籍無異文；自五經正義出，而後經義無異說。每年明經依此考試，天下士民，奉為圭臬。蓋自漢以來，經學統一，未有若斯之專且久。」蓋利祿之所在，衆必趨之，此其所以盛也。唯明經之試，僅止於帖經，不重致用。且諸經均奉定說，是以隋唐義疏之學，鮮見宏揚經義之論。迄乎代宗大曆之後，治經之風漸變，不守舊說，以意解經，或標新立異者漸多。⑨遂開宋人疑經、改經、以己意說經之風矣。

隋唐之經籍義疏固盛矣，而有唐一代尤重史書典制之撰修，與地理圖志之製作。唐代先後完成南史、北史、與晉、梁、陳、北齊、周、隋等書，其中，除南、北二史為李延壽私撰之外，餘均為官設史館所修，且晉書、隋書為集體之作，為前所未有。風氣既開，竟成後世修史之常例矣。

至於文學，則隋唐兩代各有特色。隋以祚短，文學多承南北朝駢儷之餘緒，猶存浮華輕靡之風。至於有唐一代，玄宗以前，富盛強大，都市繁榮，且思想、宗教均表現泱泱大國之包融性與開放性。是以除肯定儒學之外，於佛教、道教亦均兼容並蓄。加之以對外聯絡之頻繁，影響所致，一代文學展現蓬勃與多樣之景象。安史亂後，國力大損，文學之發展趨向，亦隨時代而變化。《新唐書》〈文藝傳〉云：「唐有天下三百年，文章無慮三變。高祖、太宗大難始夷，沿江左餘風，絺句繪章，揣合低卬。故王、楊為之伯。玄宗好經術，群臣稍厭雕瑑，索理致，崇雅黜浮，氣益雄渾，則燕、許擅其宗。是時唐已百年，諸儒爭自名家。大曆、貞元間，美才輩出，擩嚌道真，涵泳聖涯。於是韓愈倡之，柳宗元、李翺、皇甫湜等和之，排逐百家，法度森嚴，抵轢晉魏，上軋漢周。唐之文，完然為一王法，此其極也。若侍從酬奉，則李嶠、宋之問、沈全期、王維。制冊則常袞、揚炎、陸贄、權德輿、王仲舒、李德裕。言詩則杜甫、李白、元稹、白居易、劉禹錫。譎怪則李賀、杜牧、李商隱，皆卓然以所長爲一世冠，其可尚已。」蓋中唐文學呈中興氣象，道德重整之風起。韓、柳倡「文以載道」之說；元、白主「歌詩合爲事而作」之論，其影響延伸至宋。時至晚唐，黨爭兵禍相繼而來，文士或起逃隱之心，或流於浮華生活，綺靡之風遂稱盛焉。

此外，佛教傳至中國蟬嫣五六百年，至於隋唐之時，達於頂峰。隋祚雖短，特重譯經。煬帝時，置翻經館與翻經學士。一時西來大德，中土僧俗，齎經譯梵，飆起雲興。迄乎有唐，譯業尤盛，西行求經者，亦絡繹不絕矣。且唐之於佛教，不獨止於譯經求法而已，即整理佛教經籍，亦爲歷來所不及也。其中禪宗語錄之撰修，更開宋代諸儒「語錄」之盛風。總之，隋唐佛教、佛學之興盛及其發展成就，影響於宋儒至鉅，此又不可不知也。

總之，隋、唐期間，無論經、史、文學，乃至佛學、圖志均有卓越成就，且其影響甚爲深遠。當此之時，孟子學雖未能升登經學之列⑩，然沈寂已久之孟學，已漸受儒林所重。爲《孟子》作注者，或推尊、考證者輩出。其中以唐、肅宗時，禮部侍郎楊綰上疏請以《孟子》爲兼經；德宗至憲宗間，韓愈、李翺與柳宗元之推崇⑪；加之以懿宗時，皮日休請廢《莊子》《列子》等書，以《孟子》爲主，科選同明經，諸舉影響最大⑫。清末、甘鵬雲氏之《經學源流考》〈孟子學源流第十四〉云：「唐、裴日休、丁公著⑬、韓愈、李翺、熙時子⑭陸善經、張鎰皆爲之注⑮。皮日休又嘗請以《孟子》爲學科。劉軻則作《翼孟》三卷，以申微尙。周廣業曰：「魏、晉而降，聖證述子居爲字之義；士緯識門人所記之書；王劭稱受業子思；傅玄謂體擬論語；袁氏揭誨誘無倦之旨；法琳發劇談垂美之論；鈔自仲弓，錄由孝緒。證經史者，孔、賈、李、顏；原性道者，韓、李、皮、林。」繹周氏所指陳，皆以綜述魏、晉至唐，稱述孟子學之故事也。」除甘氏所述及者外，另有懿宗、咸通間進士林愼思嘗作《續孟子》二卷。其篇首云：「孟子書，先自徒記言而著。予所以復著者，蓋以孟子久行教化，言不在其徒盡矣。故演作《續孟》。⑯」由此可見隋唐之際，孟子學復甦之概況矣。

又唐自黃巢之亂後，朝中紛亂，藩鎭坐大，終於導致唐亡，中國呈四分五裂之狀⑰，史稱「五代十國」。其中後梁、後唐、後晉、後漢、後周所謂「五代」，據處黃河下游，然以此地區久經戰亂，經濟衰頹，加以以北有契丹壓境，難以長治久安，致使政權之更易頻繁。至於「十國」，乃指前蜀、吳、吳越、閩、楚、南漢、荆南（後唐時、改稱南平）後蜀、南唐、北漢諸國。其中除北漢在山西之外，其餘諸國均據長江流域及其南方地區。而南方諸國割據，其局勢較諸北方穩定。蓋當時南方地區人口，有大量在南北朝以來、及唐代中衰之後，由北方移居而來者。使此一地區之經濟、文化得有相當之開發，足以自立。且此期間北方政權更替頻仍，無暇南進故也。

五代十國形成南北對峙局面，前後約五十四年（西元九〇七～九六〇年），終因北方勢力之合併，與南方諸國之奢靡、腐敗，而難以長存，最後爲崛起自北方之趙宋所統一。

五代十國期間，因政局紛亂，學術之發展乏善可陳。其影響於後世者，以世族之家學隨莊園之摧殘而衰微，而山林講學則一枝獨秀。終於發展成社會性之書院，爲後來宋代書院制度之盛行奠立基礎。此時、寒門之士亦逐漸抬頭，成爲社會之中堅矣。再者，據《五代會要》所載，後唐、明宗長興三年（西元九三二年），以馮道、李愚奏請依石經文字刻九經⑱，而後漢、後周皆繼此刻經之舉，迄周太祖廣順三年（西元九五三年），九經刻畢。此乃首創版刻經書之舉，於中國經籍之廣佈流傳，貢獻至鉅。影響所及，有宋典籍刊刻之風遂盛矣。

至於孟子學在五代十國時，殊値一提者，乃蜀主孟昶於廣政元年（西元九三八年），命宰相龍門、毋昭裔依雍都舊本九經，外加《孝經》、《論語》、《爾雅》、《孟子》，凡十三經，予以校訂，並延張德釗爲書，刻石於成都學堂。⑲此乃《孟子》初登經部之始也。然因後蜀地處益州（今之四川及陝西南部），且國祚甚短，未竟其功，是以未能產生重大之影響，然其意義則頗値注意。

總而言之，自隋至五代之末，前後近三百八十年，孟子學說已由沈寂而漸受士林之所重。且自諸子之列，而登於經部之尊，終能爲有宋一代孟學之興盛開其先聲。

【附註】

①《北史》〈儒林傳序〉云：「隋文……平一寰宇，頓天網以掩之，……於是四海九州強學待問之士靡不畢集焉。……齊、魯、趙、魏，學者尤多。負笈追師，不遠千里，講誦之聲，道路不絕。中州之盛，自漢、魏以來，一時而已。」

②《中說》〈天地篇〉云：「子曰：學者，博誦云乎哉？必也貫乎道。文者，苟作云乎哉？必也濟乎義。」

③《新唐書》〈列傳儒學上〉云：「太宗櫜鞬，風纚露沐。然銳情經術，即王府開文學館，召名儒十八人爲學士，與議天下事。旣既即位，殿左置弘文館，悉引內學士番宿更休，聽朝之閒，則與討古今，道前王所以成敗，或日夜艾，未嘗少怠。貞觀六年，詔罷周公祠，更以孔子爲先聖，顏氏爲先師。盡召天下惇師老德以爲學官。數臨幸觀釋菜，命祭酒博士講論經義，賜以束帛。生能通一經者，得署吏。廣學舍千二百區，三學益生員，並置書算二學，皆有博士。大抵諸生員至三千二百，自玄武屯營飛騎，皆給博士受經。能通一經者，聽入貢限。四方秀艾，挾策負素，坌集京師，文治煟然勃興。於是新羅、高昌、百濟、吐蕃、高麗等，群酋長並遣子弟入學，鼓笥踵堂者，凡八千餘人。紆侈袂，曳方履，誾誾秩秩，雖三代之盛，所未聞也。帝又讎正五經繆缺，頒天下示學者，與諸儒粹章句爲義疏，俾久其傳。因詔前代通儒，梁、皇侃，褚仲都；周、熊安生，沈重；陳、沈文阿，周弘正、張譏；隋、何妥，劉炫等子孫，並加擢引。二十一年，詔『左丘明、卜子夏、公羊高、穀梁赤、伏勝、高堂生、戴聖、毛萇、孔安國、劉向、鄭衆、杜子春、馬融、盧植、鄭玄、服虔、何休、王肅、王弼、杜預、范甯二十一人。用其書，行其道，宜有以褒之，自今並配享孔子廟廷。』於是唐三百年之盛，稱貞觀，寧不其然。」

又《唐書》〈藝文志〉著錄《五經正義》凡一百八十卷。蓋有誤。今據《舊唐書》〈儒學列傳上〉及皮錫瑞《經學歷史》所計，更正。

④《新唐書》〈列傳儒學上〉云：「玄宗詔群臣及府郡舉通經士，而褚无量、馬懷素等，勸講禁中，天子尊禮，

不敢盡臣之。置集賢院部分典籍，乾元殿博彙群書，至六萬卷，經籍大備，又稱開元焉。」

⑤參見註③

⑥皮錫瑞《春秋通論》云：「今世所傳，合三傳為一書者，自唐陸淳春秋纂例始。淳本啖助、趙匡之說，雜採三傳，以意去取，合為一書；變專門為通學，是春秋經學一大變，宋儒治春秋者，皆此一派。」

⑦劉師培《經學教科書》云：「隋唐以降，論語之學式微，惟唐、韓愈、李翺作《論語筆解》，附會穿鑿，緣詞生訓，遂開北宋說經之先。」

⑧按：兩晉以來，疏經之作已十分普遍。如：《易》有劉宋、劉瓛之《周易義疏》。《書》有北周、蔡大寶之《尚書義疏》。《詩》有劉瓛之《毛詩序義疏》、北周、沈重之《毛詩義疏》、陳、顧越之《毛詩義疏》。三禮，則孔穎達《禮記正義》序云：「爰從晉宋，逮于周隋，其傳禮業者，江左尤盛。其為義疏者，南人有賀循、賀瑒、庾蔚之、崔靈恩、沈重、范宣、皇侃等；北人有徐遵明、李業興、李寶鼎、侯聰、熊安生等。」春秋三傳，則有陳、沈文阿之《春秋左氏經傳義略》。《孝經》有梁武帝《孝經義疏》、梁、李玉之之《孝經義疏》、梁、皇侃之《孝經義疏》、北周、熊安生之《孝經義疏》，北周、蕭巋之《孝經義記》、陳、張譏之《孝經義》、王元規之《孝經義記》、周弘正之《孝經疏》、顧越之《孝經義疏》、沈文阿之《孝經義記》。《論語》則有皇侃之《論語義疏》，褚仲都之《論語義疏》、周弘正之《論語疏》、張譏之《論語義》、沈文阿之《論語義記》、顧越之《論語義疏》等，誠洋洋大觀矣。

⑨日本人、本田成之《中國經學歷史》〈第六章唐宋之明的經學〉云：「蓋自大歷而後，經學新說日昌，初則難

疏，繼則難注。」

⑩按：唐文宗開成間，國子祭酒鄭覃，進石壁九經一百六十卷，詔令刻石，立於太學。（見《舊唐書》〈文宗本紀〉）此乃東漢熹平石經散亡後，經書刻石之唯一創作。其校刊雖不盡善，然視以兩宋刻本，則尤爲近古。其後，石經除易、書、詩、三禮、三傳外，又增列孝經、論語、爾雅，而爲十二經。其中獨無孟子。

⑪韓愈〈原道〉云：「吾所謂道也，非向所謂老與佛之道也。堯以是傳之舜，舜以是傳之禹，禹以是傳之湯，湯以是傳之文、武、周公，文、武、周公傳之孔子，孔子傳之孟軻。軻之死，不得其傳焉。」又於〈送王塤序〉中，推《孟子》一書爲「聖教之入門」。而韓愈之追隨者李翱，更進而著〈復性論〉三篇。其說雖頗受〈中庸〉與佛教唯心論之影響，然其宗孟之精神則甚爲明確。至於柳宗元則於〈答韋中立論師道書〉，謂其爲文「參之孟、荀以暢其文」。

⑫見林漢仕《孟子探微》第七篇第二章。

⑬晁公武《郡齋讀書志》卷三，作「于公著」，誤。當依此作「丁公著」。

⑭林漢仕之《孟子探微》第七篇、第四章〈漢唐以來迄於有清孟子注疏情形〉云：「至於那四註《孟子》十四卷，署名楊雄、韓愈、李翱、熙時子四人的本子，經人考證爲依託的。」按：林氏所云，當係指清、丁杰《小酉山房集》所稱，明姚士粦所傳熙時子注之《孟子外書》，爲僞中之僞。今見光緒七年八月，重印于廣漢之函海本《孟子外書》四篇，其刊頭作「宋、熙時子注，清、左綿、李調元贊菴校」。然則，熙時子當爲宋時人乎？疑莫能明。

⑮按：裴日休之注、早佚。丁公著《孟子手音》二卷，已佚。清同治刊有《孟子丁氏手音》一卷。陸善經《孟子注》七卷，已佚。清、同治刊有《孟子陸氏注》一卷。張鎰《孟子音義》二卷，已佚。清、同治刊有《孟子張氏音義》一卷。

⑯王應麟《困學紀聞》云：「《孟子正義》云：『唐、林謹思《續孟子》二卷謂《孟子》七篇非軻自著，乃弟子共記其言，與韓文公說同。』」全注云：「林謹思書，今尚存，陋甚。然謹思死節，其人足重。」又《崇文總目》云：「愼作謹，避宋諱也。」

⑰《新唐書》〈藩鎭傳〉云：「安史亂天下，至肅宗大難略平，君臣皆幸安，故瓜分河北地，付授叛將。護養孽萌，以成禍根，亂人乘之，遂擅署吏，以賦稅自私，不獻于朝廷。效戰國肱髀相依，以土地傳子孫，脅百姓，加鋸其頸，利怵逆污，遂使其人自視猶羌狄然。一寇死，一賊生。」

⑱宋、王溥《五代會要》卷八〈經籍〉類云：「後唐、長興三年二月，中書門人奏請依石經文字刻九經印板，敕令國子監集博士儒徒，將西京石經本，各以所業本經句度抄寫注出，子細看讀，然後僱召能雕字匠人，各部隨帙刻印版，廣頒天下。」

⑲馮登府《石經考異》謂「蜀石經」刻有：《易》、《書》、《詩》、《三禮》、《三傳》、《孝經》、《論語》、《爾雅》、《孟子》，凡十三經。大約亡於南宋理宗、嘉熙、淳祐以後。馮氏嘗據殘碑遺字考核異文。或有以爲「蜀石經」無《爾雅》、《孝經》，止十一經耳，未知所據。

第四章　宋代之時局變遷與儒學之發展

第一節　北宋之時局變遷與儒學之發展

宋之創建者趙匡胤，原仕後周，爲殿前都點檢兼歸德節度使，後周世宗病卒，子恭帝繼位，年僅七歲。主少國疑，人心浮動。翌年（西元九六〇年），發生陳橋驛兵變，禁軍將領擁立趙匡胤，改國號宋，仍都汴京，是爲宋太祖。太祖即位後，以南方諸國衰弱，無力與宋爲敵；北方遼國雖強，然遼穆宗怠於政事，一時不致南侵。唯宋內部兵將驕縱，隨時有兵變危機，故太祖採「強幹弱枝」政策，行中央集權與文人政治①。一時政治、社會均呈安定狀況。太祖又先後平定南平，滅後蜀、南漢與南唐。其後，傳位予弟太宗，太宗即位，英武自勵，國威大振，吳越去藩納地，於是全力對付北漢。太平興國四年（西元九七九年），太宗親征，完成統一大業。統一後之宋，其疆域北起河北中部之瓦橋關，及山西北部之雁門關與遼接壤；南方則原設郡縣之交州已建立瞿越國，名爲受封朝貢，實已獨立。西至甘肅之東，而與夏與吐蕃爲鄰；西南以大渡河與大理爲界。故其幅員主要在華中、華南，遠較漢、唐爲小。

太宗統一中國之後，兩次企圖攻遼，均未得手。後以遼之蕭太后主政，選賢任能，勸課農桑，國勢鼎盛，於是有謀宋之舉。宋真宗景德元年（西元一〇〇四年），遼兵大舉南侵，直抵澶淵，旋以真宗親臨前線，而潰遼前鋒，終有「澶淵之盟」。仁宗時，遼興宗見宋有夏人之亂，於是要求宋割地納銀。其後，遼道宗又遣使要求神宗重畫河東邊界，宋又損失部分土地。蓋澶淵之盟後，百餘年間，雖無軍事衝突，然均因宋人委曲求全，始得無事。宋人深懷怨恨，導致徽宗時，有時聯金滅遼之圖。

宋徽宗宣和二年（西元一一二〇年），宋、金訂盟，聯合攻遼。金人連克遼之三京，宋軍則一再失利。終雖擊潰遼軍，迫其西逃，然此舉已啓金人輕宋之心。金人於是藉口南侵，於靖康二年（西元一一二七年）立張邦昌爲楚帝，令治黃河以南諸地。盡擄徽、欽二帝及太子、后妃等三千餘人北去，汴京文物府庫，爲之一空，是爲「靖康之難」②，北宋終告結束，前後一百六十八年（西元九六〇～一一二七年）。

靖康難後，康王趙構即位於南京（河南、商邱），是爲高宗。金人傀儡張邦昌無力統治中原，亦自去僞號，仰藥自盡。高宗即位初，起用李綱、宗澤、韓世忠、岳飛等人，加之以北方義軍之支持，情勢好轉。奈以高宗畏葸，聽信主和者之言，一味避敵，朝綱日漸鬆弛。迨李綱被罷，宗澤憂死，政局遂有不可爲之勢。金兵因趁勢南侵，高宗奔走江南，乃於紹興八年（西元一一三八年）正式定都臨安（杭州），偏安局面於焉形成。③

紹興九年（西元一一三九年）岳飛於郾城一役，大敗金兀朮。南宋情勢大好，奈以宋相秦檜刻意揣摩高宗苟安心理，屈意求和，乃強令岳飛班師，並予加害，韓世忠亦憤而罷官，宋金「紹興和議」遂成，南宋對金稱臣。高宗末年（西元一一六一年），金主海陵王大舉南侵，為虞允文先後敗之於采石與京口，金兵始引還。高宗崩，孝宗即位，志切恢復。命將北伐，不幸，敗於符離。孝宗之志為之一挫。宋、金雙方於乾道元年（西元一一六五年）重訂和約，宋帝稱金主為叔父。得以維持四十年之和平。

迄至寧宗即位，韓侂胄專政，不容清議，且思對外建功以自固，乃趁金世宗去世，蒙古叛金之際，發兵北伐。不意，開戰之初，宋軍到處潰退，寧宗乃殺韓以求和。此後宋、金俱疲，金為蒙古人所迫，無暇南進；宋則國勢積弱甚久，亦無力北伐，雙方又相安達三十年之久。

宋理宗紹定三年（西元一二三〇年），窩濶台令拖雷領軍，強行假道宋境攻金，汴京守將投降，金哀宗出奔蔡州。蒙古人與宋軍聯手攻蔡州，金哀宗自縊，金亡。享國一百二十年。（西元一一一五元～一二三四年）金亡之後，宋人趁機收復歸德、汴京與洛陽三京。引發蒙古回師干涉，宋軍潰敗，雙方又進行長期交戰矣。

宋理宗景定元年（西元一二六〇年），忽必烈在開平自即帝位，建元中統，是為元世祖。其後，遷都燕京，改稱大都，定國號為大元。世祖初立，屢次揮軍南下，終於攻陷襄陽，宋因失北方屏障。旋恭帝立，元派伯顏率諸軍南進，克武昌，取蕪湖，進佔建康、直下臨安，恭帝被俘。

恭帝被俘之後，陸秀夫、張世傑、文天祥等人，先擁立端宗，續在東南沿海抗敵。不久，天祥兵敗，端宗病死。秀夫、與世傑又立帝昺，移駐新會厓山。其後，陸氏見元軍緊追不捨，大勢已去，乃抱帝投海自沈，南宋終告結束。前後享祚一百五十三年（西元一一二七～一二七九年）。

綜觀兩宋三百餘年，外患不止，國難頻繁。然以太祖受命之初，即刻意推求文治，於是興學校，倡儒學，廣開科場，禮遇文士。一時學術風氣興盛，而政治決策亦轉由士大夫所主導。④唯太宗、眞宗之際，名爲尊儒，實則行「清靜無爲」之術，而科考取士，莫不因襲唐代以來舊制。以故宋初儒學，猶承漢唐以來篤守義疏之風。皮錫瑞《經學歷史》云：「唐至宋初數百年，士子皆謹守官書，莫敢異議。」又云：「經學自唐以至於宋初，已陵夷衰微矣。然篤守古義，無取新奇；各承師傳，不憑胸臆；猶漢、唐注疏之遺也。宋、王旦作試官，題爲『當仁不讓於師』，不取賈邊解師爲衆之新說。可見宋初篤實之風。乃不久而風氣遂變。」此說洵不誣也。太宗末造，儒者治經不囿於注疏之風起，初有號稱「欲開聖道之途」之柳開，於所著〈應責〉一文中稱：「吾之道，孔子、孟軻、揚雄、韓愈之道。」其徒張景稱開「凡誦經籍，不從講學，不由疏義，悉曉大旨。注解之流，多爲其指摘。」⑤他如邢昺主持校訂群經義疏，於舊經之說亦有所改造。眞宗景德四年（西元一〇〇七年）嘗對群臣云：「近見詞人獻文，多故違經旨以立說。」⑥可見不囿舊說而發表己見，已爲當時之風尚矣。至於仁宗初期，疑經之風盛，儒士不獨不固守注疏，進而對經文亦引發懷疑，往往直抒胸臆，發明經旨，終於匯聚成爲一發不可收拾之強勁洪流。其主要人物，有孫復、胡瑗、石介、歐陽修與稍後之劉敞、王安石等。其中如歐陽修在〈論刪去九經正義中讖緯箚子〉即毫不留情對漢唐經學抨擊云：「士之所本，在乎《六經》，而自暴秦焚書，聖道中絕。漢興，收拾亡逸，所存無幾。或殘編斷簡，出於屋壁，而餘齡昏眊，得其口傳。去聖既遠，莫可考證。偏學異說，因自名家。然而授受相傳，尚有師法。暨晉、宋而下，師道漸亡。章句之篇，家藏私畜。其後各為箋傳，附著經文。其說存亡，以時好惡。學者茫昧，莫知所歸。至唐太宗時，始詔名儒撰定《九經》之疏，號為《正義》，凡數百篇。自爾以來，著為定論。凡不本《正義》者，謂之異端。則學者之宗師，百世之取信也。然其所載既博，所擇不精，多引讖緯之書以相雜亂。怪奇詭僻，所謂非聖之書，異乎《正義》之名也。」⑦又《四庫提要》評論劉敞之《春秋傳》云：「宋代改經之例，敞導其先。宜其視改傳為固然矣。然論其大致，則得經意者為多。蓋北宋以來，出新意解《春秋》，自孫復與敞始。復沿啖、趙餘波，幾於盡廢三傳。敞則不盡從傳，亦不盡廢傳。」⑧無怪乎自來之論者，多以劉敞之《七經小傳》為宋代疑經思潮中之代表。王應麟之《困學紀聞》即論之云：「自漢儒至於慶曆間，談經者守訓故而不鑿。《七經小傳》出而稍尚新奇矣。至《三經義》行，視漢儒之學若土梗。」⑨蓋不誣也。

夫宋自太祖開基，至於仁宗、慶曆之前，約八十年，其間儒學之發展，由繼承唐、五代以來篤守義疏之風，逐漸轉變為疑經，改經說，而至直抒胸臆以發明經旨。此一時期，可謂「漢學」「宋學」之轉變期。就孟子學而言，孟子雖紹承六經之教，開聖人之道以斷群疑；秉先覺之志而斥異端。拔邪樹正，立儒者之典範。然自漢以降，《孟子》一書，則始終介乎經部與子書之間，浮沈不定。論者或以孟子倡「君貴民輕」之說，難為歷代帝王所接受，蓋不誤也。至於唐、大曆間，韓愈、李翺等人，起而排斥佛老，闡發儒道，倡導古文，始推尊孟子，確立儒家「道統」之理念。影響所致，有宋於慶曆之前，雖在朝廷名爲儒、釋、道並重，而實則行「黃老之術」之情況下，諸賢士大夫留意斯文者，起而承唐末、五代以來書院之形制，聚徒講學，以傳習儒家經典，振興儒道爲己任。如：戚同文、楊光輔、柳開、王禹偁及孫復、石介、胡瑗等人，隱然形成維護「道統」之力量。在此之際，孟子之地位，亦逐漸受肯定。其中尤以眞宗、大中祥符五年（西元一〇一二年），詔命孫奭校定《孟子》，並修爲正義，進而將之刊列於十三經之中，其地位始屹立不搖，此舉影響最鉅。唯今傳《孟子正義》十四卷，署名孫奭撰，在南渡之後，諸儒於該書之作者，多所質疑。《經義考》卷二三三引朱熹之說云：「《孟子疏》乃邵武士人假作，蔡季通識其人。其書全不似疏體，不曾解出名物制度，只繞纏趙岐之說爾。」又引王應麟云：「孫奭正義《崇文總目》、《館閣書目》、《讀書志》皆無之，朱文公謂邵武士人作。」然晁公武《郡齋讀書志》則云：「孫奭等采唐、張鎰、丁公著所撰，參附益其闕。今注孟子者，趙氏之外，有陸善經，奭撰正義以趙注爲本，其不同者，時時兼取善經，如謂子莫執中，爲子等無執中之類。大中祥符中書成，上於朝。」其中質疑者迄未能提出明確之証據，而孫奭之受命校定《孟子》，且刊列於十三經之中，則無疑義。由此觀之，孟子學在宋初至慶曆之前，堪稱之爲「地位確立期」。

再者，有宋之政治局面，至慶曆（西元一〇四一至一〇四八年）前後，內憂外患逐漸形成，且有日趨嚴重之勢。仁宗、天聖五年（西元一〇二七年）范仲淹〈上執政書〉云：「朝廷久無憂矣，天下久太平矣，兵久弗用矣，士曾未教矣，中外方奢侈矣，百姓反困窮矣。朝廷無憂，則苦言難入，天下久平則倚伏可畏，兵久弗用則武備不堅，士曾未教則賢材不充，中外奢侈則國用無度，百姓困窮則天下無恩。苦言難入則國聽不聰矣，倚伏可畏則姦雄或伺其時矣，武備不堅則戎狄或乘其隙矣，賢材不充則名器或假於人矣，國用無度則民力已竭矣，天下無恩則邦本不固矣。」⑩此番痛陳，雅能說明仁宗即位不久，有識之士已察覺於開國數十年來，政經社會所隱伏之危機矣。蓋自宋眞宗與遼訂定「澶淵之盟」，來自北方之憂患即難以擺脫，加之以社會之矛盾日益形成，所謂「勢官富姓佔田無限，兼併冒僞，習以成俗。」情況漸趨惡化，至仁宗寶元元年（西元一〇三八年）夏州、李元昊（宋太宗曾賜國姓，故亦稱趙元昊）藉黨項族之力而自立爲帝，宋廷屢討無功，遼人更趁機需索，尤予宋廷重大打擊。當此之時，朝野要求改革之聲四起。仁宗亦亟思擺脫困境，於是諸州郡興起辦學風潮，而書院私學亦逐漸轉而爲官學⑪。且在野儒士，亦紛紛著論表達推動儒家「王道」之政治理想。如李覯之撰《禮論》、《周禮致太平論》、《富國策》、《平土書》等。范仲淹讚之曰：「著書立言，有孟軻、揚雄之風義，實無愧於天下之士。」⑫其在中央則致力重振太學，「好古醇儒」石介、孫復、及胡瑗等人，相繼擔任國子監直講。而時之在朝，如：范仲淹、余靖、歐陽修、蘇舜欽等，無不上書直諫，要求以德爲先，延用忠直之士以進行革新。因而，仁宗先後罷去呂夷簡、夏竦等，而重用范仲淹、富弼、韓琦、歐陽修、蔡襄、王素、余靖等人。另者，在此前後台諫之職，在朝中之地位亦日漸提高，足以牽掣輔臣權勢。宋・李燾《續資治通鑑長編》載：寶元二年（西元一〇三九年）十二月，鑑於中丞孔道輔舉其姻親王素爲台官，仁宗乃詔云：「自今御史缺官，朕自擇官令舉人。」⑬又慶曆四年（

西元一〇四四年）八月，仁宗詔云：「自今除台諫官，毋得用見任輔臣所薦之人。」⑭明末、王夫之《宋論》評之云：「自仁宗之為此制也，宰相與台諫分為敵壘，以交戰於廷。」⑮自此而朝廷遂引發朋黨爭議。⑯其影響所致則發展為神宗以後新舊黨之爭矣。

慶曆新政，最後雖以積弊已深且因循之臣多加反對，終未能成功。然以當時教育興盛，加之以活版印刷之發明，⑰加速典籍之流布，且承襲中唐韓、柳之古文運動又逐漸興起。促使學術之推展十分快速。而儒學在此期間，已充分呈現摒棄注疏而直探義理之所謂「宋學」特有之氣象。蓋諸儒有見於時局昏暗，乃一面強化儒家之「道統」理念，而重視道德、氣節；一面宏揚「明體達用」之論，以闢佛老「避世無為」之說。錢穆於《中國學術思想史論叢》㈤〈初期宋學〉云：「初期宋學氣派之開闊，如胡瑗之道德，歐陽修之文章，范仲淹之氣節，堪稱鼎足之三峙，更與當時以甚大之影響。……故達而在朝，則為大政治家如范文正。窮而在野，則為大教育家胡安定。此乃初期宋學所謂明體達用之最要標準也。歐陽修為文章直接韓愈，而歐陽生平志事，亦不在文章。故曰：文學止於潤身，政事可以及物。其對於佛教意見亦與愈不同。韓愈闢佛，而歐陽不闢佛。著為〈本論〉三篇，大意謂佛法為中國患，其本在於王政闕，禮義廢，故莫若修其本以勝之。羅大經《捫蝨新語》謂此論一出，而韓愈〈原道〉所謂人其人，火其書之語幾廢。此可見其影響矣。」

慶曆之後，朋黨爭議日趨顯著，歷經英宗時「濮議之爭」，朝中大臣益形分立。至於神宗之朝，終於演為新舊黨之爭。蓋神宗時，王安石、呂惠卿等，以學者見信於神宗，見積弊已深，力主改革，創立新法。⑱十餘年間，於理財講武，恤民救災，興學育才，建官明法之要政，粗有圖議。惜尚未能大樹規模，而當時之守舊者，如：司馬光、富弼、韓琦、文彥博、范純仁等，群起反對。致王、呂之志事，未能展其六七。論者或以其施行急驟，陳義過高，人民相率咨怨；且奉行之吏，又未能盡如立法者之意，有以貽反對者之口實故也。

至於哲宗、元祐初，司馬光等人，為朝廷所重，起而罷去新法，恢復舊制，即所謂「元祐更化」。凡王安石、呂惠卿所建新法，剗革略盡。唯其勢雖頗似專於守舊，然其於學校、貢舉，亦思多立新制以袪舊弊。柳詒徵《中國文化史》評論云：「宋之新黨近於管商；舊黨近於黃老。其根本觀念不同，故政策亦各有所蔽。……惟舊者偏循俗見；新者間雜意氣，則皆不免為賢者之累。其後，新黨為衆論所排，不得不用政見相同之人。而小人乃乘而為利。」⑲然而，元祐中，舊黨雖暫得勢，尋漸自分裂。而有洛、蜀、朔黨之別。⑳自此新舊雙方不以政策為重，而成意氣相爭矣。逮乎徽宗、崇寧，蔡京當國，遂至仇黨而刻石示衆，㉑司馬光、文彥博、呂公著、呂公亮、呂大防等，凡百二十人均加之以罪，謂之姦黨。直至靖康之變，新黨無所容喙。黨爭誤國，終導致北宋滅亡。

夫熙寧至於北宋終結，新舊黨爭前後五十餘年，其中以新黨得勢時間為長。當熙寧、元豐之際。王安石當政，行太學三舍規制，太學生增至二千四百人。徽宗崇寧三年（西元一一〇四年）九月，蔡京請罷科舉，取士悉由學校升貢。太學生至三千八百人之多。㉒其間，在王安石當政之初，更定科舉，改唐以來之「帖經」為「墨義」。旋又，為令學子有所遵循，乃創「經義局」並頒《三經新義》於學官。且以所撰《易解》、《論語解》、《孟子解》作為士子之參考。此舉於當時士子治經之取向有直接而重大之影響。直至哲宗、紹聖，徽宗、崇寧、大觀年間，章惇、蔡京用事，因二人均為王氏之黨人，是以王學猶為士子之所重。錢穆《中國學術思想史論叢》評之云：「與歐陽同時，接著有王安石、劉敞，兩人皆博學，旁及佛老，又好談性理，與初期宋學已不同。乃成為在初、中兩期宋學的夾縫中人物。劉敞有《公是先生》、《弟子記》與《七經小傳》。宋人經學新說，多自《七經小傳》開先。其《弟子記》於歐、王兩家頗多評駁。蓋此三人學術路徑皆相近，而又交遊較密也。《弟子記》明白反對歐陽不談心性之態度，又辨荊公太極為性，五行為情說之不當。而論王霸意見，則與荊公相同。司馬溫公論王伯則與李泰伯同，與王、劉適成一對比。荊公刻深勝過廬陵，博大超於原父。彼乃是宋學一員押陣大將，而中期宋學亦已接踵開始了。荊公思想，對當時有大貢獻者，舉要言之，凡兩項。一為王霸論，二為性情論。王霸之辨原本孟子，但荊公別有新創。荊公謂王霸之異在心，其心異則其事異，其事異則其功異。……此項辨論，推衍為以後之辨義利。……宋儒自胡安定、孫泰山、石徂徠以下，都要回頭一意走向大群福利政治教育一方面來。但對佛家理論，或效韓愈之昌言排斥，則如石介。或師歐陽修之存而不論，自下功夫，到底未能將儒釋疆界清楚分別或消融歸一。荊公直承胡、范、歐陽而起，頗欲於道德、文章、事業三面兼盡。其於韓愈，亦已漸趨擺脫，而欲直接孟子。於佛書亦多所探究，此皆已接近了中期宋學的精神。」㉔錢氏此論，確實於慶曆之後，影響學術發展至鉅之王安石學術精神，作一精要之剖析。

自王安石推行新法之後，太學教育固然興盛，而士子多止知追求聲利，而漠視人格之修養。朱熹之《學校貢舉私議》評論云：「熙寧以來，所謂太學者，但爲聲利之場。而掌其教者，不過取其善爲科舉之文。師生相視，漠然如行路之人。月書季考，祇以促其嗜私利苟得、冒昧無恥之心，殊非立學教人之本意。」㉕然而，自熙寧以降，雖士子驕縱，黨爭猶烈，唯儒學之發展，在諸鴻儒之主導下，依然以「義理」之探究爲主，而對昔儒舊注與佛老餘燼，則予以猛烈抨擊。其所倡導之主要內容，已由慶曆前後，重視「經世致用」之儒家「外王」之學，逐漸轉變而爲探究「心性理氣」，以體現提昇自我之「內聖」功夫矣。在此期間，學統漸起，其中或因政見之出入，或以師承之不同，乃至人事之傾軋，而相互斥擠。朱熹於《晦菴集》一篇〈策問〉云：「本朝儒學最盛，自歐陽氏、王氏、蘇氏，皆以其學行於朝廷。而胡氏、程氏亦以其學傳之學者。然蘇氏本出於歐陽氏，而其未有大不同者。胡氏、孫氏亦不相容於當時，而程氏尤不合於王與蘇也。」㉖然而，周（敦頤）、張（載）、二程（顥、頤），終能在此激盪轉變之過程中，匯爲儒學之主幹，而爲有宋一代之「道學」（或稱「理學」）奠定其鴻基矣。黃震《黃氏日抄》卷四十五云：「本朝理學雖至伊洛而精，實自三先生（按即胡瑗、孫復、石介）而始。」而《宋元學案》卷十一〈濂溪學案上〉云：「孔孟而後，漢儒止有傳經之學，性道微言之絕久矣。元公崛起，二程嗣之，又復橫渠諸大儒輩出，聖學大昌。故安定，徂徠卓乎有儒者之矩範，然僅可謂有開之必先，若論闡發心性義理之精微，端數元公之破暗也。」蓋有宋之道學孕育固早，而其確立則在哲宗元祐年間。《宋史》〈道學傳〉序云：「兩漢而下，儒者之論大道，察焉而弗精，語焉而弗詳，異端起而乘之，幾至大壞。千有餘載，至宋中葉，周敦頤出於舂陵，乃得聖賢不傳之學，作《太極圖說》、《通書》，推明陰陽五行之理，命於天而性於人者，瞭若指掌。張載作《西銘》，又極言理一分殊之旨，然後道之大原出於天者，灼然而無疑焉。仁宗、明道初年，程顥及弟頤寔生。及長，受業周氏，已乃擴大其所聞，表章《大學》、《中庸》二篇，與《語》、《孟》並行，於是上自帝王傳心之奧，下至初學入德之門，融會貫通，無復餘蘊。」㉗然自慶曆以來，儒者雖排斥佛老，唯多數鴻儒，或援老入儒；或竊佛精義，用以充實孔孟之思想體系，進而抵抑佛老，此不可不知也。如周敦頤引道教《太極圖》與《易》參合，而創「無極而太極」之宇宙本體論；邵雍亦以《先天圖》與《易》結合，而創煩瑣之象數學體系，藉以推尋宇宙之本原與自然人事之變化關係；二程則援佛老精義以達乎《六經》，以創立其「天理」本原論。南宋、葉適云：「本朝承平時，禪學尤熾。儒釋共駕，異端會同。其間豪傑之士，有欲修明吾說以勝之者，而周、張、二程出焉。自謂出入於佛老甚久，已而曰：吾道固有之矣。……於子思、孟子之新說奇論，特皆發明之。大抵欲抑浮屠之鋒銳，而示吾所有之道若此。」㉘

就孟子學而言，自慶曆之後，至於北宋之亡，七十餘年間，由於外患不絕，國家長期委曲求全，而朝廷內部黨爭日趨激烈，加之以佛老餘燼未息，知識分子排斥異端之心猶熾，企圖以儒家學說作爲建立社會行爲之規範，並藉振興教育以激發士氣民心。由是學統四起，以孔孟思想爲中心之「道學」於焉興起。在眞宗時，孟子學固然已登經學之列，而逮乎神宗時，王安石等議定以《論》、《孟》同科取士，《孟子》一書乃成爲當時士子所必讀之典籍。然在此期間或緣於疑經風尚之餘緒，或因於黨爭之異見，是以刪孟、疑孟乃至非孟者有之，推尊或爲之辯解者有之。至於爲之注疏，或引申宏揚發爲議論者，不計其數矣。其中刪疑非詆者，除稍早之馮休著《刪孟子》[29]，李覯《盱江集》中〈常語〉[30]之非孟外，有司馬光之《疑孟》[31]，及其後晁說之之《詆孟》、鄭叔友之《折中》等。[32]至於爲《孟子》一書注解並推尊之者，如司馬光之子康與吳安詩、范祖禹、趙彥若、范百祿等奉旨合著之《孟子節解》，[33]王安石之《孟子解》，王令有《孟子講義》，張載、沈括、程頤、蘇轍、蔣之奇、龔原等人，亦均有《孟子解》之作，王安石之子雱亦作《孟子注》。僅朱彝尊《經義考》所考列、即有三十餘家之多。其他引而申之，發爲議論者，誠難以計數。當此期間，影響最鉅者，應推王安石父子。《經義考》引晁公武之說云：「王介甫素喜《孟子》，自爲之解，其子雱與其門人許允成皆有注釋。崇觀間（按：指徽宗、崇寧、大觀年間），場屋舉子宗之。」[34]至於神宗、元豐八年（西元一〇八五年），晉州、州教授陸長愈請以兗、鄒二公配享文宣王，並議定孟子冠服同顏子，天下孔廟均塑孟子像，席位在兗國公顏回之次。[35]又徽宗、崇寧中，詔謚孟子爲鄒國公，並准立廟，弟子十八人均獲謚侯、伯。[36]諸舉均足見北宋後期，除孟子本身益顯尊崇外，《孟子》一書之學術地位亦更趨穩固。此一階段，堪稱孟子學之「由激盪而振興期」矣。

【附註】

①明、陳邦瞻之《宋史紀事本末》云：「乾德元年、春、正月，初以文臣知州事。五代諸侯強盛，朝廷不能制，每移鎮受代，先命近臣諭旨且發兵備之，尚有不奉詔者。帝即位初，異姓王及帶相印者，不下數十人。至是用趙普謀，漸削其權。或因其卒，或因遷徙致仕，或以遙領他職，皆以文臣代之。」又：「夏四月詔通判於諸州，凡軍民之政，皆統治之，事得專達，與長吏均禮。大州或置二員，又令節鎮所領支郡，皆直隸京師，得自奏事，不屬諸藩，於是節度使之權始輕。」又：「三年三月初，置諸路轉運使。自唐、天寶以來，藩鎮屯重兵，租稅所入，皆以自贍，名曰留使、留州。其上供者甚少。五代藩鎮益強，率領部曲，主場務，厚斂以入己，而輸貢有數。帝素知其弊，趙普乞命諸州度支經費外，凡金帛悉送汴都，無得占留。每藩鎮帥缺，即令文臣權知所在場務。凡一路之財，置轉運使掌之，雖節度、防禦團練觀察諸使及刺史，皆不預簽書金穀之籍，於是財利盡歸於上矣。」

②《宋史》〈欽宗本紀〉：「靖康二年夏四月庚申朔，金人以帝及皇后、太子北歸，凡法駕、鹵薄、皇后以下，車輅、鹵簿、冠服、禮器、法物、大樂、教坊樂器、祭器、八寶、九鼎、圭璧、渾天儀、銅人、刻漏、古器、景靈宮供器，太清樓秘閣三館書，天下州府圖，及官吏、內人、內侍、伎藝、工匠、倡優，府庫畜積，爲之一空。」

③見《宋史》卷二十四至三十二〈高宗本紀〉。

④柳詒徵《中國文化史》第二編第十九章云：「自漢以來，君主政體無所變革。然政治之中心，往往不在君主本身，而旁及於女主、外戚、宦寺、嬖倖、宗王、強藩之手。有宋盡革其弊。雖間有女主垂簾，宦者得勢之時，

要皆視兩漢、晉、唐爲不侔。蓋宋之政治，士大夫之政治也。政治之純出於士大夫之手者，惟宋爲然。故惟宋無女主、外戚、宗王、強藩之禍。宦寺雖爲禍而亦不多。」

⑤見柳開《河東集》附錄，張景撰〈柳開行狀〉。

⑥見宋．李燾《續資治通鑑長編》卷六十六。

⑦見歐陽修《奏議集》卷十六。

⑧見《四庫全書總目》卷二十六，劉敞《春秋傳》條。

⑨見王應麟《困學紀聞》卷八〈經說〉。按：所謂《七經小傳》者，指劉敞爲尚書、毛詩、周禮、儀禮、禮記、公羊傳、論語，雜論經義之語編成，凡三卷。《三經義》或稱《三經新義》，即王安石之《周禮義》，呂惠卿之《詩義》，王雱之《書義》。皆本王安石經說。

⑩見洪邁《容齋三筆》卷五。

⑪見《范文正公集》卷八。

⑫見同⑪，卷十九〈薦李覯並錄進禮論等狀〉。

⑬見《續資治通鑑長編》卷一百二十五。

⑭見《續資治通鑑長編》卷一百五十一。

⑮見王夫之《宋論》卷四之七。

⑯見陳邦瞻《宋史紀事本末》〈慶曆黨議篇〉。

⑰宋、江少虞《皇朝事實類苑》云：「慶曆中，有布衣畢昇爲活板。其法用膠泥刻字，薄如錢唇，每字爲一印，火燒令堅，先設一鐵板其上，以松脂蜡和紙灰之類冒之。……若止印三二本，未爲簡易。若印數十百千本，則極爲神速。」

⑱《宋史》卷十四〈神宗紀〉載：「熙寧二年、二月己亥，以王安石參知政事。甲子、陳升之，王安石創置三司條例，議行新法。」

⑲見柳詒徵《中國文化史》第二編第十九章〈政黨政治〉。

⑳陳邦瞻之《宋史紀事本末》云：「元祐二年，呂公著獨當國，群賢咸在朝，不能不以類相從。遂有洛黨、蜀黨朔黨之語。洛黨以程頤爲首，而朱光庭、賈易爲輔；蜀黨以蘇軾爲首，而呂陶等爲輔；朔黨以劉摯、梁燾、王巖叟、劉安世爲首，而輔之者尤衆。」

㉑同前，〈蔡京當國篇〉云：「崇寧元年、秋七月戊子，以蔡京爲尙書右僕射兼中書侍郎。九月己亥，立黨人碑于端禮門。籍元符末上書人，分邪正等黜陟。」

㉒同前「（崇寧）三年九月，罷科舉法。時雖設辟雍太學，以待士之升貢者，然州縣猶以科舉貢士。蔡京以爲言，遂詔天下取士，悉由學校升貢。其州郡發解，凡試禮部法皆罷。」

㉓參見註⑨。

㉔見錢穆《中國學術思想史論叢》㈤〈初期宋學〉。

㉕見柳詒徵《中國文化史》第二編，第二十二章〈宋元之學校及書院〉引。

㉖見《晦菴集》卷七十四。

㉗見《宋史》卷四百二十七。

㉘見葉適《習學記言序目》卷四十九。

㉙清、朱彝尊《經義考》卷二百三十三云：「宋志一卷。玉海二卷。未見。晁公武曰：皇朝、馮休撰。休觀孟軻書時有叛違經者，疑軻沒後門人妄有附益，刪去之，著書十七篇以明其意。前乎休而非軻者荀卿，刺軻者王充。後乎休而疑軻者溫公，與軻辨者蘇東波。然不若休之詳也。」

㉚見《經義考》卷二百三十三云：「一卷，存。葉紹翁曰：揮麈錄載……門人陳次翁爲撰墓銘，初未嘗及，不讀孟子之說。惟盱江集中有常語非孟子。其文意淺陋，且非序者所載，疑附會。不讀孟子之說者，爲之勦入，非泰伯之文明甚。……周密曰：李泰伯著論非孟子。後舉茂才，論題出『經正則庶民興』，不知出處，曰：吾無書不讀，此必孟子中語也。擲筆而出。晁說之亦著論非孟子。建炎中宰相進，擬除官。高宗以孟子發揮王道，說之何人，乃敢非之，勒令致仕。鄭叔友亦非孟子，曰軻忍人也，辨士也，儀秦之流之。……余曰：孟子何可非，泰伯所以非之者，謂不當勸齊梁之君以王耳。昔武王伐紂，舉世不以爲非，伯夷、叔齊獨非之。東萊先生曰：武王憂當世之無君者也，伯夷憂萬世之無君者也。予於泰伯亦然。至於說之、叔友，拾其遺說而附和之，吾無取焉。」

㉛見《經義考》卷二百三十三云：「通考一卷、存。晁公武曰：光疑孟子書有非軻之言者，著論是正之，凡十一篇。光論性，不以軻道性善爲然。」

㉜見《經義考》卷二百三十三。晁氏說之《詆孟》佚。周密曰：「晁以道作《詆孟》。」又余允文《尊孟辨》下按云：「鄭叔友、藝圃《折衷》十條，附載《晦菴全集》中。」

㉝見《經義考》卷二百三十三云：「通考十四卷、佚。范祖禹進劄子曰：臣等準入內供奉官徐湜傳宣奉聖旨，令講讀官編修《孟子節解》一十四卷進呈，臣司馬康、吳安詩、范祖禹、趙彥若、范百祿。……姚福曰：溫公平生不喜孟子，以為偽書出東漢，因作《疑孟》。而其子康乃曰：《孟子》為書最善，直陳王道，尤所宜觀，至疾甚革，猶為《孟子解》二卷。司馬父子同在館閣，而其好尚不同乃如此。然以父子至親而不為苟同，亦異乎阿其所好者矣。」

㉞見《經義考》卷二百三十三。

㉟見清、俞樾《茶香室續鈔》四四五二頁。

㊱見林漢仕《孟子探微》第七篇、第二章。

第二節　南宋之時局變遷與儒學之發展

北宋自仁宗以來，士大夫爭議國事之風氣日熾，至於神宗用王安石變法，演變而成新舊黨爭益趨激烈之局面。神宗歿，子哲宗繼位，年僅十歲，祖母高氏臨朝聽政，以舊黨司馬光為相，盡罷新黨與新法。唯光在職八月而卒，政權雖仍為舊黨所控，然舊黨諸君子亦因意見之不合而漸形分裂。哲宗親政，起用新黨章惇為相，專事報復，舊黨之人獲罪者八百餘人。及徽宗即位之初，太后向氏聽政，為消弭黨爭，一度新舊黨並用。不久，徽宗親政，大權復為新黨蔡京所控，蔡一意排斥舊黨，立碑禁錮，進而與宦官童貫朋比為奸，以聚斂為務，政治大壞，變亂蠭起，浙江以北沿海各地，盡陷賊區。此刻，邊釁再起，金人南侵，直逼汴京。其後，欽宗雖起用李綱，貶蔡京、殺童貫，以收攬民心。奈以朝廷上下，率多因循畏怯，委曲求和，以致汴京失守，徽、欽二宗被虜，北宋滅亡。

高宗即位之初，內用李綱為相，外有宗澤、韓世忠、岳飛等名將，民心士氣大為可用。奈以高宗畏葸，一味苟安，朝綱日弛，迨李綱被罷，宗澤憂死，政局遂不可為矣。旋以「紹興和議」與金人維持約二十年之平靜。其間秦檜弄權達十五年之久，忠臣良將，多遭迫害，朝政日衰。孝宗即位，雖志切恢復，惜又遭挫敗。宋、金重訂和約，又維持四十年之和平。至於寧宗之初，韓侂胄專政，內不容清議，外思建功以自固，乃趁蒙古叛金之際，發兵北伐，潰敗。寧宗殺韓以求和，又與金人相安三十年。度宗時，賈似道當政，專恣苟得，排斥異己，人心離異，終導致南宋之覆亡。

綜觀宋室南渡之後，前後一百五十餘年間，局勢之發展雖曾有可為之機，卻始終未能把握，反而一再喪權辱國，至於難以收拾。究其原因，則靖康之後，財盡民窮，匪寇猖虐。加之以冗兵、歲幣之負擔龐大，導致社會混亂，積弱不振。此其一也；南遷之後，武將獲充分授權，卻往往擁兵自重，未能衷心合作，甚至騷掠民間，恃功干政。而文臣見其驕橫，輒奏陳直斥，或猜嫌提防，導致文武二途勢同水火。此其二也；至於朝中，則前後有秦檜、韓侂胄、賈似道等奸佞當道，忠良之士輒遭排斥或迫害。庸碌之臣，但求苟且偷生，而主戰主和之爭未嘗間斷，導致政事紛亂，此其三也。

就儒學之發展而言，衣冠南渡後，承北宋五子餘緒，道學最為蓬勃，其發展非但未因內憂外患而衰微，反而在諸儒之積極推展下，日趨興盛，達於巔峰。蓋南宋自紹興以來，沿三舍之法，太學初僅養士七百人。至於寧宗、慶元、嘉定間（西元一一九一至一二二四年），則增外舍生至千四百員矣。惜三舍之學，雖申嚴積分之法，然諸生多驕縱成性。在此期間，州郡之學，或以戰亂而不修、或因經費之欠缺與地方官吏之懈怠而敗壞。是以有識之士乃紛紛創設書院講授道學。一時書院林立，淳熙之後達於鼎盛。①而書院之間名師碩儒彼此以名節相砥礪，且其褒表譏貶，輒為社會是非之準則。然其敦品勵操之精神，每與朝中奸佞相逕庭，故不免於禁斥之厄運。②南渡以來，即嘗數度興「學禁」，尤以寧宗、慶元、嘉泰間最甚，至以「偽學」目之。陳邦瞻《宋史紀事本末》云：「寧宗、慶元元年六月，左正言劉德秀請考核道學眞偽。從之。……宰相趙汝愚首薦熹，遂自潭州召為煥章閣待制兼侍講，……及至，每進講，務積誠意，以感動上心，上亦稍稍嘉納焉。熹復奏疏極言：『陛下即位，未能旬月而進退宰臣、移易台諫，皆出陛下之獨斷。中外咸謂左右或竊其柄，臣恐主威下移，求治反亂矣。』時韓侂冑方用事，熹意蓋指侂冑也。侂冑由此大恨，使優人峨冠濶袖象大儒，戲於上前。因乘間言熹迂闊不可用。遂出內批，罷熹經筵除宮觀。熹去，侂冑益無忌憚矣。其黨復為言，凡相與異者，皆道學之人也。陰疏姓名授之，俾以次斥逐。或又為言，以道學目之則有何罪，當名曰偽學，由是有偽學之目。」③當此之際，逢迎權奸之徒。每視攻訐道學為干祿捷徑。雖然，諸名師碩儒之講學並不為所動。黃榦撰〈朱子行狀〉云：「自先生去國，侂冑勢益張，鄙夫憸人，迎合其意，以學爲僞，謂貪黷放肆，乃人眞情，廉清好禮者，皆僞也。科舉取士，稍涉經訓者，悉見排黜。文意議論，根於理義者，並行除毀；六經、語、孟，悉爲世之大禁。猾胥賤隸，頑頓無恥之徒，往往引用，以至卿相；繩趨尺步，稍以儒名者，無所容其身。從遊之士，特立不顧者，屛伏丘壑；依阿巽儒者，更名他師，過門不入，甚至變易衣冠，狎遊市肆，以自別其非黨。先生日與諸生講學竹林精舍，有勸以謝遣生徒者，笑而不答。」④可見一斑矣。迨乎寧宗、開禧年間，學禁方除。而久鬱之道學，有如山洪之決隄，書院乃驟增矣。至於理宗末葉，三舍學生日益壯盛，好議論朝政，無所忌憚，甚至權臣亦不敢觸其鋒。周密之《癸辛雜識》云：「三學之橫，盛於淳祐、景定之際。凡所欲出者，雖宰相台諫，亦直攻之使必去。權乃與人主抗衡，或少見施行，則必借秦爲諭，動以坑儒惡聲加之，時君時相，略不過而問焉。其所以招權受賂，豪奪庇姦，動搖國法，作爲無名之謗。扣閽上書，經台投卷，人畏之如狼虎。若市井商賈，無不被害，而無所赴愬。非京尹不敢過問，雖一時權相如史嵩之、丁大全，亦未如之何。……自此之後，恣橫益甚。至賈似道作相，度其不可以力勝，遂以術籠絡，每重其恩數，豐其餽給，增撥學田。種種加厚，於是諸生啖其利而畏其威，雖目擊似道之罪，而噤不敢發一語。」

夫終南宋之世，儒學之發展以道學爲主流。然道學之宏揚實依乎書院之蓬勃；而書院之擴展亦因道學而興盛，二者相輔相成。其中影響較大者，初有程門之高足楊時，楊氏爲道南之首倡。其足跡雖不出大江南北，然歷仕州縣，所至均興學立教，門人獨盛。其後雖不免於逃禪之嫌，然其宏揚洛學，將道學南傳，其功實不可沒也。次有湘學之首倡，胡安國，胡氏始爲荊南教授，晚年則講學於衡嶽之麓，其子侄胡寅、胡宏、胡寧等，亦多仕於湘。洛學之宏揚於湖湘，誠胡門之功也。而安國之再傳張栻，雖享年不永，然其學得宇文紹節、陳槩、范仲黼等人，宏揚於蜀。再者，南宋道學家中，影響最爲久遠者，當推孝宗、淳熙間，堪稱道學雙璧之朱熹與陸九淵。論者多謂道學之發展迄於朱、陸二氏始臻純熟，特一主道問學；一主尊德性耳。其影響至於清末，儒學之發揮，究其底蘊，大抵難以逾越朱、陸之藩籬，蓋不誤也。二者之中，尤以朱熹之門徒最衆，流衍最廣。其弟子如蔡元定、黃榦、輔廣、陳埴、杜煜、杜知仁、蔡沉、陳淳等，皆卓然有成。另與朱、陸同時，有婺州、呂祖謙者，呂氏之學兼取朱、陸二家之長，不立崖岸。且呂氏之家學爲有宋一代傳衍最盛，影響至鉅者。蓋宋室南渡之際，諸多中原文物幸賴呂氏家族之大量保存，始得倖免於難也。

道學之發展，至於寶慶、淳祐之間，因理宗之多方推尊，或追謚道學鴻儒；或詔准諸儒之從祀聖廟；或賜額書院以示表彰。諸儒大受鼓舞，一時風氣大振。

唯宋之道學，自周敦頤首闡太極生化之微，遞經張、程等大儒於心性理氣之探究與講倡，至於南宋、淳熙間，雖達於鼎盛，然心性之辨愈精，則事功之意愈淡。且其說又時有間雜佛老思想者，是以至於末流難免於高玄支離之弊。甚有自附於道學之狂徒，獵取一二語錄互相標尙者。《宋史》卷三百九十六〈趙雄傳〉引孝宗語云：「近世士大夫好高論，恥言農事，微有西晉風。」又宋末、周密《癸辛雜識續集下》引沈仲固之語亦云：「道學之名，起於元祐，盛於淳熙。其徒有假其名以欺世者，眞可以噓枯吹生。凡治財賦者，則目爲聚斂；開閫扞邊者，則目爲麤材；讀書作文者，則目爲玩物喪志；留心政事者，則目爲俗吏。其所讀者，止四書、近思錄、通書、太極圖、東、西銘、語錄之類，自詭其學爲正心、修身、齊家、治國、平天下。故爲之說曰：『爲生民立極，爲天地立志，爲萬世開太平，爲前聖繼絕學。』其爲太守，爲監司，必須建立書院，立諸賢祠，或刊註四書，衍輯語錄，然後號爲賢者。則可以釣聲名，致膴仕。而士子場屋之文，必須引用以爲文，則可以擢巍科，爲名士。否則，立身如溫國，文章氣節如坡仙，亦非本色也。於是天下競趨之。稍有議及其黨，必擠之爲小人。雖時君亦不得不而辨之矣。其氣燄可畏如此，然考其所行，則言行了不相顧，卒皆不近人情之事。異時必將爲國家莫大之禍，恐不在典午清談之下也。」此言並非誇大之詞。蓋寧宗、慶元、嘉泰間之「學禁」，固緣於韓侂胄爲報復朱熹所引發。實則當時部分自附於道學之徒，詭更其說，盜名欺世，早爲世人側目，遺人攻伐之藉口，乃其重要之原因所在。而當此之時，重事功，講經世之學者，亦乘時而興矣。

大抵而言，可有三支：一爲金華、唐仲友（與政）；一爲永康、陳亮（同甫）；另一則是永嘉、薛季宣（士龍）、陳傅良（君舉）與葉適（正則，學者稱水心先生）等。其中、唐仲友以經世立治術，其學黜空疏而務歸實用。然其性頗孤介，與同時浙東諸子甚少往來，但孤行其教而已。晚年又爲朱熹所劾，自此即杜門著書，鬱鬱而終，未能蔚成風氣。永康、陳亮，則嘗與朱熹議論王霸，移書反覆，氣頗猛銳。《宋元學案》論之云：「專言事功，而無所承。」⑤其學既淺於性命，又昧於經制，終不免流於粗莽矣。至於永嘉諸子之中，薛季宣與陳傅良，皆頗注意於制度與實務，然並未刻意與濂洛之學相抗衡。唯葉適重視經制事功之學，本於「周官言道則兼藝」之旨⑥，依乎義理以與朱氏相抗。意欲綰合學術與治道，以盡廢後儒之浮論。《宋元學案》云：「乾、淳諸老既歿，學術之會總爲朱、陸二派，而水心斷斷其間，遂稱鼎足。」⑦然而葉適既不滿於道學末流之遠於事物，高談心性，又進而斥駁程、朱所強調之道統。以爲曾子並未獨傳孔道，而《中庸》所述未必孔子之遺言，且謂《大學》不足信，〈十翼〉非孔子所作。而孟子雖能上承孔道，然於論學則有所偏。即此以批評周、張、二程，指其所據既有差誤，則其所陳之理，自然不是採信矣。可見葉氏所論，多攻擊破壞而鮮於建樹。無怪乎《宋元學案》評之云：「其言砭古人多過情。」⑧《四庫總目提要》亦評之云：「不免於駭俗者。」⑨唯葉適志切恢復，又深知仁義不至，政事不立，則不能成事之理。雖相抗於道學之潮流，卻能表現藹然儒者之風範，堪稱南宋儒學之異軍也。

綜上觀之，南宋中葉以前道學鼎盛，且以朱、陸兩派傳衍最盛，影響最大。然至於南宋末期，雖尚有朱、陸二門之分，唯其後學已不肯墨守師承，顯非常一門派之所能牢籠。且其末學在傳衍既久之後，亦難免漸失本眞，從而流弊亦漸顯露。加之以自呂祖謙以降，學者有感於國勢之日益阽危，於經世實務之學漸感迫切需要。於是用力於歷史制度之探討者日衆。當時之儒，如王柏（會之）雖爲朱學之嫡傳，然《宋元學案》則評之云：「宗信紫陽，可謂篤矣，而於《大學》則以爲格致之傳不亡，無待於補。於《中庸》則以爲〈漢志〉有《中庸說》二篇，當分誠明以下別爲一篇。於《太極圖說》則以爲無極一句當就圖上說，不以無極爲無形，太極爲有理也。其於詩、書，莫不有所更定。」⑩他如宗主朱熹，亦兼綜陸、呂之黃震（東發），其所著《日鈔》即顯然折衷諸儒。《宋元學案》論之云：「諸經說間，或不盡主建安舊講，大抵求其心之所安而止。」⑪又如魏了翁（華父），則雖私淑朱、張，而亦「兼有永嘉經制之粹，而去其駁。」⑫金履祥（吉父），則以師事王柏而上接朱氏之傳，然其「論、孟考證，發朱子之所未發，多所牴牾。」⑬且凡天文、地形、禮樂、田乘、兵謀、陰陽、律曆之書，靡不畢究。當時學風之趨向，由此可見一斑。而南宋之末，諸多大儒之中，最能破除門戶之蔽，不墨守一家之說，且又能注意典章制度之研究，充分顯現當時之學術風氣者，則以王應麟（伯厚）最具代表性。考王應麟之父王撝（謙父）嘗先後從遊於呂祖謙之門人樓昉（晹叔），與陸九淵之再傳史彌鞏（南叔）。應麟紹承家學，又從朱熹之三傳王埜（子文）遊，遂得兼取諸家之學，通貫精微。此外，王氏於永嘉制度，沙隨古易，蔡氏圖書經緯、西蜀史學等，亦能綜羅文獻，剖析幽渺。其所著述，多達七百餘卷，無所不包，其中，尤以《困學紀聞》一書，最爲後世所推重也。《四庫總目提要》評之云：「雖淵源亦出朱子，然書中辨正朱子語誤數條，如論語註不舍晝夜，舍字之音；孟子註曹交，曹君之弟；及謂大戴禮爲鄭康成註之類。皆考證是非，不相阿附，不肯如元、胡文炳諸人堅持門戶，亦不至如明、楊慎、陳耀文，國朝毛奇齡諸人，肆相攻擊。蓋學問既深，意氣自平，能知漢、唐諸儒，本本原原，具有根柢，未可妄詆以空言。又能知洛、閩諸儒，亦非全無心得，未可概視爲弇陋。故能兼收並取，絕無黨同伐異之私。所考率切實可據，良有由也。」⑭然則，王應麟之學術精到，又不僅在於宏博多聞而已，宜其爲宋代儒學之殿軍矣。⑮

總之，南宋一百五十年之學術發展，雖學統林立，要均以道學爲主軸，其所講倡大抵以維護文、周、孔、孟之「道統」爲要務；其所探討無不以心、性、理、氣爲範疇，從而躬行體會，務求登於聖賢之境地。當此之時，凡諸儒之所倡論自然不離於孟子之學說矣。其間，雖有部分儒者務經世、講法度、辨義利，亦多不免於參合孟子思想以立說。是以南宋期間，孟子學說已昂然成爲當代之顯學矣。其中尤以高宗即位之初，親書《孟子》於屏，凡十扇。旋又以所寫《孟子》刊石國子學，並頒墨本於諸路州學，使《孟子》一書又復爲士子干祿之鑰矣。⑯至於孝宗、淳熙間，朱熹承二程表彰《學》、《庸》、《語》、《孟》之意，⑰分別爲《大學》、《中庸》作章句並或問，爲《論語》、《孟子》作集註，益萃群賢之言而折衷之，合編而名爲《四子書》，極力講倡。《孟子》一書，更成爲學術界探討之要籍。朱子歿，朝廷更以《四書》立於學官。⑱自是孟子學達於鼎盛。《宋史》〈道學傳〉序云：「迄宋南渡，新安、朱熹得程氏正傳，其學加親切焉。大抵以格物致知爲先，明善誠身爲要。凡詩書六藝之文，與夫孔孟之遺言，顚錯於秦火，支離於漢儒，幽沉於魏、晉、六朝，至是皆煥然而大明，秩然而各得其所。此宋儒之學，所以度越諸子，而上接孟氏者歟。」洵不誣也。

然則，南渡以來，孟子學大盛。除諸名師碩儒多所講倡之外，由於學者著述之風日熾，是以爲《孟子》一書注解、辨惑，發其大義以宏揚其說者甚衆，僅史志之著錄即近百家之多，其他引申孟子之說以發爲議論者，比比皆是，遠非北宋時期之所能比擬也。如：楊時作《孟子義》⑲尹焞作《孟子解》⑳林之奇，程俱、李撰、黃榦、李衆、蔡元鼎等人，均有《孟子講義》之作㉑，葉夢得作《孟子通義》，上官愔作《孟子略解》，汪琦作《孟子說》，羅從彥作《孟子師說》，張栻則有《孟子詳說》與《癸巳孟子說》，程迥作《孟子章句》，陳禾作《孟子傳》㉒王居正作《孟子疑難》，鄭剛中、趙敦臨、劉季裴、張九成、徐存、章服、徐响、袁甫、陳易、陳藻、陳燻、趙善湘、夏良規、黃宙等人，亦均有《孟子解》之作，鄭耕老作《孟子訓釋》黃開作《孟子辨志》，朱熹除《孟子集註》之外，又有《孟子集義》、《孟子或問》、《孟子問辨》與《孟子要略》、《讀余氏尊孟辨說》等，輔廣作《孟子答問》，張顯父作《孟子問答》，此外徐時動、許升、黎天祐、王萬、王奕等人，亦均有《孟子說》之作，蔡模則有《孟子集疏》，黃震有《讀孟子日抄》，王柏有《孟子通旨》，金履祥有《孟子考證》，王若虛則有《孟子辨惑》……等，㉓誠不勝枚舉。足見南宋時孟子學之盛況矣。是以稱南宋百五十年間爲孟子學之「鼎盛時期」實不爲過也。

【附註】

①按：國立政治大學教育研究所孫彥民《宋代書院制度之研究》之統計，書院創於北宋者三十七所；創於南宋者一四七所，含不可考者三七九所。而中文研究所吳萬居《宋代書院與宋代學術之關係》附錄一〈宋代書院創建一覽表〉之統計，則宋代書院以「書院」爲名者，分別爲江西一三八所；浙江七十二所；福建六十七所；湖南四十九所；廣東三十五所；四川三十三所；江蘇十四所；湖北十二所；安徽十所；廣西九所；山東六所；河南五所；河北三所；陝西三所；山西一所。另不以「書院」名，而具書院講習性質者，計有江西九所，福建五所，

浙江三所，湖南一所，江蘇一所，河南一所，凡四百六十七所。其中地處江南之書院，其數量遠超乎其他，且多爲南遷之後所立，足見其盛矣。又《癸辛雜識續集下》周密引沈仲固之語云：「道學之名，起於元祐，盛於淳熙。」

②見陳邦瞻《宋史紀事本末》卷八十〈道學崇黜〉載：「張溥云：賊檜本從游酢爲程氏學，靖康中，虜陷京師，與馬伸請立趙氏後，近聞道者。及柄國姦敗，即操戈申禁。非不善程學也。當日士學宗程氏，宗程氏者，皆黜和議。檜心懷慙，無所發憤，則反噬以圖快意耳。慶元諸奸，逢迎侂胄，寧知論學，但熹爲射的，奇貨可居，或攻其身，或詆其徒，或約束科舉，或榜列姓籍，甚而請劍斬，戒送葬，競鼓異說，祈獲美官，充其諂心，即程松獻妾，趙師睪犬嗥之術也。」

③見《宋史紀事本末》卷八十〈道學崇黜〉。

④見黃榦《勉齊集》卷三十六。

⑤見《宋元學案》卷五十六〈龍川學案〉。

⑥見葉適《習學記言》卷七〈周禮〉。

⑦見《宋元學案》卷五十四〈水心學案上〉。

⑧見同⑦。

⑨見《四庫全書總目提要》卷二百十六。

⑩見《宋元學案》卷八十二〈北山四先生學案〉。

⑪見《宋元學案》卷八十六〈東發學案〉。

⑫見《宋元學案》卷八十〈鶴山學案〉。

⑬見《宋元學案》卷八十二〈北山四先生學案〉。

⑭見《四庫全書總目提要》卷一百十八。

⑮參見董金裕《宋儒風範》十九〈宋學的殿軍——王應麟〉。

⑮見《玉海》卷四十三〈紹興御書石經條〉。

⑰《宋史》卷四百二十七〈道學一〉云：「仁宗、明道初年，程顥及弟頤寔生，及長，受業周氏，已乃擴大其所聞，表章《大學》、《中庸》二篇，與《語》、《孟》並行，於是上自帝王傳心之奧，下至初學入德之門，融會貫通，無復餘蘊。」又〈道學一、程頤傳〉云：「頤書無所不讀，其學本其誠，以《大學》、《語》、《孟》、《中庸》爲指標，而達於六經。」

⑱見馬宗霍《中國經學史》第十篇〈宋之經學〉。

⑲《經義考》卷二百三十四，云：「未見。」又引楊氏之自序云：「道之不行久矣。自衰周以來，處士橫議，儒、墨異同之辨起，而是非相勝，非一日也。孟子以睿知剛明之材，出於道學陵夷之後，非堯舜之道不陳於王朝；非孔子之行不行於身，思以道援天下，紹復先王之令緒，其自任可謂至矣。當是之時，人不知存亡之理，恃強威弱，挾衆暴寡，以謂久安之勢在此而已。夫由其道，則七十里而興，不由其道，雖天下而亡，古今之常理也。彼方恃強挾衆，而驟以仁義之言誘之，動逆其所順，則不悟其理，宜其迂闊而不足用也。故轍環於齊、魯、晉、

宋之郊，而道終不行，亦其勢然矣。雖膏澤不下於民，其志不施於事業，而世之賴其力亦豈鮮哉。方世衰道微，使儒墨之辨息，而奸言詖行不得逞其志，無君無父之教不行於天下，而民免於禽獸，則其爲功非小矣。古人謂孟子之功不在禹下，亦足爲言也。今其書具存，其要皆言行之迹而已。君子之言行無所不在，道肆諸筆舌以傳後世，皆所以明道也。發諸身、措諸用捨，皆所以行道也。世之學者，因言以求其理，由行以觀其言，則聖人之庭戶可漸而進矣。精思之，力行之，古之好學者皆然，而亦不肖之所望於諸君也。然聖道淵懿，非淺識所知，姑誦所聞，未知中否，諸君其擇之，反以告焉，是亦朋友之義也。」蓋楊龜山爲洛學南傳之首倡，其學傳衍至廣。而於孟子之推崇如此，其餘南宋諸儒又焉能不受影響乎？

⑳《經義考》卷二百三十四云：「宋志十四卷、佚。」又引陳振孫云：「尹彥明所著十四卷未成，不及上而卒。」又趙希弁云：「右、和靖先生尹侍講焞所著也。先生乃伊川之高弟。欽宗累聘不赴，賜號和靖。紹興初，再以崇政殿說書召，既侍講筵，首解論語以進，繼解孟子，甫及終篇而卒。此本乃邢正夫刻於岳陽泮宮者。」

㉑見《經義考》卷二百三十四、二百三十五。

㉒陳禾《孟子傳》，《宋志》十四卷，本傳則作《孟子解》十卷。已佚。

㉓見《經義考》卷二百三十四、二百三十五。

第五章　宋代孟子學振興之分期析究

夫任一學術之興起，絕非突然。而其演變發展，雖然難以截然加以劃分，唯其所以然之因素並非全無脈絡之可尋也。蓋學術之發展，固足以為時代之導向，而時代之政經、社會、教育、宗教等背景，與夫學者之治學態度與精神，在在均影響學術發展之趨勢。孟子學說流傳至於五代之末，一千二百餘年，其間，雖亦嘗爲學者之所重視，然或以其主「民貴君輕」之說，或緣於傳統獨尊「五經」觀念之局限，其學術地位始終介乎經、子之間。逮乎有宋，前後三百餘年間，隨客觀時勢之演變，與儒學本身之潮流發展，加之以其他相關因素之影響，孟子學由逐步振興而終成顯學。為便於掌握，如前章之所述，概略將之分為三階段：其一、由宋初至於仁宗、慶曆間之「地位確立期」。其二、為慶曆以降、迄乎北宋結束之「由激盪而振興期。」其三、衣冠南渡後，百五十年間之「鼎盛期」。而各時期所以然之相關因素亦不盡相同。茲分別析述如下：

第一節　孟子學之「地位確立期」

㈠宋初厲行「重文輕武」之政策。擴大科舉取士，優渥文士，強化言官制度，致力於典籍之搜藏與編校等舉措。激勵士子進取之心，帶動儒學之發展，從而間接提昇孟子之學術地位，且將《孟子》一書刊於經書之列。

——自唐中葉以降，藩鎮之勢日益橫暴，兵強地大，盤結於外，亂根逆本，深不可拔，終於導致唐亡。而「自梁以來，以亂濟亂，其覆亡之端，則與唐無異。或以將帥之跋扈，或以外裔之侵迫，繼之以驕悍之兵，滿於天下，而不知所以制禦之道。」①加之以「士大夫忠義之氣，至於五季，變化殆盡。」②宋太祖開國之初，為免重蹈唐末以來之覆轍，乃與其弟匡義（後改名光義，即後之太宗）、宰相趙普，商訂「強榦弱枝」與厲行「文治」之政策，並思藉儒家之思想以樹立綱紀，扭轉政風。於是，建隆二年（西元九六一年）太祖召諸鎮節度使會於京師，賜第留之，即所謂「杯酒釋兵權」之舉，而分命文臣出守列郡。為因應文臣之大量需求，太祖乃恢復科舉，並廣搜天下典籍，致力重整禮樂。又整修國子監，尊崇先聖先賢。此外，太祖為強化「言官」之功能，並為突顯「文治」之精神，免除士人之勞役及附加稅等優惠，更樹立不殺大臣及言官之家法③。諸多重文輕武之舉措，至太宗、眞宗之時，更有加強或擴大之態勢。如科舉取士，太祖時，進士凡十五舉，多者不過三十餘人。太宗、太平興國二年（西元九七七年）則取士五百人，其中殿試及格進士有一百零九；淳化三年（西元九九二年）則取進士三百五十餘人，諸科近千名。至於眞宗、咸平三年（西元一〇〇〇年）則取進士達五百三十餘名，諸科有一千二百餘人。④又館閣之典籍，在宋開國之時，僅一萬二千餘卷，經太祖、太宗、眞宗三朝之搜求，至仁宗之時，秘閣藏書已達三萬六千二百卷之多。加之以太宗時，命諸臣編纂《太平御覽》一千卷；《太平廣記》五百卷；《文苑英華》一千卷，又校勘《五經正義》一百八十卷，詔國子監刊行，而《史記》、《前、後漢書》等史籍，亦開始分校，同時又建崇文院以爲收藏典籍之用。至眞宗時，除編纂《冊府元龜》一千卷之外，更詔命校定群經。逮乎仁宗，遂又有刊刻石經之盛事。⑤其中尤值一提者，乃眞宗時，除加諡孔子之外，更於大中祥符五年（西元一〇一二年）命孫奭校定《孟子》，並刊列於十三經之中頒布天下。致使孟子之學術地位屹立不搖。孫氏之《孟子正義》序云：「夫總群聖之道者，莫大乎六經；紹六經之教者，莫尚乎孟子。自昔仲尼既沒，戰國初興，至化陵遲，異端並作，儀、衍肆其詭辯；楊、墨飾其淫辭，遂致王公納其謀以紛亂於上；學者循其踵以蔽惑於下。猶洛水懷山，時盡昏墊，繁蕪塞路，孰可芟夷？懷孟子挺名世之才，秉先覺之志，拔邪樹正，高行厲辭，導王化之源以救時弊；開聖人之道以斷群疑。其言精而贍，其旨淵而通。致仲尼之教，獨尊於千古，非聖賢之倫，安能致於此乎？」其肯定孟子之貢獻如此。綜上所述，北宋前期、諸帝之重文教、廣錄士子，優渥文臣，非但激勵士子進取之心，亦鼓舞儒學之發展，從而促使孟子之學術地位，在此期間得以屹立不搖。

㈡北宋前期釋道盛行，激發有識之士效法中唐韓愈排斥佛老以維護儒家「道統」之精神。而孟子既是排斥「異端」之先導，又為「道統」之主要承傳者，當此之時其學術思想自然倍受學界所尊崇。

——佛教自東漢傳入中國，幾經興衰，至唐而大盛。史載唐高宗時，有僧尼六萬餘人，寺數四千；

玄宗時、僧尼達十二萬六千餘人，寺院五千餘所；武宗時從道士趙歸眞等人之言，惡僧尼之耗蠹天下而抑佛，會昌五年（西元八四五年）還俗僧尼竟達二十六萬多人，拆毀寺院佛堂近四萬五千所。⑥然經「會昌法難」之後，佛教卻再度盛行。有唐一代西行求法僧侶不絕於道，佛經翻譯及整理之盛，超越昔時。是以此時教派四起，講習傳法傾動朝野。而道教在李唐之世，亦備受尊崇。蓋唐之皇室自認源出道教教主李老君，並大事張揚，藉以愚民⑦。玄宗之時臻於鼎盛。據杜光庭之《歷代崇道記》所載，唐自開國以降，除親王貴族、及公卿士庶私造宮觀之外，朝廷亦造之。總數達一千六百餘，道士計一萬五千餘人。⑧其數雖不及佛教，但尊崇卻有過之。是以道書之編撰搜集亦日趨豐富。史載《隋朝道書總目》僅一千二百十六卷，至唐代宗、大曆間（西元七六七至七七九年），京師繕寫已及七千卷矣。⑨五代之世，歷朝君主與十國統治者，在兵荒馬亂中，多不忘崇祀佛、道以祈福佑。唯周世宗詔令毀佛寺三萬餘所⑩，而道教亦在戰亂中有所削弱。《道藏》正乙部〈三洞修道儀〉云：「五季之衰，道教衰微。星弁霓襟，難逃解散。經籍已逸，宮宇摧頹。」逮乎北宋前期，諸帝爲穩定政治、社會之秩序，提倡儒、釋、道並隆之主張，佛、道二教，於是又蓬勃發展矣。太祖於建隆初雖解除周、顯德年間毀佛之令，實則於佛教與道教均採適度限制與保護兼具之政策。如建隆二年（西元九六一年）閏三月，即以未曾出迎太祖還都，且「攜婦人酣飲傳舍」之罪名，集衆杖殺寺僧輝文，並決杖配流十多人。乾德四年（西元九六六年）四月，又以「非毀佛法，誑惑百姓」之罪名流放《滅邪集》之作者、進士李靄。乾德年間，太祖嘗兩度遣使西方求經。開寶四年（西元九七一年），又派張從信赴益州（今四川、成都）雕刻大藏經板，並詔令出家求度者，須試「經業」、且限制諸州度僧名額。⑪然相形之下，太祖於道教則較爲尊崇。僅建隆三年（西元痍六二年）一年之間，即五度親詣崇祀太清觀。⑫並多次探訪道士，予以厚賜。於道士蘇澄隱，處士、王昭素等人所提「無爲無欲」、「愛民寡欲」諸建言深表讚賞。⑬唯另一方面亦要求道教「肅正道流」，嚴禁私度，試其道業，並禁斷「寄褐」。⑭至太宗時，佛教勢力之擴張復趨迅速。由於太宗認爲「浮屠氏之教有裨政治」⑮，於是改變唐代元和以降不復譯經之情況，熱衷於佛教經典之翻譯，在太平興國七年（西元九八二年）六月，建成譯經院，賜額「傳法」。⑯章如愚《山堂考索後集》云：「自是、釋經之盛，近世無比。」⑰太宗並於雍熙年間，兩次普度特放僧衆，數達十七萬至二十四萬之多。⑱此外，太宗時又大造寺、塔，耗費難計其數。至於道教，則太宗之崇道，尤有過於太祖。除大修宮觀之外，亦重視道教典籍之搜集。眞宗即位之後，於釋、道之提倡，尤甚於前，而二教勢力，至於此間亦臻至極盛。蓋眞宗認爲「道釋二門，有助世教。」且「三教之設，其旨一也。」⑲是以眞宗、咸平二年（西元九九九年）嘗親撰《釋氏論》，以爲釋氏戒律之書，與周、孔、孟、荀，「跡異道同」。⑳眞宗除明訂，法律對僧道多所優待外，並於天禧五年（西元一〇二一年）命宰相丁謂爲釋經潤文官，以示於譯經工作之重視。當此之時，佛教徒大增，天禧五年（西元一〇二一年）全國僧尼近四十六萬之衆，爲有宋之最。㉑至於眞宗之於道教，則沉溺尤深。如大中祥符間（西元一〇〇八至一〇一六年），有所謂「降天書」與「聖祖天尊降臨」等荒誕之舉。並於大中祥符二年（

西元一〇〇九年）詔令諸路州府軍縣，開擇官地修建道觀，或崇葺舊宮觀，以奉「三清玉皇」，並以「天慶」爲額。㉒八年（西元一〇一五年）正月，又令諸州皆建道場，臣庶之家悉置香台奉祀玉皇。天禧五年（西元一〇二一年），計有道士一萬九千六十六人，女冠七百三十一人，亦爲宋代之最。㉓

宋初諸帝之崇尚釋、老，致使政治步上「清靜無爲」之途。當此之時，有識之士甚感憂心，紛紛上書申達排斥佛老崇尚儒道之意。其中以柳開、王禹偁、孫奭等人稱著。如柳開於〈上大名府王祐學士書〉即謂「溺爲佛老之徒，淫於誕妄之說」者，爲人生之不幸；而強調「篤道而育德，懷仁而含義」爲「生而幸者」。㉔王禹偁則分別於太宗、端拱二年（西元九八九年）正月，與至道三年（西元九九八年）五月，上疏直陳「僧道蠹人」、「沙汰僧尼，使民無耗。」㉕北宋末葉夢得之《石林燕語》卷十載「王元之（禹偁字元之）素不喜釋氏」至「有僞爲元《請汰釋氏疏》者」。而眞宗時，孫奭見上溺於道事。乃直諫云：「明皇禍敗之跡有足爲深戒者。」又嘗請減修寺度僧之舉，均未見納。㉖觀乎柳、王、孫諸人之排斥佛老，誠無非受中唐時韓愈護衛儒家之「道統」，以排斥佛老之精神之影響。而此精神實乃上承孟子之排斥「異端」，維護「聖道」之主張。如：柳開於〈應責〉一文中，即云：「吾之道，孔子、孟軻、揚雄、韓愈之道。」又於《昌黎集》後序中稱道韓愈之文云：「淳然一歸於夫子之旨，而言過於孟子與揚子雲遠矣。」且以韓愈之繼承者自居云：「自韓愈氏沒，無人焉。今我之所以成章者，亦將紹復先師夫子之道也。」㉗他如王禹偁、孫何、種放、穆脩、張景等，亦均有推崇韓愈之詞。而孫奭則如前文引《孟子正義》序之所云，更直接推尊孟子之排異端，「拔邪樹正，高行厲辭，導王化之源以救時弊。」至於仁宗初期，則范仲淹、孫復、石介、歐陽修等人，起而倡導儒家「名教」，強化「道統」以斥佛老。其中如孫復之〈儒辱〉篇即云：「儒者之辱，始於戰國，楊朱、墨翟亂之於前，申不害、韓非雜之於後。漢、魏而下則又甚焉，佛老之徒橫乎中國，彼以死生禍福、虛無報應爲事，千萬其端，紿我生民……觀其相與爲群，紛紛擾擾，周乎天下。於是、其教與儒齊驅並駕，峙而爲三，吁可怪也。……聖人不生，怪亂不平，故楊、墨起，而孟子闢之；申、韓出，而楊雄距之；佛老盛而韓文公排之。」㉘其高弟石介於〈泰山書院記〉一文中，盛讚孫復光大孔孟之道，云：「孟子、楊子、文中子、吏部，皆以其道授弟子，既授弟子，復傳之於書。其書大行，其道大耀。先生亦以其道授弟子，既授弟子，亦將傳之於書，將使其書大行，其道大耀。」㉙又於〈上劉工部書〉中云：「夫自伏羲、神農、黃帝、堯、舜、禹、湯、文、武、周公、孔子至於今，天下一君也，中國一教也，無他道也。今謂吾聖人與佛老爲三教，謂佛老與伏羲、神農、黃帝、堯、舜俱爲聖人，斯不亦駭矣！」㉚至於范仲淹則尤致力宏揚儒家之「名教」，以端正世風。又屢次上書高倡儒道以斥佛老之避世，如於仁宗天聖五年（西元一〇二七年）嘗上書諫請限制佛老發展，云：「釋道之書，以眞常爲性，以清淨爲宗，神而明之，存乎其人，智者尙難於言，而況於民乎？君子弗論者，非今理天下之道也。其徒繁穢，不可不約。」㉛唯綜觀北宋初期之反佛老，要皆承唐代韓愈之精神，以申明華夷大防，維護儒家「道統」爲主。可謂純就外在宗教形式與消極避世行爲之批判爲主，與稍後道學家偏重內在哲理之批判，有其微妙之異趣，此不能不辨也。朱子嘗論云：「本朝歐陽公排佛，就禮法論，二程就理上論。」㉜錢穆亦云：「北宋諸儒乃外於釋老而求發揚孔子之大道與儒學正統。理學諸儒則在針對釋老而求發揚孔子之大道與儒學之正統。」㉝洵爲的論也。

㈢宋自開國七十餘年來，官員事權分散，官僚擴充，冗吏充斥。軍隊激增。加之以「不抑兼併」之田制，地主與農民之矛盾日趨嚴重，而呈現財經與社會之危機。有識之士倡言「興復古道，厚其風化。」要求改革弊政，振作士氣。孟子之「王道」理念自然多為諸儒之所援引。

——考之史籍，宋初、進士登第即行釋褐，且待遇遠較唐代爲優，而登科名額，亦較唐代爲多。宋太祖時，其進士甲科，不過授予司寇或幕職，太宗時，御駕便殿試貢士，且博於采拔。太平興國二年賜進士、諸科五百人，或授京官，或倅大郡，或即授直館。進士中第多至七百人，後遂爲例。在此情況下，不免官吏日衆，俸給日繁。眞宗景德時，官一萬餘員。㉞加之以宋行中央集權，地方官吏多無實權，形同虛設。再者，據錢穆《國史大綱》引陳襄所云：「藝祖時有兵十二萬。眞宗時，三十餘萬。乾興中始及八十餘萬。慶曆時，一百餘萬。」㉟當時兵源泰半來自招募，應募者非游手無藉，即負罪亡命。可見宋時冗吏、冗兵誠乃政府之重大負擔。再者宋承唐末、五代以來，郊賚之積弊，以三年一次爲定例，耗費頗鉅。又眞宗時，「澶淵之盟」以歲幣換取和平，致使國家財政入不敷出。因而廣開稅源，加重人民負擔。此外，宋之田制「不抑兼併」，造成土地集中。地主仗勢凌人，「均平」之要求聲乃高漲，終致農民暴動頻傳。在慶曆前後，反抗浪潮加劇，其中，京東王倫、京西張海、郭邈山、貝州王則等人之聲勢浩大，震撼朝野。蘇洵嘗論述云：「富民之家，地大業廣，阡陌連接，募召浮客，分耕其中，鞭笞驅役，視以奴僕。……而田之所入，己得其半，耕者得其半。有田者一人，而耕者十人，是以田主日累其半，以至於富強；耕者日食其半，以至於窮餓而無告。」㊱其間、仁宗、寶元元年（西元一〇三八年），又有夏州之李元昊趁機藉黨項族之力，脫離宋之控制，獨立稱帝，並迫使宋人給予歲幣，即所謂之「西夏」。終致國家內外交困，危機四伏。嘉祐間、歐陽修嘗上書綜論宋初以來之政局云：「國家自數十年來，士君子務以恭謹靜愼爲賢。及其弊也，循默苟且，偷墮寬弛，習成風俗，不以爲非，至於百職不修，紀綱廢壞。時方無事，固未覺其害也。一旦黠寇犯邊，兵出無功，而財用空虛，公私困弊，盜賊並起，天下騷然。」㊲堪稱切中時弊之論也。南宋、朱熹亦曾毫不隱諱，直指宋初朝廷云：「可以有爲而不爲。」且指太宗「不過寫字作詩，君臣之間以此度日而已。」又指眞宗「東封西祀，糜費巨萬計，不曾做得一事。」㊳臨此國家內外交困，朝野有識之士，志切除弊，情思憤悱，紛紛提出興革之論。其在野者，如李覯即依托《周禮》等儒家經典，前後撰成〈禮論〉、〈周禮致太平論〉、〈富國策〉、〈平土書〉、〈潛書〉、〈廣潛書〉諸論㊴。雖未能對當時之政局有重大之影響，且李氏之《常語》中，強調「尊王、一統」觀念，而非詆孟子「樂王道而忘天子」，然其言論，已大體表現當時儒士所懷抱，孟子之「王道政治」理想。無怪乎范仲淹稱讚李氏，以爲「有孟軻、揚雄之義風。」其在朝者，則以范仲淹爲其代表。范氏少時嘗讀書睢陽應天書院，懷抱「先天下之憂而憂，後天下之樂而樂」之胸襟，積極於經世濟民之大業，且樂於獎掖後進，誠一泱泱大度，體現明體達用之儒士。如胡瑗、孫復、張載諸鴻儒，均嘗受范氏之提攜指教。㊵仁宗、天聖年間，范仲淹雖官居卑位，因見於國家內外困危，乃屢次上書力倡古道，大勵名節，企圖澄清吏治以致富民強兵。其於天聖三年（西元一〇二五年）四月進〈奏上時務書〉云：「忠臣骨鯁而易疎，佞臣柔順而易親。柔順似忠，多爲美言；骨鯁似強，多所直諫。」要求朝廷廣開言路，實施變革。又云：「儻國家不思改作，因循其弊，官亂於上，風壞於下，恐非國家之福也。」天聖五年（西元一〇二七年）范氏丁憂中，猶撰〈上執政書〉七、八千言，提出「固邦本，厚民力，重名器，備戎狄，明國聽」等建議。書中云：「苦言難入，則國聽不聰矣；倚伏可畏，則姦雄或伺其時矣；武備不堅，則民力已竭矣；天下無恩，則邦本不固矣。」㊶范氏如此直言，爲當時任資政之侍郎晏殊所激賞，終因抗章忤太后之旨，與曹修古等，均先後被貶外任。於此，南宋諸大儒、均予佳評，如呂中《宋大事記講義》卷五云：「太后親政之時，而晏殊、仲淹、修古之徒，敢於忤旨。則直言之風，雖奮發於慶曆之時，而時胚胎於天聖之初矣。」朱熹云：「本朝惟范文正公振作士大夫之功爲多。」又云：「祖宗以來，名相如李文靖、王文正諸公，只恁地善，亦不得。至范文正時，便大厲名節，振作士氣，故振作士大夫之功爲多。」㊷呂祖謙亦云：「至范仲淹空一時所謂賢者而爭之，天下議論相因而起。」㊸當此之時，余靖、尹洙、富弼、歐陽修、蘇舜欽、韓琦等人。相繼起而影從。而胡瑗、孫復、石介等鴻儒，亦分別於蘇、湖、泰山等地，聚徒講授孔孟之道與體用之學相呼應之。孟子學之地位亦因之而益形穩固矣。

(四)北宋初期，官學不興，世風日下，名儒志士相繼挺起，聚徒講學，宏揚儒道。或標榜「道統」，推尊韓愈，崇尚古文；或效法古風，強調師道，揭示「明體達用」之要。當此之時，孟子在「道統」上之地位及其學說之價值，益受肯定。

——唐、韓愈生當代宗、大曆至穆宗、長慶期間，佛老鼎盛，且駢儷文風依然之時，愈獨奮起而高舉儒家「道統」之大纛，倡導「文以載道」之古文運動。《舊唐書》〈韓愈傳〉云：「大曆、貞元之間，文字多爲古學，效揚雄、董仲舒之述作，而獨孤及、梁肅最稱淵奧，儒林推重。愈從其徒遊，銳意鑽仰，欲自振一代。」㊹又《新唐書》〈韓愈傳〉亦云：「惟愈爲之，沛然若有餘。其徒李翺、李漢、皇甫湜從而效之。」㊺實則，除弟子李翺、皇甫湜等人之外，時人如：劉禹錫、柳宗元等，亦影從之。蓋韓愈效佛家探究哲理之方式，闡釋儒家大道之淵源，從而揭示儒家之「道統」，藉以與佛老相抗衡。其〈原道〉篇云：「吾所謂道也，非向所謂老與佛之道也。堯以是傳舜，舜以是傳之禹，禹以是傳之湯，湯以是傳之文、武、周公，文、武、周公傳之孔子，孔子傳之孟軻。軻之死，不得其傳焉。」㊻又〈答李秀才書〉云：「愈之所志於古者，不惟其辭之好，好其道焉耳。」〈答尉遲生書〉云：「夫所謂文者，必有諸其中，是故君子慎其實。實之美惡，其發也不掩，本深而末茂，形大而聲宏，行峻而言厲，心醇而氣和，昭晰者無疑，優游者有餘。體不備，不可以爲成人，辭不足，不可以爲成文。」㊼韓愈除於應答弟子與時人之書信外，其所撰〈原道〉、〈原性〉、〈原毀〉、〈

原鬼〉、〈原人〉、〈師說〉諸文，在在均強調儒家之「道統」，以排斥佛老之迷惑，並倡導「載道」之古文，以倡明其維繫「道統」之理想，影響甚為深遠。無怪乎蘇軾於〈潮州韓文公廟碑〉贊之云：「自東漢以來，道喪文弊，異端並起，歷唐貞觀、開元之盛，輔以房、杜、姚、宋而不能救，獨韓文公起布衣，談笑而麾之，天下靡然從公，復歸於正，蓋三百年於此矣！文起八代之衰，而道濟天下之溺；忠犯人主之怒，而勇奪三軍之帥。」㊽入宋之後，維護儒家「道統」之風起，一則為抗拒佛老，再則為抑止五代以來頹靡之文風。有識之士相繼而起，初有崇仰韓愈，而自稱欲開聖道之途之柳開。柳氏於〈應責〉一文云：「子責我以好古文，子之言何謂為古文？古文者，非在辭澀言苦，使人難讀誦之，在于古其理，高其意，隨言短長，應變作制，同古人之行事，是謂古文也。……吾若從世之文也，安可垂教於民哉？亦自愧於心矣。欲行古人之道，反類今人之文，譬乎游于海者乘之以驥，可乎哉？……吾之道，孔子、孟軻、揚雄、韓愈之道；吾之文，孔子、孟軻、揚雄、韓愈之文也。」㊾〈東郊野夫傳〉云：「或曰：子何始尚而今棄之？對曰：孟、荀、揚、韓，聖人之徒也，將升先師之堂，入乎室，必由之，未能者，或取一家以往可及矣。」㊿柳氏之徒張景稱之云：「凡誦經籍，不從講學，不由疏義，悉曉其大旨。注解之流，多為指摘。」(51)與柳氏同時者，又有王禹偁、孫何、種放、穆修等人。王禹偁〈送孫何序〉云：「天之文，日月五星；地之文，百穀草木；人之文，六籍五常。捨是而稱文者，吾未知其可也。咸通以來，斯文不競，革弊復古，宜其有聞。……有以生之編集惠余者，凡數十篇，皆師戴六經，排斥百氏，落落然眞韓、柳之徒也。」(52)

又穆修〈答喬適書〉云：「夫學乎古者所以爲道，學乎今者所以爲名。道者仁義之謂也；名者爵祿之謂也。然則行道者有以兼乎名，中名者無以兼乎道。」(53)當此之時，雖未能抑止佛老之浪潮，一掃五代以來「悲哀爲主，風流不歸。」(54)與夫「西崑」及時文纖麗頹靡之風。(55)然已爲稍後「儒道」之振興與「古文運動」，開其先路矣。

再者，宋初、官學不興，儒士往往聚徒講學，以傳習儒家經典，振興儒家道統爲己任。南宋、呂祖謙之《白鹿洞書院記》云：「竊嘗聞之諸公長者，國初斯民，新脫五季鋒鏑之阨，學者尙寡，海內向平，文風起，儒生往往依山林，即閒曠以講授，大率多至數十百人。」(56)清初、全祖望在所撰〈慶曆五先生書院記〉亦稱：「有宋眞、仁二宗之際，儒林之草昧也。當時濂洛之徒方萌芽而未出，而睢陽、戚氏在宋，泰山、孫氏在齊，安定、胡氏在吳，相與講明正學，自拔於塵俗之中。亦會值賢者在朝，安陽、韓忠獻公，高平、范文正公，樂安、歐陽文忠公，皆卓然有見於道之大概。左提右挈，於是學校遍於四方，師儒之道以立，而李挺之、邵古叟輩，其以經術和之，說者以爲濂、洛之前茅也。」(57)蓋太宗時，即有白鹿洞、石鼓、嵩陽等書院，聚徒講學，而受朝廷賜九經或賜額之記載。眞宗咸平四年（西元一〇〇一年）六月，詔令諸路州縣「有學校聚徒講誦之所，並賜九經。」(58)此時、密州有楊光輔，永康有李畋。大中祥符間，戚舜賓所主應天府書院最爲突顯。而密州又有處士周啓明教授弟子百餘人。稍後，則北有孫復及其徒石介講學於泰山，極言「道統」，推尊韓愈、柳開，重治經，尤以《易》與《春秋》爲主，從遊者頗不乏名宦鉅儒；南則有胡瑗授徒於吳中，明體用之要，立「經義」、「治事」二齋，學生之衆，超越孫復。《宋史》〈孫復傳〉云：「瑗治經不如復，而教養諸生過之。」㊾當時胡、孫二儒，於師道尊嚴之倡導尤爲衆所稱道。石介撰〈泰山書院記〉稱讚孫復云：「孟子、楊子、文中子、吏部，皆以其道授弟子。既授弟子，復傳之於書。其書大行，其道大耀。先生亦以其道授弟子，亦將傳之於書，將使其書大行，其道大耀。」㊿孫復〈答張洞書〉云：「夫文者道之用也，道者教之本也。故文之作也，必得之於心而成之於言。得之於心者明諸內者也，成之於言者見諸外者也。明諸內者，故可以適其用，見諸外者故可以張其教，是故詩、書、禮、樂、大易、春秋之文也，總而謂之經者，以其終於孔子之手，尊而異之爾，斯聖人之文也。……至於始終仁義，不叛不雜者，唯董仲舒、揚雄、王通、韓愈而已，由是言之，則可容易至之哉！」(61)石介〈上趙先生書〉云：「後進耳所習聞，聲名赫奕、位望顯盛者，惟是不知前人有孟軻、揚雄、董仲舒、司馬相如、賈誼、韓吏部、柳宗元之才之雄也。目所常見，制作淫麗、文辭侈靡者，唯是不知前世有三代、兩漢、鉅唐之文之懿也。」(62)由此又可見孫、石師徒崇道而尚古文之一斑矣。歐陽修撰〈孫明復先生墓誌銘〉云：「爲人剛直嚴重，不妄與人。聞先生之風，就見之。介執杖屨，侍左右。先生坐則立；升降拜則扶之。及其往謝也亦然。魯人既素高此兩人，由是始識弟子之禮。」(63)又於〈胡瑗墓表〉云：「先生爲人師，言行而身化之，使誠明者達，昏愚者勵，而頑傲者革。故其爲法嚴而信，爲道久而尊。師道廢久矣，自景祐、明道以來，學者有師，惟先生暨泰山、孫明復、石守道三人。」(64)然則，胡瑗與孫、石三人，於師道之宏揚居功厥偉。是以慶曆、皇祐之際，三先生，先後爲范仲淹等人所薦，直講太學，庠序號爲全盛，良有以也。陳傅良〈潭州重修嶽麓書院記〉云：「宋有戚氏，吳有胡氏，魯有孫、石二氏，各以道德人師，不苟合於世著名。」又云：「五六十載之間，教化大洽。學者皆振振雅馴，行藝修好，庶幾乎古。當是時，州縣猶未立學，所謂十九教授未有顯者，而曰書院之名獨聞天下。上方崇長褒異之者甚至，則其成就之效博矣。」㊅陳氏此言甚是簡明。而當眞、仁之際，除名儒志士在地方聚徒講授儒學之外，韓琦、范仲淹、歐陽修諸儒，亦相繼任朝中要職，大力倡導儒道，並積極推動興學。是以仁宗即位之初，境內普遍興起辦學熱潮。《文獻通考》卷四十六載：「仁宗即位之初，賜兗州學田，已而又命藩輔皆得立學。其後諸旁郡多願立學者，詔悉可之，稍增賜之，田如兗州，由是學校之設遍天下。」

總之自宋初至仁宗慶曆間，除眞宗時有《孟子正義》之作外，雖乏《孟子》相關之重要撰著，然孟子學說及其在學術上之地位，在諸儒士大力標榜「道統」，倡導古文，崇尚師道，揭示「明體達用」之要下，已屹立不搖矣。

【附註】

①見宋、呂陶之《淨德集》卷十六〈五代論〉。

②見《宋史》卷四百四十六〈忠義傳序〉。

③見存萃學社編《宋遼金元史論集》張蔭麟之〈宋太祖誓碑及政事堂考〉。（香港、崇文書店、一九七一）

④分見《續資治通鑑長編》卷十八、卷三十三，卷四十六。　按：宋代之科舉項目，大體承襲唐之舊制，有「貢舉」與「制舉」二途。「制舉」乃天子用以待「非常之選」，包括「賢良方正，能直言極諫。」、「博通故典，明於教化。」、「才識兼茂，明於體用。」與「茂才異等」等科，然「制舉」並不常行，且因時宜而增減。「貢舉」則按年度舉行，亦稱「常貢」或「常選」。設有進士、九經、五經、開元禮、三傳，三史、學究等科。其中以進士取人爲盛，士子亦多重此科，其餘均稱諸科矣。

⑤見陶晉生《中國近古史》第二章〈宋的開國〉。

⑥《唐六典》載開元中「凡天下寺，總五千三百五十八所。」又《通鑑》：「會昌五年，祠部奏報，天下寺四千六百，蘭若四萬。僧尼二十六萬五百。」

⑦《舊唐書》〈禮儀志〉云：「開元二十年正月己丑，詔兩京及諸州各置玄元皇帝廟一所，並置崇玄學。其生徒令習道德經及莊子、列子、文子等，每年準明經例舉送。」

⑧《唐六典》載：「凡天下觀，總一千六百八十七所。每觀觀主一人，上座一人，監齋一人，共綱統衆事。……大抵以虛寂、自然、無爲爲宗。」

⑨見劉復生《北宋中期儒學復興運動》第二章，引陳國符《道藏源流考．歷代道書目及道藏之纂修與鏤版》。

⑩見《舊五代史》卷一百十五。及《資治通鑑》卷二百九十二。唯《新五代史》卷十二，則作「三千三百三十六所。」

⑪見《續資治通鑑長編》卷三。

⑫同註⑪。
⑬見《續資治通鑑長編》卷十、卷十一。
⑭見李攸之《宋朝事實》卷七，〈道釋〉。
⑮見《續資治通鑑長編》卷二十四，載太平興國八年（西元九八三年）十月，太宗語。
⑯同註⑮卷二十三。
⑰見宋、章如愚《山堂考索後集》卷六十三。
⑱見《續資治通鑑長編》卷二十七，雍熙三年十一月、末附註。
⑲同註⑱卷六十三，景德三年八月。及卷八十一，大中祥符六年十一月。
⑳見《續資治通鑑長編》卷四十五。
㉑同註⑰。
㉒見《續資治通鑑長編》卷七十二。
㉓同註⑰
㉔見《河東集》卷五。
㉕分見《續資治通鑑長編》卷三十、卷四十三。
㉖見《宋史》卷四百三十一〈孫奭傳〉。
㉗分見《河東集》卷一，卷十一，卷六。

㉘見《孫明復小集》。
㉙見《徂徠集》卷十九。
㉚見同註㉙卷十三。
㉛見《范文正公集》卷八〈上執政書〉。
㉜見《朱子語類》卷一百二十六。
㉝見錢穆《朱子新學案》壹之一〈朱子學提綱〉第五節。
㉞見錢穆《國史大綱》第六編，第三十一章〈貧弱的新中央〉
㉟見同註㉞。
㊱見《嘉祐集》卷五〈衡論下——田制〉。
㊲見《續資治通鑑長編》一百八十九。嘉祐四年三月。
㊳見《朱子語類》卷一百二十七〈太宗、眞宗朝〉。
㊴見《直講李先生文集》。
㊵《宋史》卷三百十四〈范仲淹傳〉云：「泛通《六經》，長於《易》，學者多從質問，爲執經講解，亡所倦。嘗推其俸以食四方游士。諸子至易衣而出，仲淹晏如也。每感激論天下事，奮不顧身。一時士大夫矯厲尙風節，自仲淹倡之。」
㊶分見《范文正公集》卷七，卷八。

㊷見《朱子語類》卷一百二十九。

㊸見葉適《習學紀言序目》卷四十七〈皇朝文鑑〉一〈敕〉條引。

㊹見《舊唐書》卷一百六十。

㊺見《新唐書》卷一百七十六。

㊻見《昌黎集》卷十一。

㊼分見《昌黎集》卷三，卷二。

㊽見《東坡七集》後集卷十五。

㊾見《河東集》卷一。

㊿見《河東集》卷二。

(51)見《河東集》附錄，張景撰〈柳開行狀〉。

(52)見《小畜集》卷十九。

(53)見《河南穆公集》卷二。

(54)見《范文正公集》卷六．〈唐異詩序〉：「五代以還，斯文大剝，悲哀爲主，風流不歸。皇朝龍興，頌聲來復。大雅君子當抗心於三代。然九州之廣，庠序未振，四始之奧，講議蓋寡。其或不知而作，影響前輩。因人之尙，忘己之實。吟咏性情而不顧其分，風賦比興不觀其時。故有非窮途而悲，非亂世而怨，華車有寒苦之述，白社爲驕奢之語。學步不至，效顰則多。以至靡靡增華，愔愔相濫。仰不主乎規諫，俯不主乎勸誡。抱鄭衛之奏，責躉之賞，遊西北之流，望江海之宗者有矣。」

㊺《歐陽文忠公集》附錄卷四．〈神宗舊史．歐陽修傳〉云：「是時，天下學者，楊（億）、劉（筠）之作，號為時文，能者取科第擅名聲，以誇榮當世，未嘗有道韓文者。」

㊻見《呂東萊文集》卷六。

㊼見全祖望《鮚埼亭集外編》卷十六。

㊽見《續資治通鑑長編》卷四十九。

㊾見《宋史》卷四百三十二〈孫復傳〉。

㊿見《徂徠集》卷十九。

㉛見《孫明復小集》〈答張洞書〉。

㉜見《徂徠集》卷十二。

㉝見《歐陽文忠公集》卷二。

㉞見歐陽修《居士集》卷二十五。

㉟見陳傅良《止齋集》卷三十九。

第二節　孟子學之「由激盪而振興期」

北宋中葉，不論在政治、社會、教育與學術等方面，均產生相當程度之激盪與變化。蓋自眞宗景德年間與遼人訂立「澶淵之盟」以來，即難以擺脫來自北方之侵擾。加之以社會矛盾日趨嚴重，軍備不修，冗員激增，政府財政日漸困窘。至於仁宗寶元元年（西元一〇三八年），夏州李元昊獨立，宋廷屢討無功，遼人趁機需索，予宋人重大打擊。此時，朝野要求革新之聲日益迫切，以致前後有仁宗之「慶曆新政」，神宗之「熙豐變法」與哲宗之「元祐更化」等改革。然以內憂外患積弊已深，非但未能振衰起敝，反而形成朋黨之爭議，並使此爭端日益惡化，致令朝政更加紛亂。至於徽宗之時，起用蔡京，竟與宦官童貫等，朋比爲奸，排斥異己，以聚斂爲務，政治大壞，變亂蜂起。又於宣和二年（西元一一二〇年）企圖聯金滅遼，終於導致金人南侵，徽、欽二帝爲金所擄，北宋滅亡。

自慶曆以降，至於北宋之亡，七十餘年間，內外交困，釋、道之餘燼未息，而儒家之思想漸興。有識之士於政治興革多有所建言，其間個人主張容或有別，要皆以追求三代之王道爲目標。在此期間，經學之研究，由疑經、改經說，轉而爲直探義理。而雕版盛行，活字板亦應運而生，官書大量刊刻，亦加速學術之發展。同時，學統四起，鴻儒輩出，強化使命感，重視道德之實踐。而代表宋代學術之「道學」於焉萌生枝芽。加之以古文運動與史學家尊崇先王之道及「尊君、一統」觀念之推波助瀾，儒家之道益形昌熾矣。而《孟子》一書，在眞宗時固已確立其登升於經學之地位，且孟子本人亦在衆儒強調「道統」之下，肯定爲文、武、周、孔之嫡傳。逮乎神宗之時，王安石當權，以其素喜《孟子》，親爲作解，又議定以《論》、《孟》同科取士。《孟子》一書更成爲天下士子所必讀之要籍。然其間或因學術見解之分歧，或緣於黨爭之異見，影響所及，疑孟、刪孟或詆孟者有之，而極力推崇或為之辯解者亦有之，至於詳為注疏或引申發為宏論者，更難以計數。此一時段，堪稱孟子學之「由激盪而振興期」。茲析究其主因如下：

㈠**仁宗慶曆以降，朋黨爭議綿延不止。發展至於徽宗崇寧之後，更惡化為意氣與利祿之爭，以致局面難以收拾。實則，其初期，要皆以追求三代之王道為理想，特以遂行方法主張各異，而表現於學術之見解亦有所分歧。孟子學在此一期間，不免因黨爭中主要人物之好惡，而形成激盪。**

——仁宗景祐時，初有朋黨之議。緣范仲淹之言事無所避，大臣權倖多忌惡之，終於景祐三年五月，以「越職言事，離間君臣，引用朋黨」之罪而落職，外知饒州。是時，余靖、尹洙上疏，自承為范之同黨，並請改前命。而歐陽修則致書諫官高若訥，譏其「不復知人間有羞恥事。」三人均遭貶謫。御史韓縝更要求呂夷簡請旨，以仲淹朋黨，牓朝堂，戒百官越職言事者。仁宗旋於寶元元年（西元一〇三八年）十月，詔戒百官朋黨。①一時朝野嘩然，朝政日漸紛亂，社會危機益形嚴重。陳邦瞻之《宋史紀事本末》載：「自范仲淹貶饒州，修及尹洙、余靖皆以直仲淹見逐。群邪目之曰黨人，于是朋黨之議遂起。修乃為〈朋黨論〉以進曰：臣聞朋黨之說，自古有之，惟幸人君辨其君子小人而已。大凡君子與君子以同道為朋，小人與小人以同利為朋，此自然之理也。然臣謂小人無朋，惟君子有之。……故為人君者，但當退小人之僞朋，用君子之眞朋。」仁宗乃於慶曆三年（西元一〇四三年）罷去呂夷簡、夏竦二人，而相繼起用范仲淹、富弼、韓琦、歐陽修、蔡襄、王素、余靖等，力倡革新之士，乃有所謂「慶曆新政」。細究之，慶曆中雖有黨議之爭，卻無對峙之形式，亦無私憾與利祿之爭羼雜其間。蓋范仲淹、歐陽修等，固自承爲黨，而呂夷簡、夏竦等，則不能以黨目之。況呂雖反對范等之改革主張，然其後卻嘗爲范畫策，②足見初所謂黨議，純爲國家大計而發也。當英宗即位，發生「濮議之爭」，朝廷內部之矛盾逐漸形成對立。逮乎神宗之時，黨爭局面於焉產生。當時，有所謂新、舊黨之對立。其新黨初以王安石、呂惠卿、章惇、蔡確等人爲首，力主因應時需以變更法度，著眼於財稅之制度與教養、科舉之改革。舊黨則以司馬光、呂大防、范純仁等人爲首，較爲持重保守，強調禮制與尊君一統之重要。然則新舊兩黨之政治主張，其初期雖因輕重緩急有所歧異，要皆本於儒家之王道理想。如司馬光於仁宗嘉祐七年（西元一〇六二年）五月，上疏云：「國家之治亂本於禮，而風俗之善惡繫於習。」司馬氏認爲「陵夷至於五代，天下蕩然，莫知禮義爲何物矣。」③又其大作《資治通鑑》亦開宗明義即強調禮制與名分尊卑之不可亂。王安石則在其洋洋萬言之〈上仁宗皇帝言事書〉云：「顧內則不能無以社稷爲憂，外則不能無懼於夷狄。天下之財力日以困窮，而風俗日以衰壞。四方有志之士，諰諰然常恐天下之久不安。此其故何也？患在不知法度故也。今朝廷法嚴令具，無所不有，而臣以謂無法度者，何哉？方今之法度，不合乎先王之政故也。」又提出「教之、養之、取之、任之」之道。④安石則於神宗熙寧元年（西元一〇六八年）應召赴京，進〈本朝百年無事劄子〉評歷朝皇帝因循末俗之弊云：「未嘗如古大有爲之君，與學士大夫討論先王之法以措之天下也。一切因任自然之理勢，而精神之運有所不加。」⑤由此可見兩黨政治歧見之大端矣。唯政見之歧異，雖未必造成學術之分歧，然學術見解之出入，往往影響及政治之主張。就新、舊兩黨之領袖王安石與司馬光二人，在學術見解上之歧異觀之，即十分明顯。錢穆《中國學術思想史論叢》論云：「司馬溫公論王伯則與李泰伯（覯）同，與王（安石）、劉（敞）適成一對比。荆公刻深勝過廬陵（歐陽修），博大超於原父（劉敞）。彼乃是宋學一員押陣大將，而中期宋學亦已接踵開始了。……宋儒自胡安定、孫泰山、石徂徠以下，都要回頭一意走向大群福利政治教育一方面來。但對佛家理論，或效韓愈之昌言排斥，則如石介。或師歐陽修之存而不論，自下功夫。到底未能將儒、釋疆界清楚分別，或消融歸一。荆公直承胡、范、歐陽而起，頗欲於道德、文章、事業三方面兼盡。其於韓愈，亦已漸趨擺脫，而欲直接孟子。於佛書亦多所研究，此皆已接近了中期宋學的精神。」⑥此外，如司馬光之於荀子甚爲推崇；王安石則頗多非議。王安石藉解經義以宏揚其變法與一學術之主張，而於《春秋》則不屑一顧；司馬光則以史筆自負，擬藉史論倡一統尊君而反對新法。

就孟子學而言，在宋初，雖有馮休《刪孟》之作，⑦唯當時並未形成疑詆孟子之風。逮乎慶曆前後，初有李覯強力主張「扶王室、尊一統，以明君臣之分。」而撰《常語》一卷以非之，謂「天下無孟子可也，不可無六經；無王道可也，不可無天子。故作《常語》以正君臣之義，以明孔子之道，以防亂患於後世爾。人知之非我利，人不知非我害，憚學者之迷惑，聊復言之。」此尊王、一統之觀念，於兩黨相爭時，更爲舊黨所充分發揮，以與新黨抗衡。司馬光既爲舊黨之主導者，自不例外。

唯司馬氏之態度則較李覯溫和。其所撰《疑孟》一卷，晁公武評之云：「光疑孟子書，有非軻之言者，著論是正之，凡十一篇。光論性，不以軻道性善爲然。」⑧而《四庫全書總目》則云：「元、白珽《湛淵靜語》謂，爲王安石而發。考《孟子》之表章爲經，實自王安石始。或意見相激，務與相反，亦事理所有。」⑨今就《疑孟》之內容觀之，則《四庫全書總目》所說似未必然也。錢穆於〈中國史書名著中司馬光資治通鑑〉一文中，以爲《疑孟》之作，意在尊君。考諸《資治通鑑》卷一載：臣光曰：「文王序卦，以乾坤爲首，孔子繫之曰天尊地卑，乾坤定矣，界高以陳，貴賤位矣。言君臣之位，猶天地之不可易也。《春秋》抑諸侯，尊王室，王人雖微，序於諸侯之上，以是見聖人於君臣之際，未嘗不惓惓也。非有桀、紂之暴，湯、武之仁，人歸之，天命之，君臣之分，當守節伏死而已矣。」則錢氏之說較爲近理矣。況司馬光之門人晁說之所撰《詆孟》，與時人鄭叔友（一云厚叔，字藝圃）之《折衷》，⑩黃次伋之《評孟》，⑪亦皆附和「尊君、一統」之理念，以非詆孟子。實則，自李覯與司馬光之非疑孟子以來，質疑孟子之聲即時而可聞。如歐陽修即嘗質疑孟子之「性善說」，蘇軾則在《論語說》中謂：「使性可以謂之善，孔子早當說了，因爲可以謂之善，亦可以謂之惡。」蘇轍亦云：「有惻隱之心，大概亦當有忍人之心；有羞惡之心，亦當有無恥之心；有辭讓之心，亦當有爭奪之心；有是非之心，亦當有蔽惑之心。」⑫諸如此等。自慶曆以來，至於北宋之亡，疑詆孟子之風可見一斑矣。唯當此之際，爲孟子解義，或推崇、釋疑、辯解之著，更如雨後春筍。其中尤以王安石撰《孟子解》十四卷之影響最爲深遠。蓋神宗熙寧間，王安石當政之初，即更定科舉，改唐以來「帖經」爲「墨義」，罷詩賦，並以《孟子》與群經試士。同時又創「經義局」，頒《三經新義》於學官。並以所撰《孟子解》作爲士子之參考。晁公武云：「王介甫素喜《孟子》，自爲子解。其子雱與門人許允成皆有注釋。崇、觀間（徽宗崇寧、大觀年間）場屋舉子宗之。」⑬加之以兩黨中，大力推崇孟子之新黨，其執政時間又遠較舊黨爲長。孟子學之由激盪而振興，理屬自然矣。

(二)慶曆之興學與熙、豐之教育改革，非但使教育更普及，太學生員大量擴增。其間名師大儒多力倡道德教育，嚴明師道尊嚴，重視明體致用之學，經學亦走向直探義理之途。加之以活字印刷之發明，典籍快速大量刻印，加速儒學之發展。當此之時，孟子備受尊崇，孟子學亦隨之廣佈。

——范仲淹於仁宗天聖五年（西元一〇二七年）〈上執政書〉中建請「愼選舉，敦教育」云：「夫庠序之興，由三代之盛王也，豈小道哉？孟子謂天下英材而教育之，豈偶然哉？行可數年，士風丕變，斯擇材之本，致理之基也。」⑭章如愚《山堂考索後集》載：「天聖九年（西元一〇三一年）三月，青州王曾以州缺學教育諸生，乃繕官舍爲州學，請國子監群書。上從其請。其後，天下有請建學，賜書與田，並從之。」⑮《文獻通考》卷四十六載：「仁宗即位之初，賜兗州學田，已而又命藩輔皆得立學。其後諸旁郡多願立學者，詔悉可之，稍增賜之，田如兗州。由是學校之設遍天下。」然則，仁宗即位以來，在各方有識之士要求革新下，逐漸重視儒學教育，興起辦學熱潮。先是慶曆二年（西元一〇四二年）「好古醇儒」孫復、石介二人在杜衍、范仲淹等人推薦下，任國子監直講。上庠號爲全盛。《宋史》〈石介傳〉云：「（石介）入爲國子監直講，學者從之甚衆，太學由此益盛。」⑯當時任職於國子監之田況於《儒林公議》卷上亦載其事云：「時山東人石介、孫復，皆好古醇儒，爲直講，力相贊和，期興庠序。然向學者少，無法利以勸之。於是史館檢討王洙上言，乞立聽書日限，寬國庠薦解之數以徠之。聽不滿三百日，來者日衆。未幾，遂盈數千，雖祁寒暑雨，有不卻者。」至於慶曆三年（西元一〇四三年），仁宗先後起歐陽修、王素、余靖、范仲淹、韓琦、富弼等，力主革新之士，擔任朝廷要職。是年九月，范仲淹上〈答手詔陳十事書〉謂：「綱紀制度，日削月侵。官壅於下，民困於外，夷狄驕盛，寇盜橫熾，不可不更張以救之。」乃與韓琦合陳「明黜陟，抑僥倖，精貢舉，擇長官，均公田，厚農桑，修武備，推恩信，重命令，減傜役。」等十項改革建議。其中尤以貢舉制度之改革與太學教育之提振，最爲突顯。惜新政之事，因保守因循人士之阻撓，終未能竟其功。慶曆四年（西元一〇四四年）石介遭謗而外放，次年病死。孫復亦在次年遭貶離京。其餘力求革新之士亦紛紛遭受打擊而離去。田況在《儒林公議》卷上云：「言者竟攻學制之非，詔遂罷聽讀日限，一切仍舊，學者不日而散，復如初矣。」至於皇祐四年（西元一〇五二年），胡瑗出任國子監直講，不久孫復亦復任是職。嘉祐元年（西元一〇五六年）以胡氏掌理太學，此時上庠復現慶曆初之盛況。《續資治通鑑長編》卷一百八十四載：「瑗既爲學官，其徒益衆，太學至不能容，取旁官舍處之。」《文獻通考》卷四十二亦載云：「其初人未甚信服，及使其徒之已仕者盛僑、顧臨輩分治其事。又令孫學說《孟子》，中都士人稍稍從之。一日昇堂講《易》，音韻高朗，指意明白，衆方大服。然在列者皆不喜，謗議蜂起。瑗不顧，強力不倦，以卒有立。迨今三十餘年，猶用其規模。」可見新政雖敗，而太學教育隨後在胡、孫二鴻儒之教督下，經世之學蓬勃一時。其間以孫復乃力主尊韓崇孟之鴻儒，且胡氏亦特命孫覺講授《孟子》觀之，當此之時，孟子學之受重視，可想而知矣。唯當時慶曆新政失敗之後，雖天下諸州路均有學，奈以缺乏優良師資，且士子但知圖取功名，是以學風敗壞。無怪乎司馬光在神宗熙寧二年（西元一〇六九年）上〈議貢舉狀〉指稱：「自慶曆以來，天下諸州雖立學校，大抵多取丁憂及停閑官員以為師長，藉其供給以展私惠。聚在仕官員及井市豪民子弟十數人遊戲其間，坐耗糧食，未嘗講習。修謹之士，多恥而不入。間有二千石自謂能興學者，不過盛修室屋，增置莊產，廣積糧儲，多聚生徒以採虛名。師長之人，自謂能立教者，不過謹其出入，節其遊戲，教以鈔節經史，剽竊時文，以夜繼晝，習賦詩論策，以取科名而已。」⑰自嘉祐以來，改革學制與取士之辦法，其呼聲漸高。如歐陽修於嘉祐間所上之〈議學狀〉云：「近日言事之臣為陛下言建學取士之法者衆矣。或欲立三舍以養生徒，或欲復五經而置博士，或欲但舉舊制而修廢墜，或欲特創新學立科條。其言雖殊，其意則一。……宜於今而可行者，立為三舍可也；復五經博士可也；特創新學，雖不若即舊而修廢，然未有甚害，創之亦可也。教學之意，在乎敦本而修其事實。給以糇糧，多陳經籍，選士之良者，以通經有道之士為之師，而舉察其有過無行者黜去之，則在學之人皆善士也。」⑱當時宰相富弼亦奏云：「議欲稍由學校進士，命侍從儒臣講立法制。太學諸生經明行修者，由右學升左學，由左學升上舍。歲終，擇上舍中經行尤高者，比及第命之。」⑲

而王安石亦嘗上書仁宗建議「教之、養之、取之、任之。」之道。其他，如范純仁、宋敏求、陳舜俞、呂公著、陳襄等一時名臣顯宦，均紛紛有所建言。惜均未能付之實施。

神宗即位，起用王安石任職中書。熙寧四年（西元一〇七一年）二月，安石陳言請「講求三代所以教育、選擧之法，」於京東、陝西、河東、河北、京西五路先置學官，選擇有「經術行誼者」爲教授。三月，詔諸路置學官，給田十頃爲學糧，又詔五路擧人最多處，各州選置教授。⑳至是年十月，更行太學三舍之法。陳邦瞻《宋史紀事本末》云：「熙寧四年十月，立太學三舍法。釐生員爲三等，始入太學爲外舍，定額爲七百人。外舍升內舍，員二百。內舍升上舍，員一百。各執一經，從所講官受學。月考試其業，優等以次升舍。上舍免發解及禮部試。召試賜策，其正錄學諭，以上舍生爲之，經各二員，學行卓異者，主判直講復薦之於中書，除官。」是時，太學之規模大爲擴充。魏泰《東軒筆錄》云：「王荊公在中書，作《新經義》以授學者，故太學諸生，幾及三千人，以至包展錫慶院、朝集院，尚不能容。」㉑元豐二年（西元一〇七九年）十二月，神宗准御史中丞李定等人所訂「太學三舍選察昇補之法」，又頒學令，太學置八十齋，齋容八十人，三舍總二千四百，可謂盛極一時。㉒由此可知熙、豐之際，新法雖阻力甚大，然新學之推展則頗具成效。其中《三經新義》與《孟子解》之頒行，非但促使孟學普及，且孟子之地位亦備受尊崇。元豐八年（西元一〇八五年），神宗准晉州教授陸長愈之請，以兗、鄒二公配享文宣王，並議定孟子冠服同顏子，天下孔廟均塑孟子像，席位在兗國公顏回之次。㉓影響所及，徽宗、崇寧中，更謚孟子爲鄒國公，並准立廟，弟子十八人均獲謚侯、伯。㉔並仿王安石太學三舍法之精神，罷科舉，取士一出於學，而太學生竟達三千八百人之衆。

再者，我國典籍之刊佈，初有傳鈔與刻石。至於隋、唐，始有雕板之萌芽。及五代、宋初，則雕板經籍盛興。㉖仁宗慶曆間，布衣畢昇創活字排印之法，㉗自是典籍之流傳快速，書肆興起，不第售官印之本，且自刻而自售焉。當此之時，祕閣之典藏盛，㉘而士大夫家以藏書名者，亦所在多有。配合天下各地興學之舉，學術之發展亦從而加速。間接亦促孟子學之廣布。

(三)北宋中葉以來，以儒家之道為中心的古文運動掀起高潮。就文學形式而言，固在摒絕西崑，掃除浮艷，其思想內容則在於排異端而倡儒道。在此同時，學者之修史、論史，多以三代之王道為本，以儒家之綱常為規範。終使儒家之道大為輝煌，孟子學說亦隨之振興。

——如前文所言，宋初承中唐韓、柳之古文運動，而有柳開、王禹偁等人，起而倡導古文。一時雖未能扭轉風氣，然已爲北宋中葉之古文運動開其先路矣。至於眞宗、仁宗之際，則有穆脩、張景、石曼卿、蘇舜欽、尹洙等相繼而起。穆脩在〈答喬適書〉評論當時之文風云：「古道息絕，不行於時已久。今士子習尚淺近，非章句聲偶之辭不置耳目，浮軌濫轍，相跡而奔，靡有異途焉。其間獨取古文語者，則與語怪者同也。」㉙天聖三年（西元一〇二五年）范仲淹上萬言〈奏上時務書〉云：「因之文章應於風化，風化厚薄見乎文章。是故，觀虞、夏之書，足以明帝王之道；覽南朝之文，足以知衰靡之化。……伏望聖慈與大臣議文章之道，師虞、夏之風。況我聖朝千載而會，惜乎不追三代之高，而尙六朝之細。然文章之列何代無人，羞時之所尙，何能獨變，大君有命，孰不風從。可敦諭詞臣，興復古道，更延博雅之士，布於臺閣，以救斯文之薄，而厚其風化也。」㉚以故天聖七年（西元一〇二九年）五月，仁宗詔去「無益治道」之「浮誇靡曼之文」。㉛歐陽修〈與荆南樂秀才書〉云：「天聖中，天子下詔書，勅學者去浮華，其後風俗大變。今時之士大夫所爲，彬彬有兩漢之風矣。」范仲淹在〈尹師魯河南集序〉亦云：「由是，天下之文一變，而其深有功於道歟。」

慶曆以降，古文已蔚爲風尙，創作者衆，爲之立論者亦夥。其主要人物，除歐陽修、曾鞏、王安石與三蘇父子之外，如孫復、石介、蔡襄、劉敞、陳襄、司馬光等，皆頗具影響力之大儒，乃至道學先鋒之周敦頤與程顥、程頤兄弟，均亟言「文以載道」或「文道合一」之要。隨古文風尙之再掀高潮，其所表彰之儒家綱常大道，亦大爲宏揚，而儒家經典自爲有志於古文者之所宗奉。歐陽修嘗語於蘇軾云：「我所謂文，必與道俱。見利而遷，則非我徒。」㉜又〈與張秀才第二書〉云：「君子之於學也，務爲道。爲道必求知古，知古明道而後履之以身，施之於事，而又見於文章而發之，以信後世。其道，周公、孔子、孟軻之徒常履而行之者是也。其文章，則六經所載，至今而取信者是也。」而曾師事於歐陽修之曾鞏在〈答李沿書〉云：「夫道之大歸非他，欲其得諸心，充諸事，擴而被之國家天下而已。非汲汲乎辭也。」㉝又〈與歐陽學士第一書〉云：「仲尼既沒，析辨詭詞，驪駕塞路；觀聖人之道者，宜莫如於孟、荀、楊、韓書子之書，舍是醨矣。退之既沒，驟登其域，廣開其辭，使聖人之道復明於世，亦難矣哉！……鞏自成童，聞執事之名，及長，得執事之文章，口誦而心記之。觀其根極理要，撥正邪僻，掎潔當世，張皇大中。其深純溫厚，與孟子、韓吏部之書相唱和，無半言片辭，踳駁於其間。眞六經之羽翼，道義之祖師也。」㉞孫復於〈答張洞書〉更直截云：「文者，道之用也；道者，教之本也。」㉟石介亦云：「道德，文之本也。」㊱又於〈送龔鼎臣序〉云：「性厚則誠明矣，誠明則識粹矣，識粹則其文典以正矣。然則，文本諸識矣。聖人不思而得，識之至也。賢人思之而至，識之幾也。……一焉於聖人之道，妖惑邪亂之氣無隙而入焉。於斯文也，其庶幾矣。」㊲再者，如蔡襄〈答謝景山書〉云：「所謂由道而學文，道至焉，文亦至焉；由文而之道，困於道者多矣！是故道爲文之本，文爲道之用。」㊳劉敞亦云：「道者，文之本也。循本以求末易，循末以求本難。」㊴司馬光對背離大道而行文者，亦甚表厭惡，司馬氏在《迂書》〈斥莊〉云：「夫唯文勝而道不至者，君子惡諸，是猶朽屋而塗丹雘，不可處也。」主張新法之王安石，與司馬光雖政見不能相容，然兩者對「文以載道」之理念則一。王安石之倡古文亦不遺餘力，其〈答孫長倩書〉云：「嘗記一人焉，甚貴且有名，自言少時迷，喜學古文，後乃大寤，棄不學，學治今時文章。夫古文何傷？直與世少合耳，尙不肯學，而謂學者迷。若行古之道於今世，則往往困矣，其又肯行邪？」㊵又〈上邵學士書〉則云：「某嘗患近世之文，辭弗顧於理，理無顧於事，以襞積故實爲有學，以雕繪語句爲精新；譬之擷奇花之英，積而玩之，雖光華馨采，鮮縟可愛，求其根柢濟用，則蔑如也。」㊶此外，如道學之先鋒周敦頤則於力倡「文所以載道」之外，尤重視道德之實踐。濂溪於其《通書》〈文辭第二十八〉云：「文所以載道也。輪轅飾而人弗庸，徒飾也，況虛車乎？文辭，藝也；道德，實也。篤其實而藝者書之，美則愛，愛則傳焉。賢者得以學而至之，是爲教。故曰言之無文，行之不遠。然不賢者，雖父兄臨之，師保勉之，不學也，強之不從也。不知務道德而第以文辭爲能者，藝焉而已。噫！弊也久矣。」㊷綜上引述，足見北宋中葉以降，黨爭雖日趨激烈，唯不論新、舊黨人，於文學之主張，均力倡宣揚道德，恢宏孔、孟之道爲主。當此之時，非但孟子學說爲世所重，即孟子之文章亦爲古文家之所效法。李覯於〈答黃著作書〉云：「今之學者，誰不爲文，大抵摹勒孟子，劫掠昌黎，……」㊸蘇洵〈上田樞密書〉云：「詩人之優柔，騷人之清深，孟、韓之溫淳，遷、固之雄剛，孫、吳之簡切，投之所嚮，無不如意。」㊹蘇軾撰〈居士集敘〉云：「自漢以來，道術不出於孔氏，而亂天下者多矣！晉以老莊亡，梁以佛亡，莫或正之。五百餘年，而後得韓愈，學者以配孟子，蓋庶幾焉。愈之後三百餘年，而後得歐陽子，其學推韓愈、孟子，以達於孔氏，著禮樂仁義之實，以合於大道，其言簡而明，信而通，引物連類，折之於至理以服人心，故天下翕然師尊之。」㊺又於〈上梅直講書〉自謂云：「軾七八歲時，始知讀書，聞今天下有歐陽公者，其爲人如古孟軻、韓愈之徒，而又有梅公者，從之遊，而與之上下其議論。……執事愛其文，以爲有孟軻之風，而歐陽公亦以其能不爲世俗之文也而取焉。」㊻鴻儒文豪之法孟文，可見一斑矣。

再者，北宋中葉以降，史學因受儒學興盛之影響，修史、論史均以貫注儒家思想爲尚，一時風氣大盛。當此之時，學者論史，承中唐之風，崇尚《春秋》而貶抑司馬遷；推尊編年而輕藐紀傳。孫復、劉儆、孫覺等人導之於先，後之繼者矣。蓋唐初之修史，以「取鑑」爲要務。貞觀之後，數十年間所撰諸前代史，尤以魏徵所監修之梁、陳、北齊、北周、隋諸史，均明顯呈現太宗所論：「覽前王之得失，爲在身之龜鏡」㊼之宗旨。逮乎中唐，學者懲矯政弊，喜言《春秋》，啖助等人捨傳求經，頗出新意，蕭穎士等引爲史法。蕭氏於〈贈韋司業書〉云：「（孔子）因魯史而作《春秋》，托微詞以示褒貶。全身遠害之道博，懲惡勸善之功大。……有漢之興，舊章頓革，馬遷唱其始，班固揚其風，紀傳平分，表志區別，其文複而雜，其體漫而陳。事同舉措，言殊卷帙。首末不足以振綱維，支條適足以助繁亂，於是聖明之筆削褒貶之文廢矣。」㊽柳冕撰《評史官書》亦云：「六經之作，聖人所以明天道、正人倫、助治亂。……（司馬）遷之過，在不本於儒教以一王法，使楊朱、墨子得非聖人，此遷之罪也。……聖人之於《春秋》，所以教人善惡也。修經以志之，書法以勸之，立例以明之。恐人之不至也，恐人之不學也。苟不以其道示人，則聖人不復修《春秋》矣。不以其法教人，則後世不復師聖人矣。故夫求聖人之道，在求聖人之心；求聖人之心，在書聖人之法。法者，凡例褒貶是也，而遷捨之。《春秋》尚古，而遷變古，由不本於經也。」㊾此風至於北宋中葉復爲學者論史、修史之所崇奉。自是以降，諸儒爭發《春秋》要旨，或論其「尊王」之微意；或說其褒貶之大法；或申其修身治國與夫君臣父子之道。清乾、嘉間，王鳴盛之《十七史商榷》論云：「宋人略通文義便想著作傳世，一涉史事，便欲法聖人筆削。此一時習氣，有名公大儒爲之渠師，而此風益盛。」㊿其間雖或有反對一依《春秋》之義例者，然以儒家之倫理、道德作爲論史、修史之指導，則無二致。如蘇洵云：「經不得史，無以證其褒貶；史不得經，無以酌其輕重。經非一代之實錄，史非萬世之常法；體不相沿，而用實相資焉。」[51]綜觀當時之史學論著甚衆，然多可謂爲宏揚儒教之工具。如以歐陽修與宋祁爲主所完成之《新唐書》、歐陽修之《新五代史》、孫甫之《唐史記》[52]、與司馬光之《資治通鑑》、范祖禹之《唐鑑》、石介之《漢論》三篇、另有《唐鑑》五卷、曾鞏《唐論》等，一時蔚爲風氣矣。北宋時人陳師錫序《五代史記》論歐陽修之史筆云：「五代距今百餘年，故老垂絕，無能道說者。史官秉筆之士，文采不足以耀無窮，道學不足以繼述作，使五十餘年間廢興存亡之跡，奸臣賊子之罪，忠臣義士之節，不傳於後世，來者無考焉。惟廬陵歐陽修慨然以自任，潛心累年而後成。其事跡實錄詳於舊史，而褒貶義例仰師《春秋》，由遷、固而來，未之有也。」[53]歐陽修於〈論史館日曆狀〉云：「史者，國家之典法也。自君臣善惡功過，與其百事之廢置，可以垂勸戒後世者，皆得直書而不隱。」[54]又在《新五代史》〈梁本紀・論〉中云：「聖人之於《春秋》，用意深，故能勸戒切，爲言信，然後善惡明。夫欲著其罪於後世，在乎不沒其實。……《春秋》於大惡之君，不誅絕之者，不害其褒善貶惡之旨也。惟不沒其實以著其罪，而信乎後世，與其爲君而不得掩其惡，以息人爲惡。能知《春秋》之此意，然後知予不僞之旨也。」曾鞏亦於〈南齊書目錄序〉文中，直指作史之目的云：「將以是非得失、興壞理亂之故，而爲法戒，則必得其所託，而後能傳於久，此史之所以作也。……史者，所以明夫治天下之道也。」孫甫之論，與曾鞏相似，且二者皆直以《尚書》、《春秋》二書爲古史之典範。見孫氏之《唐史記》序文可知矣。司馬光撰《資治通鑑》亦自謂「每患遷、固以來，文字繁多，」故而「欲刪削冗長，舉撮機要，專取關國家盛衰，繫生民休戚，善可爲法，惡可爲戒者，爲編年一書，使先後有倫，精粗不雜。」[55]石介則於所著《漢論》中，標舉三代王道爲論史之標準云：「周衰，王道息，秦併天下，遂盡滅三王之道。漢革秦之祚已矣，不能革秦之弊，猶襲秦之政。……噫！漢順天應人，以仁易暴，以治易亂，三王之舉也。其始何如此其盛哉！其終何如此其卑哉？三王大中之道置而不行，區區襲秦之餘，立漢之法，可惜矣。」李覯在所撰《禮論》七篇中，亦極言恢復先王遺制之要。此又顯示當時有積極復古之意識者也。甚而在北宋道學五子中，於史學較具興趣之邵雍，雖在論歷史之循環中，隱然有鄒衍之五德轉移，與董仲舒之三統說之精神存在，[56]然其論史之標準，猶強烈表現儒家所標舉之三王仁政大道與義利觀。其《觀物內篇》云：「三代之世治，未有不治人倫之爲道也；未有不亂人倫之爲道也。後世之慕三代之治世者，未有不正人倫者也；後世之慕三代之亂世者，未有不亂人倫者也。」又謂周、漢「好生以義」，秦、楚則「好殺以利。」。唯在此一史學蓬勃之時，諸多學者據《春秋公羊傳》之「大一統精神，而提出「正統」、「尊王」之說。自歐陽修針對五代之統緒問題提出《正統論》[57]之後，議者蜂起，然大多不出尊王與宗周之範圍。歐陽修之《原正統論》云：「正統之說肇於誰乎？始於《春秋》之作也。……聖人之意在於尊周，以周之正而統諸侯也。」[58]又其《正統論》所附之〈或問〉謂「正統之說不見於六經，不道於聖人」乃因時代之不同故也。若秦、漢而後，孔、孟復出，則當「爲之一辨而止其紛紛」矣。[59]

綜上觀之，以孟子崇先王之仁政，重道德之實踐，與夫義利之明辨。當此史學興盛，且以倫理道德爲準繩，追求三代仁政爲理想之時，孟子之學說自然隨之而爲世所重矣。其間雖或有如李覯、司馬光之徒，據「尊王」「一統」之理念以質疑於孟子但知追求王道而未能宗周。實則，如此非但未損於孟學之崇高，反使孟學在激盪中益臻顯著也。

㈣元祐以降，因現實環境之激發，學統四起，鴻儒輩出，在長久以來佛老思想之影響下，使儒學之發展由「外王」之學而走向「内聖」之途，進而直探理氣心性，道學於焉產生。孟子心性之論與養氣之說，自是，已成為學者關注與探討之要矣。

——《宋史》〈道學傳〉序云：「兩漢而下，儒者之論大道，察焉而弗精，語焉而弗詳，異端邪說起而乘之，幾至大壞。千有餘載，至宋中葉，周敦頤出於舂陵，乃得聖賢不傳之學，作《太極圖說》、《通書》，推明陰陽五行之理，命於天而性於人者，瞭若指掌。張載作《西銘》，又極言理一分殊之旨，然後，道之大原出於天者，灼然而無疑焉。仁宗、明道初年，程顥及弟頤寔生。及長，受業周氏，已乃擴大其所聞，表章《大學》、《中庸》二篇，與《語》、《孟》並行，於是上自帝王傳心之奧，下至初學入德之門，融會貫通，無復餘蘊。……邵雍高明英悟，程氏實推重之。」⑹此言雅能扼要敘述道學初起之梗概也。蓋儒學之發展，在兩漢時，儒者滲合陰陽五行、災異讖緯之說，以發揮儒家之學術。逮乎中唐，韓愈、李翺之徒起而爲排拒佛老，維護儒家道統，仿佛家探求究竟之哲理。韓愈撰〈原道〉、〈原性〉、〈原毀〉、〈原人〉、〈原鬼〉、〈師說〉諸文，李翺著《

復性書》三篇，以明大道之本，探人性之究竟。且兩漢、隋唐之經學研究，以訓詁、考據為主。至於北宋中葉之後，經學之發展已逐漸走向直探義理之途。而大道之發揮，亦由稍早經世致用之「外王」之學，轉而為探討宇宙之究竟與心性之本原，從而尋繹自我人格提昇之「內聖」之道。由是觀之，此所謂「道學」之孕育，除因當時客觀背景之激發外，可謂遠紹中唐時排拒佛老，維護儒家道統之精神，進而欲深化其理論，殆無疑義。其內涵則受佛老思想之影響，尤其是佛學哲理之滲透甚為明顯。[61]

《朱子語類》卷八十，載其論歐陽修之《詩本義》云：「理義大本復明於世，固自周、程，然先此諸儒亦多有助。舊來儒者不越注疏而已，至永叔、原父、孫明復諸公，始自出議論，如李泰伯文字亦自好。此是運數將開，理義漸復明於世、故也。」又朱熹撰《伊洛淵源錄》，於北宋之道學初列周敦頤、程顥、程頤、張載、邵雍五人，所謂「北宋五子」。然則以闡發心性義理之精微，為後來之道學導引其途徑者，當首推周敦頤濂溪。《宋元學案》云：「孔、孟而後，漢儒止有傳經之學，性道微言之絕久矣！元公（周敦頤謚號）崛起，二程嗣之，又復橫渠諸大儒輩出，聖學大昌。故安定、徂徠卓乎有儒者之矩範，然僅可謂有開之必先。若論闡發心性義理之精微，端數元公之破暗也。」[62]此言誠能說明道學之肇端。周敦頤之學術以《太極圖說》與《易通書》為代表。前者試圖由「無極而太極」之宇宙起源，而推衍天地萬物之生化，又從人生教化之「中正仁義」，建立其無欲、主靜之修養法則，從而追求臻於天地合德、天人合一之境界。其《易通書》則開宗明義云：「誠者，聖人之本。」以強調「誠」乃五常之本，百行之原。勉人由誠而無欲，而靜虛、動直，以臻於聖人之境地。由此可知周氏二書，實互爲表裏也。朱熹撰《通書後紀》云：「大抵推一理、二氣、五行之分合，以紀綱道體之精微，決道義、文辭、利祿之取捨，以振起俗學之卑陋。至論所以入德之方，經世之具，又皆親切簡要，不爲空言。」惜周敦頤生前仕途不顯，《宋元學案》列其講友，亦僅得數人而已。無怪乎南宋湘學之後勁，張栻稱其「仕不大顯於時，其澤不得究施。」[63]雖然，周氏將慶曆之後，儒學發展之重經世致用之道，一轉而爲推極宇宙本體與心性深微之探究。從而追求「內聖」之功夫，逐漸爲世之所重，而擴展爲影響久遠之道學，其功不可謂不大矣。錢穆論之云：「在人生方面，濂溪乃主性情分別論者。……此種說法，復與孔、孟有異，只是漢儒以下及韓昌黎一派之理論有此。濂溪承之，此下，張、程乃至南宋晦菴一派皆如此，即象山、陽明大體亦跳不出此範圍。人唯本於天，亦不能外於天而自存，然既已爲人，則亦終不能不有所立。故太極之外又有人極，此正宋儒之積極精神所在，雖受老釋影響，但終不爲老釋所囿，雖若有異於先秦，然終亦與先秦儒同源共本，此則不可不微辨也。」又云：「濂溪《通書》大意，與《太極圖說》無殊。惟《通書》多用《中庸》，與《太極圖說》之多據《易》傳者爲小異。」[64]錢氏之說，誠不誣也。且五子之中，獨濂溪於佛老之說未予置評，餘皆力加排斥。總之，綜觀濂溪之論性情分別之說，雖不同於孟子，然其《通書》中，明聖人可學而至與「誠者，聖人之本」諸論，實多與孟子之說無異也。

在北宋五子中，最爲年長之邵雍，以其學言先天象數之說，有異於儒學之正統，是以朱熹與呂祖謙同撰之《近思錄》中，論道學之初始，嘗去邵而列周、張、二程。唯朱子亦嘗持平而論之云：「程、邵之學固不同，然二先生所以推尊康節者，至矣！蓋以其信道不惑，不雜異端，班於溫公、橫渠之間，則亦未可以其道不同而遽貶之也。」⑥⑤邵氏之學以所撰《皇極經世書》爲代表，要在闡發宇宙起源，與說明社會歷史觀之先天象數之說。雖康節之學源出方外，且其〈觀物內、外篇〉又有近乎道家之說，並存斥佛之言。然其學多本於自得。今深究其說，實乃在於挽道以入儒者也。《宋史》〈邵雍傳〉云：「雍探賾索隱，妙悟神契，洞徹蘊奧，汪洋浩博，多其所自得。」⑥⑥錢穆《中國學術思想史論叢》則云：「然康節於象數外，實別有見地，其得力在能觀物。此派學問，在中國頗少出色人物。前有莊周，後有康節，再無第三人可相比擬。康節乃是撇脫了人的地位來觀物者。有〈觀物內、外篇〉。有云『道爲天地之本，天地爲萬物之本。以天地觀萬物，則萬物爲物。以道觀天地，則天地亦爲萬物。道之道盡於天，天地之道盡於物，天地萬物之道盡於人。人能知天地萬物之道所以盡於人者，然後能盡民也。』此言盡民，猶孟子言盡性，中庸言盡人性，皆是不違自然之人本位主義。此與是康節乃以道家途徑而走向儒家之終極目標者。」又「康節主性情分別論，亦主以理觀物論。此與朱子之格物窮理，似乎本末倒置，惟朱子亦主莫不因其已知之理而益窮之，則朱子仍是以理觀物也。莊子則可謂是以道觀物，此康節之所以不失爲理學家矩矱也。」⑥⑦錢氏之論，雅能說明邵雍之學術精神也。

次就傳道學於關中之張載言之，楊時稱「其源出於程氏。」⑥⑧實則張載乃二程之表叔，且年長十餘歲，其學初得范仲淹之指導，而翻然棄雜歸正。嘉祐初，在京師與程氏兄弟論易與道學，乃渙然自信，盡棄異學，不再徬徨，終能有成。由是而言，若謂張載之學受二程之影響則可，倘謂其學源於程氏，恐失之牽強矣。況程頤亦嘗直云：「表叔平生議論，謂頤兄弟有同處則可，若謂學於頤兄弟則無是事。」[69]《宋元學案》稱其學云：「以《易》爲宗，以《中庸》爲的，以《禮》爲體，以孔、孟爲極。」[70]呂大臨撰張氏之行狀，亟稱其風範云：「先生氣質剛毅，德盛貌嚴。然與人居，久而日親。其治家接物，大要正己以感人，人未之信，反躬自治，不以語人，雖有未諭，安行而無悔。故識與不識，聞風而畏。聞人之善，喜見顏色。答問學者，雖多不倦；有不能者，未嘗不開其端；可語者，必丁寧以誨之，惟恐其成就之晚。」[71]無怪乎向之論北宋諸道學大家之制行，多以張子厚爲翹楚。而關中在其薰陶之下，風俗爲之丕變矣。此亦可見當時道學家重視生活舉止之合乎禮教之一斑矣。張氏之代表作有《正蒙》十七篇，與〈西銘〉一文，唯二程則極推重其〈西銘〉，而於《正蒙》則頗有微辭。程頤嘗評之云：「橫渠立言，誠有過者，乃在《正蒙》。〈西銘〉之爲書，推理以存義，擴前聖所未發，與孟子性善、養氣之論同功。」[72]今觀《正蒙》〈乾稱篇〉云：「自其說（指佛學）熾傳中國，儒者未容窺聖學門牆，已爲引取，淪胥其間，指爲大道。……上無禮以防其僞，下無學以稽其弊。自古詖淫邪遁之詞，翕然并興，一出於佛氏之門者，千五百年。」又，子厚之門人范育爲《正蒙》序云：「自孔、孟沒，學絕道喪，千有餘年，處士橫議，異端間作，若浮屠、老子之書，天下共傳，與六經並行。而其徒侈其說，以爲大道精微之理，儒家之所不能談，必

取吾書為正。世之儒者亦自許曰：『吾之六經未嘗語也，孔、孟未嘗及也。』從而信其書，宗其道，天下靡然同風，無敢置疑於其間，況能奮一朝之辯，而與之較是非曲直乎哉？子張子……閔乎道之不明，斯人之迷且病，天下之理泯然其將滅也，故為此言與浮屠、老子辯。」然則，張載之著《正蒙》，乃有見於當時佛、老之餘燼未息，思有以抵斥之也。此一力排佛、老之態度，與二程實無二致。二程之以為有過，所指或即伊川〈答橫渠先生書〉所云：「有苦心極力之象，而無寬裕溫和之氣，非明睿所照，而考索至此，故意屢偏而言多窒，小出入時有之。」此外，張載於《正蒙》〈太和篇〉中亟言「氣」一元論，以與佛、老之唯心論相抗衡。謂「氣之聚散於太虛，猶冰凝釋於水，知太虛即氣，則無無。故聖人語性與天道之極，盡於參伍之神，變易而已。諸子淺妄，有有、無之分，非窮理之學也。」此說亦子厚重要理論之一，為當時學者多所注意者。而其明志之「為天地立心，為生民立命，為往聖繼絕學，為萬世開太平」⑦③語，尤為後學之所崇仰也。

再者，北宋道學諸家之中，以洛學最盛。且向之論者，多以道學之孕育，二程實奠其基者也。要以程顥、程頤兄弟造道之精微，而又最重講學，故其學之傳佈亦最廣，是以世皆以二程並稱。然則，若論二程之學，實可謂同中有異，宛然同趨，而各有見地。且兩者資性及接引後學之道，亦有所出入。《宋元學案》論云：「大程德性寬宏，規模闊廣，以光風霽月為懷。二程氣質剛方，文理密察，以削壁孤峰為體。其道雖同，而造德各有所殊。」⑦④蓋實錄也。伊川撰其兄之〈墓表〉云：「周公沒，聖人之道不行。孟軻死，聖人之學不傳。……先生生千四百年之後，得不傳之學於遺經，志將以斯道覺斯民。……鄉人士大夫相與議曰：道之不明也久矣。先生出，倡聖學以示人，辨異端，闢邪說，開歷古之沉迷，聖人之道，得先生而後明，爲功大矣。」⑮伊川以直承聖學許其兄長，又以之自許。見其〈上太皇太后書〉云：「竊以聖人之學不傳久矣。臣幸得之於遺經，不自度量，以身任道。」⑯程氏兄弟雖皆致力於聖道之宏揚，然二者之成就，各有千秋。論者多謂明道開啓南宋心學之源，而伊川則爲朱熹思想之先導也。錢穆論二程云：「若論宇宙本體萬物原始，形而上學方面，二程似無積極貢獻，大體思路不出濂溪、百源、橫渠家三之範圍。二程卓絕處，在其討論人生修養工夫。若以周、邵、張三家擬之佛教大乘、空有二宗，則二程乃臺、賢、禪諸家也。若以二程比之荆公，則荆公雖論性道而更重實際政事。二程鑒於熙寧新法之流弊，故論學一以性道爲先，而政事置爲後圖，若非所急焉。」⑰然則，二程之學均重在心性之持養功夫，特明道強調「識仁」、「以誠敬存之」；伊川則於「居敬」之外，應知「集義」，亦即「格物、致知」，所謂窮理之功夫也。明道之〈識仁篇〉云：「學者須先識仁。仁者，渾然與物同體，義、禮、智、信皆仁也。識得此理，以誠敬存之而已。不須防檢，不須窮索。若心懈則有防，心苟不懈，何防之有。理有未得，故須窮索，存久自明，安待窮索。此道與物無對，須反身而誠，乃爲大樂。」⑱伊川則云：「敬只是持己之道，義便有是、有非。順理而行，是爲義也。若只守一個敬，不知集義，卻是都無事也。且如欲爲孝，不成只守一箇孝字。須知所以爲孝之道，所以侍奉當如何？溫凊當如何？然後能盡孝道也。」⑲由此足見大程以仁爲心體，成就「心即理」說，較無內外之分；小程認爲性中有仁，卻不認爲性中有孝弟，以此形成「性即理」說，如此則較有內外之分矣。雖然如此，二程兄弟皆特重心身之功夫，是以清、江藩在《宋學淵源記》序云：「自宋儒道統之說起，謂二程心傳，直接鄒魯，從此心性、事功分爲二道，儒林、道學判爲兩途。而漢儒之傳經，唐儒之衛道，均不啻糟粕視之矣。」誠不誣也。

此外，北宋五子之中，除張載外，以二程兄弟排斥佛、老最力，而在佛、老之間，又以斥佛最甚。《程氏遺書》嘗載其語云：「楊、墨之害甚於申、韓，佛、老之害甚於楊、墨。」又云：「今釋氏盛而道家蕭索。」「道家之說其害終小，惟佛學今則人人說之，瀰漫滔天，其害無涯。」⑧今檢二程之斥佛，針對二事：一是指其毀棄人倫而倡出世，另者斥其畏怖生死而說輪迴。二程並以《易》理爲利器而斥其不是。《河南程氏遺書》載云：「毀人倫，去四大，其分於道也遠矣。……吾道則不然，率性而已。其理也，聖人於《易》備言之。」又云：「其術大概且是絕倫類，世上不容有此理。又其言待要出世，出那裏去？又其跡需要出家，然則家者，不過君臣、父子、夫婦、兄弟，處此等事，皆以爲寄寓，故其爲忠孝仁義者，皆以爲不得已爾。又要得脫世網，至愚迷者也。」⑧其斥佛家以生死恐動人心則云：「佛學只是以生死恐動人。可怪二千年來，無一人覺此，是被他恐動也。聖賢以生死爲本分事，無可懼，故不論死生。佛之學爲怕死生，故只管說不休。下俗之人固多懼，易以利動。」⑧二程此說，誠與子厚〈西銘〉所云：「存，吾順事；沒，吾寧也」之精神相契也。

錢穆於《中國學術思想論叢》嘗綜論五子云：「濂溪主由虛靜，虛靜則是空洞的，故近莊周。若謂靜虛則自動直，仍與孟子相似，則當知莊周、孟子本可相通。只是莊周沾的是靜一邊，孟子站的是動一邊。明道主由存養此心，只言存養，不言推擴，故只近孟子之一偏。明道蓋是孟子、莊周之合流。伊川主由致知窮理，又言集義，則是近孟子之又一偏，亦可謂是孟子、荀卿之合流。若以偏輕偏重論，則濂溪、明道近莊，橫渠、伊川近荀。但他們所推敬，則完全在孟子。」[83]又「濂溪主張立人極，確然儒學矩矱，康節觀物，近於莊周道家。故後人群尊濂溪爲理學開山，而康節則擯不預乎濂、洛之列，亦依此意態判之也。或謂康節《皇極經世》祇是京、焦末流，則詆訶逾倫，不足爲康節病。康節學術精神，殊不在此。……此言（錢氏引《觀物內篇》：「人能知天地萬物之道所以盡於人者，然後能盡民也。」）盡民，猶孟子言盡性，《中庸》言盡人性，皆是不違自然之人本位主義。……蓋康節之新人本位論，非離人於物言之，乃合於物而言之。即就物的範疇中論人，即於物的範疇中發見人之地位和其意義與價值。」[84]綜觀錢氏之論，北宋五子之學術，雖或多少受釋、老之滲透影響，然其目的無非期能更進一層發揮儒學之大道，其與孟子之學說關係尤多密不可分。且五子均爲北宋中葉以降之學術大宗，弟子衆，影響大。則孟子之學在此期間振興之況，即可想而知矣。今僅就清初朱彝尊《經義考》所考錄觀之，自慶曆以降，至於北宋之亡，七十餘年間，質疑、非詆孟子，或爲孟子申辯、詳爲孟書註解之著，即有三、四十家之多，其餘援孟之說以立論，或受其影響而自爲說者，更難以數計。其間影響最大者，初如前所言，以王安石父子之倡導爲主。而稍後道學家中，程頤強調：「以《大學》、《語》、《孟》、《中庸》爲指標，而達於六經。」⑧⑤更進而謂：「《論語》、《孟子》既治，則《六經》可不治而明。」⑧⑥其影響於北宋末期與後之儒者尤爲深遠。

【附註】

①見《宋史紀事本末》〈慶曆黨議篇〉。
②《宋史紀事本末》載：「適契丹伐夏，仲淹固請行，乃獨允之。仲淹將赴陝，過鄭州，時呂夷簡已老，居鄭，仲淹往見之，夷簡問何事遽出？仲淹對以暫往經撫兩路，事畢即還。夷簡曰：君此行正蹈危機，豈復再入？若欲經制西事，莫如在朝廷爲便。仲淹愕然。」
③見《續資治通鑑長編》卷一百九十六。
④見《臨川集》卷三十九。
⑤見同註④卷四十一。
⑥見《中國學術思想史論叢》㈤〈初期宋學〉。
⑦《經義考》卷二百三十三引晁公武曰：「休觀孟軻書時有叛違經者，疑軻沒後，門人妄有附益。刪去之，著書十七篇，以明其意。」
⑧見《經義考》卷二百三十三引。

⑨見《四庫全書總目》卷一百五十二，別集類五．《傳家集》。

⑩《經義考》卷二百三十三，引周密曰：「李泰伯著論非孟。……晁說之亦著論非孟子。建炎中，宰相進擬除官，高宗以孟子發揮王道，說之何人乃敢非之，勒令致仕。鄭叔友亦非孟子。曰：軻忍人也，辯士也，儀、秦之流也。戰國縱橫捭闔之士皆發冢之人，而軻能以詩禮著也。余曰：孟子何可非？泰伯所以非之者，謂不當勸齊、梁之君以王耳。昔武王伐紂，舉世不以爲非，而伯夷、叔齊獨非之。東萊先生曰：武王憂當世之無君者也。伯夷憂萬世之無君者也。予於泰伯亦然。至於說之、叔友，拾其遺說而附和之，吾無取焉。」

⑪見林漢仕《孟子探微》第十二篇。

⑫見同註⑪。

⑬見《經義考》卷二百三十三。

⑭見《范文正公集》卷八。

⑮見《山堂考索後集》卷二十六。

⑯見《宋史》卷四百三十二〈儒林二〉。

⑰見司馬光《傳家集》卷四十。

⑱見歐陽修《奏議集》卷十六。

⑲見朱熹《宋名臣言行錄》後錄卷二。

⑳見《續資治通鑑長編》卷二百二十一。

㉑見魏泰《東軒筆錄》卷六。
㉒見《宋會要輯稿》〈職官〉二八之九。又《文獻通考》亦載。
㉓見俞樾《茶香室續鈔》四四五二頁。
㉔見《孟子探微》第七篇第二章。
㉕見《宋史紀事本末》。
㉖見王溥《五代會要》載：「（後唐明宗）長興三年二月，中書門下奏請依石經文字刻九經印板。敕令國子監集博士生徒，收西京石經本，各以所業本經，廣爲鈔寫，子細看讀，然後雇召能雕字匠人，各部隨帙刻印，廣布天下。……周、廣順三年六月，尙書左丞兼制國子監事田敏，進印板九經書、五經字樣各二部，一百三十冊。又和凝傳長於短歌艷曲，尤好聲譽，有集百卷，自篆於板，模印數百冊，分惠於人焉。」又王應麟《玉海》載：「太宗端拱元年，敕司業孔維等校勘孔穎達《五經正義》，詔國子監鏤板行之。……眞宗景德二年，幸國子監歷覽書庫，觀群書漆板，問祭酒邢昺曰：板數幾何？昺曰：國初印板，止及四千，今至十萬，經史義疏悉備。帝褒之，因益書庫十步，以廣所藏。」
㉗見江少虞《皇朝事實類苑》。
㉘《宋史》〈藝文志〉載：「始太祖、太宗、眞宗三朝，三千三百二十七部。三萬九千一百四十二卷。次仁、英二朝，一千四百七十二部，八千四百四十六卷。次神、哲、徽、欽四朝，一千九百六部，二萬六千二百八十九卷。最其當時之目，爲部六千七百有五，爲卷七萬二千八百七十有七焉。」

㉙見穆脩《河南穆公集》卷二。
㉚見《范文正公集》卷七。
㉛見《續資治通鑑長編》卷一百零八。
㉜見蘇軾《東坡後集》卷十六〈祭歐陽文忠公夫人文〉。
㉝見曾鞏《元豐類稿》卷十六。
㉞見《曾南豐文集》卷七。
㉟見《孫明復小集》〈答張洞書〉。
㊱見《徂徠集》卷十三〈上蔡副樞書〉。
㊲見《徂徠集》卷十八。
㊳見蔡襄《端明集》卷二十七。
㊴見劉敞《公是先生弟子記》卷一。
㊵見《王安石文集》卷三十二。
㊶見《王安石文集》卷三十一。
㊷見《周濂溪集》卷六〈通書二〉。
㊸見《直講李先生文集》卷二十八。
㊹見《嘉祐集》卷十。

㊺見《東坡七集．前集》卷二十四。
㊻見《東坡七集．前集》卷二十八。
㊼見《冊府元龜》卷五百五十四〈國史部．恩典〉。
㊽見《全唐文》卷三百二十三。
㊾見《全唐文》卷五百二十七。
㊿見王鳴盛《十七史商榷》卷九十二．〈唐史論斷〉條。
51見《嘉祐集》卷八〈史論〉上。
52陳振孫《直齋書錄解題》卷四，論是書云：「甫以《唐書》煩冗遺略，多失體法，乃修爲《唐史》，用編年體。自康定元年逮嘉祐元年，成七十五卷，爲論九十二首。」然《唐史記》一書，在孫甫去世之後即告亡佚。今所見之《唐史論斷》猶存孫氏之序論。文中評《舊唐書》云：「治亂之本末之明，紀事之廣也；勸戒之道未之著，褒貶不精也；爲史之體未之具，不爲編年之體。君臣之事多離而書之也，又要切之事或有遺略，君臣善惡之細，四方事務之繁或備書之，此於爲史之道亦甚失矣。」
53見《十七史商榷》卷九十三．〈歐法春秋〉條引。按：歐陽修撰《五代史記》，後改稱《新五代史》，而北宋初薛居正之《五代史》則改稱《舊五代史》，使兩者有以分別也。
54見歐陽修《奏議集》卷十二。
55見《資治通鑑》附〈進書表〉。

56見劉復生《北宋中期儒學復興運動》第四章(二)。
57按：今見歐陽修《居士集》卷十六載有《正統論》，中有〈序論〉、〈上篇〉、〈下篇〉，另附〈或問〉。此乃編《居士集》時所刪定。實則歐陽修初有《原正統論》等，有關「正統」之說十餘篇，今載於《居士外集》卷九。
58見《居士外集》卷九。
59見《居士集》卷十六。
60見《宋史》卷四百二十七。
61參見本文第四章第一節。
62見《宋元學案》卷十一〈濂溪學案上〉。
63見董榕輯《周子全書》卷二十二，引張栻〈道州重建先生祠記〉。
64見錢穆《中國學術思想史論叢》(五)．〈濂溪百源橫渠之理學〉。
65見《朱文公文集》卷三十．〈答汪尚書〉。
66見《宋史》卷四百二十七。
67見錢穆《中國學術思想史論叢》(五)．〈濂溪百源橫渠之理學〉。
68見《楊龜山集》卷五．〈跋橫渠先生及康節先生人貴有精神詩〉。
69見《河南程氏文集》卷十一。

⑺見《宋元學案》卷十七〈橫渠學案上〉。
⑺見《張子全書》卷十五・附呂大臨撰之〈行狀〉。
⑺見《河南程氏文集》卷九・〈答楊時論西銘書〉。
⑺見《張子全書》卷十四。
⑺見《宋元學案》卷十三・〈明道學案上〉。
⑺見《河南程氏文集》卷十一。
⑺見《河南程氏文集》卷六。
⑺見錢穆《中國學術思想史論叢》㈤・〈二程學術述評〉。
⑺見《河南程氏遺書》卷二上。
⑺見《河南程氏遺書》卷十八。
⑻分見《河南程氏遺書》卷十三，二上，一。
⑻分見《河南程氏遺書》卷四，二上。
⑻見《河南程氏遺書》卷一。
⑻見《中國學術思想史論叢》㈤・〈二程學術述評〉。
⑻見《中國學術思想史論叢》㈤・〈濂溪百源橫渠之理學〉。
⑻見《宋史》卷四百二十七〈程頤傳〉。

⑯見《河南程氏遺書》卷二十五。

第三節　孟子學之「鼎盛期」

宋自南渡以來，高宗一味避敵，雖嘗有可用之士氣，惜以朝中意見紛歧，加之以高宗之私心與畏葸，終致屢失契機。孝宗即位，志切恢復，惜遭挫敗。至於寧宗之時，韓侂胄專權，內不容清議，外思建功以自固，發兵北伐，兵敗受戮。度宗時，賈似道當權，專恣苟得，排斥異己，人心離異，終致南宋之覆亡。綜觀南宋一百五十餘年，對外委屈求全，朝中權臣當道，主戰、主和爭議不休，文臣武將相互猜忌，難以相容。初又盜賊蜂起，軍費、歲幣負擔龐大，財經困窘，社會無法安定，致使國家積弱不振。在此期間，諸帝多致力於典籍之搜羅校理，以示右文崇儒。而太學沿三舍之法，生員雖逐增，且申嚴積分之法，然多驕縱囂張。而州郡之學，或以戰亂失修，或因經費久缺與地方官吏之懈怠而敗壞。是以有識之士乃紛紛創設書院，以承北宋五子之餘緒，宏揚道學。書院之間，名師碩儒彼此以名節相砥礪，而其褒表譏貶，輒為社會是非之準則。然其敦品勵操之精神，難免與朝中奸佞相逕庭，是以嘗數度遭禁斥之厄運。唯諸儒之擇善固執，終能屹立不搖，使道學大放光芒，孟子之學在此期間亦臻於鼎盛。茲分別歸納其故如下：

㈠**靖康之難，館閣庋藏散亡殆盡。宋廷南遷之後，諸帝多致力於典籍之搜羅校理，以示崇儒右文。其**

中高宗御書諸經，《論》、《孟》等，刊石頒諸州學，而孝宗紹承志業，並在太學建閣收藏石經幷墨本，尤令《孟子》一書普受士林之所重視。

——南宋、王明清《揮麈前錄》云：「國朝承五代搶攘之後，三館有書僅萬二千卷。乾德以後，平諸國所得浸廣。太宗嚮儒學，下詔搜訪民間，以開元四部爲目，館中所缺，及三百卷以上者，與一子出身。端拱三年，分三館之書，列爲書庫，目曰秘閣。眞宗咸平三年，詔中外臣庶家，有收得三館所著書籍，每上一卷給千錢。……其進書及三百卷以上，量材施用與出身。又令三館寫四部書二本，一置禁中龍圖閣；一置後苑之太清樓，以便觀覽。八年，榮王宮火，延燔三殿，焚爇殆遍。於是出禁中，就館閣傳寫。……（仁宗）嘉祐五年，又詔中外士庶士，許上所闕書，每卷支絹一匹，及五百卷，特與文資。……（徽宗）宣和中，蔡攸提舉祕書省，建言置補御前書籍所，再訪天下遺書，以資校對。……未畢而國家多故，靖康之變，諸書悉不存。」①可見北宋諸帝雖致力於典籍之搜藏，惜至靖康之變，毀佚殆盡。蓋靖康亂起，胡騎南騖，秘府所藏盡遭刼厄，實爲繼隋、嘉則殿藏盡付回祿，及安史之亂所焚毀唐秘府之圖籍之刼，後之又一書厄也。據《靖康要錄》載靖康二年四月二日，金人挾二帝北去，見四方勤王者大集，其行甚遽。以故「營中遺物甚多，朝廷差戶部拘收，象牙一物，至及二百擔。他不急之物稱是。秘閣圖書，狼藉泥中。書史以來，安祿山陷長安以後，破京師者，未有如今日之甚。二百年來蓄積，自是一旦掃地。」②

自高宗即位，定行在於臨安之後，迄於宋室終祚，雖軍旅倥傯，國步艱難，諸帝於圖書之搜訪，多甚重視。其中以高宗、孝宗之搜羅、典校為最。蓋高宗以其本人能書善畫，好讀經史，且於南渡之前，嘗親睹汴京藏書之盛，於懲亂後典籍之散佚，倍覺痛心。是以舉凡各類圖籍、先賢筆跡、墨寶書畫之訪求，可謂不遺餘力。《宋會要輯稿》及李心傳之《建炎以來繫年要錄》、秦克之《中興小紀》等書，記之甚詳。《文獻通考》〈經籍考〉總敍云：「高宗渡江，書籍散佚，獻書有賞，或以官。故家藏者，或命就錄，鬻者悉市之。乃詔分經、史、子、集四庫，仍分官日校。又內降詔，其略曰：『國家用武開基，右文致治，藏書之盛，視古為多。艱難以來，網羅散失，而不得其四五；今監司郡守，各諭所部，悉上送官，多者優賞。』又復置補寫所，令秘書省掌求遺書，詔定獻書賞格，至是多來獻者。」③至於高宗駕崩，孝宗紹承遺志，崇儒右文，亦時有訪搜之舉。然孝宗時館職所事，要在圖籍之典校與各類國史之編錄。爾後光宗、寧宗、理宗諸朝，亦多以此為務，唯多不若高宗、孝宗二帝之成就矣。就圖書之數量觀之，孝宗、淳熙時編定《中興館閣書目》聚書四萬四千四百八十六卷，較之北宋仁宗慶曆初《崇文總目》之三萬六百六十九卷，又有加焉。而後，寧宗時編《續中興館閣書目》，續得一萬四千九百四十三卷，較之徽宗政和七年（西元一一一七年）所編《祕書總目》則略有不及矣。《宋史》〈藝文志〉序云：「……靖康之難，而宣和館閣之儲，蕩然靡遺。高宗移蹕臨安，乃建秘書省於國史院之右。搜訪補闕，屢優獻書之賞，於是四方之藏稍稍復出，而館閣編緝，日益以富矣。當時類次書目，得四萬四千四百八十六卷。至寧宗時，續書目，又得一萬四千九百四十三卷，視《崇文總目》又有加焉。自是而後，迄於終祚，國步艱難，軍旅之事，日不暇給，而君臣上下，未嘗頃刻不以文學爲務。大而朝廷，微而草野，其所製作講說，紀述賦詠，動成卷帙，絫而數之，有非前代所及也。」然則，南宋諸帝之右文，由其不懈之搜訪並校理圖籍，可見一斑。影響所及，學術風氣亦趨熱烈。其間，以高宗御書石經頒之於諸州學，又孝宗詔臨安府趙磻老建「光堯石經之閣」於太學，並親題額，尤顯示諸經要籍在此期間爲朝廷之所重，《孟子》一書自不例外也。《玉海》載：「（紹興）十三年二月，內出御書《左氏春秋》，及《史記》〈列傳〉，宣示館職，少監以下作詩以進，六月內出御書《周易》，九月四日，上諭輔臣曰：『學寫字不如便寫經書，不惟可以學字，又得經書不忘。』既而尚書委知臨安府刊石，頒諸州學。十四年正月，出御書《尚書》，十月出御書《毛詩》。十六年五月，又出御書《春秋左傳》，皆就本省宣示館職，作詩以進。上又書《論語》、《孟子》，皆刊石立於太學首善閣，及大成殿後三禮堂之欄廡。」④又「（孝宗）淳熙四年二月十九日，詔知臨安府趙磻老於太學建閣奉安石經，寘碑石於閣下，墨本於閣上，以『光堯石經之閣』爲名，朕當親寫，參政茂良等言：『自昔帝王，未有親書經傳至數千言者，（按：《宋會要輯稿》第五十六冊〈崇儒六〉御製作數千萬言，當是《玉海》脫一「萬」字）不惟宸章奎畫，炤耀萬世，崇儒重道至矣。』上曰：『太上字畫天縱，冠絕古今。』五月，磻老奏閣將就緒，其石經《易》、《詩》、《書》、《左氏春秋傳》、《論語》、《孟子》外，尚有御書《禮記》、〈中庸〉、〈大學〉〈學記〉、〈儒行〉、〈經解〉五篇，不在石經之數，今搜訪舊本，重行摹勒，以補禮經之闕，從之。六月十三日，御書『光堯御書石經之閣』牌，賜國子監。」

⑤高宗、孝宗二帝之崇儒右文，實爲其後南宋諸帝開其風氣。是以寧宗、理宗諸朝均有致力於典籍搜校之舉。《中興館閣錄續錄》卷四載：「（寧宗）嘉定十三年四月二十日，秘書省上《中興館閣續書目》三十卷。……今來，本省自淳熙五年以後，續次搜訪書籍，數目亦多，見今編類，漸成次第，欲望敷奏許，從本省檢照前例施行。」陳振孫《直齋書錄解題》云：「館閣續書目三十卷，秘書丞吳郡、張攀、從龍等撰，嘉定十三年上，以淳熙後所得書籍，纂續前錄，草率尤甚，凡一萬四千九百四十三卷。」⑥至於理宗嘉熙間（西元一二三七至一二四〇年）李心傳編《中興四朝國史》，即高宗、孝宗、光宗、寧宗四朝之史，其〈藝文志〉乃參以《中興館書目》及《中興館閣續書目》，另益以寧宗之後所得圖籍而成，《文獻通考》卷一七五〈經籍考〉載其目，總四部爲五十二類，五千三百六十一家，七萬八千三百一十二卷。其數較之《中興館閣書目》、《續目》之總合，又加多近二萬卷矣。綜此，足見南宋諸朝於圖籍之搜羅與校理之用力，其精到雖略遜於北宋，然影響所及，私家藏書、校書之風大盛，而學術風氣亦因而大爲提振，在此環境之鼓舞下，加之以道學鴻儒之力倡，《孟子》一書爲上下所重當屬自然之事矣。

㈡衣冠南渡之後，國子學雖沿三舍之法，唯太學生多驕縱成風，而州郡之學又毀壞不修，是故以講授道學為主之書院應時而大興，孟子學亦隨之廣為傳播。

——宋代書院之興，其初因由甚多。就其內因而言，除知識分子之自覺，企圖藉講論儒學以喚醒士子之憂患意識，從而培養其經世濟民之大志與頂天立地之胸襟外，儒家學術之發展趨向，由「外王」而走向「內聖」，希望由個人之道德實踐，培養其崇高人格之根本入手。如此則以傳統之教育體制誠難以達成其理想，是以書院之講學應時而生焉。次就其外緣而言，除因戰亂而使教育之政不修外，洙泗聖壇，絳帳遺風之誘發，在在均為促使書院講學興盛之所以然。唯北宋之初雖有零星之私人講學，至於慶曆、熙寧之際，學校教育普及天下，向之私講書院或成官學，或漸蕪廢。朱熹於〈衡州石鼓書院記〉云：「予惟前代庠序之教不修，士病無所於學，往往相與擇勝地，立精舍，以為群居講習之所，而為政者乃或就而褒表之，若此山，若嶽麓，若白鹿洞之類是也。逮至本朝慶曆、熙寧之盛，學校之官遂遍天下，而前日處士之廬無所用，則其舊跡之蕪廢，亦其勢然也。」⑦此言雅能明北宋書院講學之興衰也。逮乎南渡之後，朝廷沿三舍之法，初僅養士七百人，至於寧宗慶元、嘉定間，增外舍生至千四百餘人，且申嚴積分之法。然當此之時，太學生多驕縱不修禮義。逮乎理宗之末，三舍學生日益蠻橫，肆無忌憚，致使有識之士極度不滿。南宋末，周密撰《癸辛雜識》云：「三學之橫，盛於淳祐、景定之際。凡其所出者，雖宰相臺諫，亦直攻之使必去。權乃與人主抗衡，或少見施行，則必借秦為諭，動以坑儒惡聲加之，時君時相，略不過而問焉。其所以招權受賂，豪奪庇姦，動搖國法，作為無名之謗，扣閽上書，經台投卷，人畏之如狼虎。若市井商賈，無不被害，而無所赴愬，非京尹不敢過問。雖一時權相如史嵩之、丁大全，亦未如之何也。」此外，南渡之後，州郡之學，或因戰亂而不修，或以經費之欠缺與地方官吏之懈怠而敗壞，是以有識之士紛紛創設書院收徒講學，此時書院私講之風乃逐漸興起。至於寧宗慶元之時，韓侂胄擅權，排斥異己，視道學為

「僞學」，強加禁斥。諸儒既無所容身於朝廷，又不得講授於官學，堅毅之士不畏權勢，紛紛遠避山林，聚徒授學。當此之時，書院私講之風反因此而加熾。黃榦撰〈朱子行狀〉云：「自先生去國，侂胄勢益張，鄙夫憸人，迎合其意，以學爲僞。謂貪黷放肆乃人眞情，廉潔好禮者皆僞也。科舉取士，稍涉經訓者，悉見排黜；文章議論，根於理義者，並行除毀；六經、語、孟悉爲世之大禁。猾賤胥隸、頑頓無恥之徒，往往引用，以至卿相；繩趨尺步，稍以儒名者，無所容身。從遊之士，特立不顧者，屛伏丘壑；依阿巽儒者，更名他師，過門不入，甚至變易衣冠，狎遊市肆，以自別其非黨。先生日與諸生講學竹林精舍，有勸以謝遣生徒者，笑而不答。」⑧他如《宋元學案》載：「李燔，字敬子，……熹沒，學禁嚴，燔率同門往會葬，視封窆，不少怵。……爲白鹿書院堂長，學者雲集，講學之盛，他郡無與比。」又：「劉爚、字晦伯，……僞學禁興，歸武夷山講道讀書，築雲莊山房，爲終老之計。」⑨由此可見一斑矣。及至寧宗開禧間，韓侂胄用兵失敗，身敗名裂。於是道學之發展勢如洪流，書院亦隨之而更加蓬勃。逮乎理宗之世，更多方推重道學，或賜額書院，或追謚道學鴻儒，或詔准諸儒從祀孔廟之中。《續資通鑑長編》載：「理宗寶慶三年（西元一二二七年）正月己巳詔云：「朕每觀朱熹《論語》、《中庸》、《大學》、《孟子》注解，發揮聖賢之蘊，羽翼斯文，有補治道。朕方厲志講學，緬懷典刑，深用歎慕，可特贈太師，追封信國公。」」⑩《宋史》〈理宗本紀〉亦載淳祐元年（西元一二四一年）追封周敦頤爲汝南伯、張載爲郿伯、程顥爲河南伯、程頤爲伊陽伯。⑪且詔云：「朕惟孔子之道，自孟軻後不得其傳。至我朝周敦頤、張載、程顥、程頤，眞見實踐，深探聖域，千載絕學，始有指歸。中興以後，又得朱熹精思明辨，表裏混融，使《大學》、《論孟》、《中庸》之書，本末洞徹，孔子之道，益以大明於世。周每觀五臣論著，啓沃良多。今視學有日，其令學官列諸從祀，以示崇獎之意。」⑫至其賜額書院，可考者達二十五處之多。⑬至是道學之地位臻於至尊，而書院之設亦達於鼎盛矣。

據《中國書院史話》引大陸《中山大學歷史研究所周刊》第十輯〈宋代明清書院〉一文云：「宋代書院共二〇三所，北宋占二四%強，南宋占七五%強。南宋理宗時代因解除了道學之禁，特別發達，建置的數目，超過全數的三分之二。從地域說，長江流域占七四%強，珠江流域占二一%強，黃河流域只占三．五%。說明黃河流域遭到摧殘，珠江流域文化開始發展，而長江流域則文化、經濟都占優勢。從各省說，江西最多，八〇所；浙江次之，三四所；湖南又次之，二四所。江西有白鹿洞遺規，陸九淵又在江西講學；浙江是首都所在，浙東經濟力量比較強；湖南有岳麓的影響。這三省都在長江以南。從民辦和官辦（包括地方官、督撫、京官和敕建等）說，民辦的占五〇%；官辦的略相等，其中地方官辦占二一%強，督撫辦占一．九%，京官辦占六%強，敕建占二〇%強。可見書院建置多出于民力。江西、浙江、湖南三省，民力最盛，湖北、廣東地方官力量最多。宋代雖有官助、官辦形式，還不能以政治勢力控制書院，講學是比較自由的。」⑭其中所計書院總數容或未臻周遍，然所列分布概況與設置情形，已足概見南宋書院擴展之盛況矣。再者，南宋書院除少部分以講授一般儒家經學，與所謂經世之學外，絕大多數之書院則以強調人倫綱常之實踐，與探究心性理氣之根本爲務。然衆道學家雖主排斥佛老，而其學術思想實多少或受佛老之所影響，前已言及。且書院之教育形式，亦顯然承襲佛家禪林之精神也。蓋禪林中設「長老」或「住持」以司教務，而道學書院之中亦設「山長」、「洞主」以掌理教務；禪林中禪師之重要講授有〈語錄〉以記之，道學書院之重要講授亦有〈語錄〉之記載；且禪林之中往往訂有「清規」以便持戒，道學書院亦多有「學規」之訂定，此又不可不知也。總之，南宋之時隨道學書院之興盛，孟子學亦廣爲傳播矣。

㈢承北宋五子之餘緒，衣冠南渡之後，道學大家四起，蔚然成風。當此之時，鴻儒之間以氣節相砥勵，其所強調之義理多為士子奉為圭臬，且鴻儒之相互論辯亦促使道學益發熾盛，孟子學在諸儒之倡論下臻於鼎盛，而影響亦至為深刻。

——道學在南渡之後，承北宋五子之餘緒，逐漸興盛。紹興初年，高宗與宰相趙鼎爲貶抑王安石之餘黨，而倡導道學，初以楊時，胡安國等人最爲致力。至秦檜當權，禁壓儒生，令道學之發展一度受挫。直至紹興末年，秦檜死後，道學再度活躍。孝宗之世，張栻、朱熹等人，名重一時。寧宗之初，宰相趙汝愚薦朱熹任侍講，旋以韓侂冑專擅，排斥異己，趙汝愚去位，朱熹、彭龜年、黃度、李祥、楊簡、呂祖儉等人，亦因抨擊韓氏而得罪，乃有禁制「僞學」之舉。慶元三年（西元一一九七年）發展而爲「慶元黨禁」，道學再度遭受壓抑。然有識諸儒並未因而放棄，反紛紛避居山林，私設書院繼續講授道學，相互砥勵。直至韓氏執政之末，終於弛禁。及開禧用兵失敗，侂冑身敗名裂，道學自是蓬勃開展。逮乎理宗之朝，因朝廷之多方推尊，使道學諸儒獲得莫大鼓舞，而孟子學亦隨道學之發展臻於鼎盛矣。

夫書院之林立，加速道學之推展；而道學之昌盛，亦促成書院之激增。然於宋室南渡之前，學術之重心均在北方，衣冠南渡之後，則學術之重鎭亦隨之南移，且以道學爲其主流。考之黃宗羲所撰，全祖望增補之《宋元學案》凡一百卷、九十一學案中，其人物有傳目詳載，及附傳傳目中有名氏者，凡一千七百餘人。屬於南宋之學者，十有七、八。其所分布，西至關隴，北接江淮，東至吳浙，南下閩粵。深入川、桂、皖、鄂、湘、贛等地。其主要學統，有關學、洛學、閩學、婺學、蜀學、江西之學、湖湘之學等，郁郁乎其不可謂不盛矣。且南渡之後，鴻儒輩出，其影響較大者，如：福建、將樂之楊時（字中立，學者稱龜山先生），初與謝良佐、游酢、尹焞等從二程遊，卻能融合周、程，會通張載，爲道學南倡之首。其足跡雖不出大江南北，然歷仕州縣，所至均興學立教，門人獨盛。其學一傳得羅從彥，再傳李侗，三傳至朱熹，遂集道學之大成。其後，楊氏雖不免於逃禪之嫌，然於宏揚洛學，光大程門，將道學南傳，其功不可謂不大矣。⑮次如：湘學之首倡、胡安國（字康侯，學者稱武夷先生），胡氏雖爲福建、崇安人，然其始而爲荆南教授，繼而提舉湖南學事，晚年且講學、著書於衡嶽之麓。其子侄胡寅、胡宏、胡寧等，亦多仕宦於湘，其中，胡宏及弟憲授學於湖南，前後達二十餘載，創湖湘學統。而張栻、朱熹、呂祖謙等大儒，亦嘗分別從二人遊。⑯是胡氏一門於洛學在湖湘之光大，功不可沒。《宋元學案》卷三十四〈武夷學案〉云：「私淑洛學而集大成者，胡文定公其人也。……南渡昌明洛學之功，文定幾侔於龜山，蓋晦翁、南軒、東萊皆其再傳也。」

蓋湖湘之道學在武夷先生及其子侄等人之倡導下，得以昌盛。而其再傳、得張栻（字敬夫、學者稱南軒先生），栻與朱熹同時，兩人兼相師友，交誼密切。當時湘學、閩學各負擅場，論學亦各有所至。《宋元學案》卷五十〈南軒學案〉稱：「南軒似明道，晦翁似伊川。」大抵而言，南軒之學本於明道，以居敬、主一為要，而晦翁則本乎伊川，主窮理以致其知，反躬以踐其誠，亦講居敬。惜南軒享年不永，四十八歲而卒。其弟子於南軒死後，多轉師陳傅良（君舉）、戴溪（肖望），⑰湖湘之學遂告式微。唯其學得宇文紹節（挺臣），陳槩（平甫）、范仲黼（文叔）等人，宏揚於蜀，⑱此其始料所未及者也。

再如響影至為久遠，堪稱南宋道學雙璧之朱熹（字元晦，學者稱晦庵先生）與陸九淵（字子靜，學者稱象山先生）。論者多謂宋代道學之發展，迄於朱、陸二人始臻純熟。且直至清末，儒學之發揮，究其底蘊，亦大抵難以逾越朱、陸之藩籬，蓋不誤也。其中、朱熹之父松，嘗師事楊龜山之門人蕭顗（子莊）、與羅從彥（仲素），以傳河洛之學。熹承家學，私淑程子，又稟其父之遺命，從胡憲（原仲）、劉勉之（致中）、劉子翬三先生遊。其後更師事其父之同門李侗（愿中），且與張栻、呂祖謙等人交往切磋。既博訪而周諮，又遍求諸經傳，用能集周、張二程之大成而達於博洽。⑲黃榦所撰〈朱先生行狀〉云：「於《大學》、《中庸》則補其闕遺，別其次第，綱領條目粲然復明。於《論語》、《孟子》則深原當時答問之意，使讀而味之者，如親見聖賢而面命之。於《易》與《詩》則求其本義，攻其末失，深得古人遺意於數千載之上。凡數經者見之傳注，其關於天命之微，人心之奧，入德之門，造道之域者，既已極深研義，探賾索隱，發其旨趣而無遺矣。至於一字未安，一詞未備，亦必沉潛反覆，或達旦不寐，或累日不倦，必求當而後已。故章旨字義至微至細，莫不理明詞順，易知易行。於《書》則疑今文之艱澀，反不若古文之平易；於《春秋》則疑聖心之正大，決不類傳注之穿鑿；於《禮》則病王安石廢罷《儀禮》，而傳記獨存；於《樂》則憫後世律尺既亡而清濁無據。是數經者，亦嘗討論本末，雖未能著爲成書，然其大旨固已獨得之矣。若歷代史記則又考論西周以來，至於五代，取司馬公編年之書，繩以《春秋》紀事之法，綱舉而不繁，目張而不紊。國家之理亂，君臣之得失，如指諸掌。周、程、張、邵之書，所以繼孔、孟道統之傳，歷時未久，微言大義鬱而不章，爲之裒集發明，而後得以盛行於世。」又云：「教人以《大學》、《語》、《孟》、《中庸》爲入道之序，而後及諸經。以爲不先乎《大學》則無以提綱挈領而盡《論》、《孟》之精微，不參之以《論》、《孟》則無以融會貫通而極《中庸》之旨趣。然不會其極於《中庸》，則又何以建立大本，經綸大經，而讀天下之書，論天之事哉？其於讀書也，又必使之辯其音釋，正其章句，玩其辭，求其義，研精覃思以究其所難知，平心易氣以聽其所自得。然爲己務實，辯別義利，毋自欺，謹其獨之戒，未嘗不三致意焉，蓋亦欲學者窮理反身而持之以敬也。」⑳由此可以概見朱子之爲學與教人之法矣。是以四方學者皆樂於從遊。〈行狀〉又云：「摳衣而來，遠自川蜀；文詞之傳，流及海外；至於邊徼，亦知慕其道，問其起居。窮鄉晚出，家蓄其書，私淑諸人者，不可勝數。」㉑黃榦雖朱子之門人亦其快婿，然其所言，洵非溢美也。綜觀乎有宋道學諸大家中，要以朱熹之門徒最盛，流衍最廣。其及門弟子中，卓然成家，於《宋元學案》中，爲立專案者，即有蔡元定之〈西山蔡氏學案〉（卷六十二）；黃榦之〈勉齋學案〉（卷六十三）；輔廣之〈潛庵學案〉（卷六十四）；陳埴之〈木鐘學案〉（卷六十五）；杜煜、杜知仁之〈南湖學案〉（卷六十六）；蔡沉之〈九峯學案〉（卷六十七）；陳淳之〈北溪學案〉（卷六十八），其餘能學有所得者且百餘人，亦均併入〈滄洲諸儒學案〉（卷六十九、七十）。朱學之盛，可以概見矣。而其衆高第弟子之中，蔡元定（季通）雖領袖朱門，與其子蔡沉（仲默），並爲朱學之干城，惟其篤信邵雍，學雜象數，誠已非純乎朱學之正宗矣。且元定因慶元間學禁之故遭貶，卒於道州貶所，亦未能有所發揮。其子蔡沉亦終身息隱不仕，終亦隱晦不彰。其餘諸子，若輔廣，則以漕試四舉不第，終生衰颯牢落。而陳埴及杜氏兄弟，則因籍屬浙江，聲氣不免稍爲浙東功利之氣所染。至於陳淳，則從學於朱門僅三月，朱熹即告逝世，其後雖護衛師門甚力，多所發明，然時有操門戶異同之見，而失之過當者。其於朱門之中，最能光大師傳，則當屬晦翁愛婿黃榦耳。黃榦之學，一傳得何基（子恭）、饒魯（伯輿），再傳爲王柏（會之）、金履祥（吉父），三傳有許謙（益之）、吳澄（幼清），朱子之學遂得以重光。是以黃榦於朱氏之學，誠有承先啓後，光大師門之大功也。至於朱子之影響於後學，則以其作《大學》、《中庸》之章句、或問，與《論語》、《孟子》集註，合爲《四書》爲最。馬宗霍之《中國經學史》第十篇〈宋之經學〉云：「朱子則作《大學》、《中庸》章句、或問，《論語》、《孟子》集注，合稱曰《四子書》。益萃群賢之言而折衷之，且于《大學》分別經傳，于《中庸》定著章節，遂使二篇離《禮記》而獨自成學。朱子沒，朝廷以其《四書》訓說立于學官，於是《四書》亦爲一經。自有《四書》，而後道學之門戶正，自朱子《四書》立于學官，而後道學之壁壘堅，此黃榦所謂道之正統。由孔子而後，曾子、子思繼其微，至孟子而始著。由孟子而後，周、程、張子繼其絕，至朱子而始著也。」誠不誣也。

至於自謂「學苟知本，六經皆我註腳」之陸九淵，其學直承孟子「學問之道無他，求其放心而已矣。」之意。《宋元學案》雖云：「程門自謝上蔡（良佐）以後，王信伯（蘋）、林竹軒（季仲）、張無垢（九成），至于林艾軒（光朝）皆其前茅，及象山而大成。」㉒其實陸氏與謝良佐以下諸人，雖有相似之處，然彼此並無淵源可言。且陸九淵於程顥雖頗推重，其精神面貌亦能與之相映，惟亦無統緒可尋。就廣義而言，尚可稱其遠紹大程，與朱熹同出伊洛。然苦就師傳而論，則陸氏之學實係與其兄陸九韶（子美）、九齡（子壽）自相師友。㉓而推究其本源，則嘗自云：「因讀《孟子》而自得之。」㉔是以其學既本於自得，遂自然歸向於簡約一途。若以陸氏與朱熹相較，則一如海涵川納；一如孤峰特起，意趣各異也。《宋元學案》卷五十八〈象山學案〉黃宗羲案云：「（陸）先生之學，以尊德性爲宗。謂先立乎其大，而後大之所以與我者，不爲小者所奪。夫苟本體不明，而徒致力于外索，是無源之水也。同時，紫陽之學，則以道問學爲主，謂格物窮理乃吾人入聖之階梯。夫苟信心自是，而惟從事于覃思，是師心之用也。兩家之意見既不同，逮後，論太極圖說，先生之兄梭山謂不當加無極二字于太極之前，此明背孔子，且并非周子之言。紫陽謂孔子不言無極，而周子言之，蓋實有見太極之眞體，不言者不爲少，言之者不爲多。先生爲梭山反復致辯，而朱陸之異遂顯。」然則，朱、陸兩家雖各有所重，唯並非絕不相容。況乎二者於宏揚儒學扶持聖道之用心，則並無二致。而陸氏在象山設教五年，其間弟子雖屢進屢退，然屬籍者曾達千餘之多，自是一時盛事。其後陸學之流衍，主要有江西之傅夢泉（子淵）、鄧約禮（文範）、傅子雲（季魯）、黃叔豐（元吉）等，與浙東之楊簡（敬仲）、袁燮（和叔）、舒璘（元質）、與沈煥（叔晦），所謂甬上四先生者。其中，唯楊簡最能得陸氏之精神，亦最能光大陸學者也。

至於南宋諸儒之中，尚足以與朱、陸二派相匹者，唯婺州呂祖謙（伯恭）之學。清初，全祖望嘗論之云：「宋乾、淳以後，學派分而爲三：朱學也，呂學也，陸學也。三家同時，皆不甚合。朱學以格物致知，陸學以明心，呂學則兼取其長，而復以中原文獻之統潤色之。」㉕蓋呂氏家學爲有宋一代傳衍最盛。影響至鉅之一支。其先祖世居山東、東萊，後徙浙江婺州。於宋室南渡之際，中原文獻幸賴呂氏家族之大量保存，得以使學術傳承繼續發揚。據《宋元學案》所載，呂氏家族登錄學案者，有八世二十二人之多，分見於卷十九〈范呂諸儒學案〉；卷二十三〈滎陽學案〉；卷二十七〈和靖學案〉；卷三十六〈紫微學案〉；卷五十一〈東萊學案〉。其較爲傑出者如：宋仁宗時爲相之呂夷簡，其子呂公著，其孫呂希哲等。至於南宋初，則有希哲之孫呂本中（居仁），世稱大東萊，而呂祖謙者，本中之從孫也，世稱小東萊。呂祖謙承其不名一師，不私一說，集思廣益之家風。嘗從林之奇（拙齋）、胡憲（原仲）、汪應辰（聖錫）、劉勉之（致中）、芮煜（國器）諸先生遊。

並與朱熹、張栻、潘疇、陸氏兄弟、陳亮（同甫）、陳傅良（君舉）、薛季宣（士龍）、葉適（正則）等名儒相交往切磋。是以呂祖謙之爲學，不立崖岸，注重科級，務自歛養。然祖謙有感於異族之欺陵，因亦究心於史事變遷與禮樂制之探討。是以論者或嫌其駁雜。唯由祖謙所發起，朱、陸鵝湖之會，掀起當時學術討論之風氣，於道學之發展頗有助益。宋末，黃震嘗論之云：「東萊先生以理學與朱、張鼎立爲世師。其精辭奧義，豈後學所能窺其萬分之一。然嘗觀之晦翁與先生同心者，先生辯詰之不少恕；象山與晦翁異論者，先生容下不少忤。鵝湖之會，先生謂元晦英邁剛明，而工夫就實入細，殊未易量。謂子靜亦堅實有力，但欠開闊。其後，象山祭先生文，亦自悔鵝湖之會集，粗心浮氣。然則，先生忠厚之至，一時言娛其間，有功於斯道何如邪！若其講學之要，尤有切於今日者，學者不可不亟自思也。蓋理雖歷萬世而無變，講之者每隨世變而輒易，要當以孔子爲準的耳。孔子教人以孝弟忠信，躬行爲本，至子思則言誠，至孟子則言性，已漸發其秘，視孔子之說爲已深。至濂溪則言太極，至横渠則太虛，又盡發其秘，視子思、孟子之說爲益深。一議論出，一士習變。至晦庵先生出，始會萃濂、洛之說，以上達洙泗之傳。取本朝諸儒議論之切於後學者，爲《近思錄》。然猶以無極太極，陰陽造化冠之篇首，則亦以本朝之議論爲本也。東萊先生乾道四年規約，以孝悌忠信爲本。明年規約，以明理躬行爲本。至其題《近思錄》卷首，則謂陰陽性命，特使之知所嚮。講學具有科級，若躐等陵節，流於空虛，豈所謂近思。嗚呼！學者可以觀矣。」㉖其論呂祖謙氏之爲學精神，可謂公允矣。

然而，南宋道學之發展，自呂祖謙以降，因部分學者有感於國家長期之委屈求全，內外交困，國勢日益阽危。於是轉而追求經世務實之學，致力於歷史、制度之考察。如：王柏、黃震、魏了翁、金履祥等，雖承道學嫡傳，然已多所折衷，並注意於經世致用之學矣。至於南宋末造最具代表性之大儒王應麟（伯厚），其父王撝（謙父），嘗先後從呂祖謙之門人樓昉，與陸九淵之再傳史彌鞏遊。而應麟除紹承家學外，又從朱熹之三傳王埜遊，其學堪稱綜朱、呂、陸三家之傳。而應麟又兼致於永嘉之制度、沙隨之古易、蔡氏之圖緯與西蜀之史學。眞可謂「兼取諸家」、「綜羅文獻」也。其著述甚富，尤以《困學紀聞》一書，爲世所重。其所論述亦多能契合孔、孟之微旨。《宋史》〈王應麟傳〉載：應麟嘗慨然嘆曰：「今之事舉子業者，沽名譽得，則一切委棄。制度典章漫不省，非國家所望於通儒。」後之學者，於王氏之志節，或有所議論。然觀《困學紀聞》卷五〈禮記〉嘗自謂：「四十始仕，道合則服從，不可則去。古之人自其始仕，去就已輕。色斯舉矣，去之速也；翔而後集，就之遲也。故曰以道事君，不可則止。」則其操持可知矣。

綜觀南宋之道學諸儒，或師授徒，或子承父，誠可謂郁郁乎盛矣。其間之造詣雖有深淺純駁之分，然其篤於躬身履踐之精神，則幾無二致。而孟學在此一百五十餘年間，非但爲道學家倡論之重心，且其養氣、取義諸說，尤深刻影嚮於仁人志士之心。觀宋末諸忠義，如：文天祥、陸秀夫、謝枋得等人之壯烈成仁就義，可見一斑矣。[27]

【附註】

①見王明清《揮麈前錄》卷一。

②見《靖康要錄》卷十四。（十萬卷樓叢書本）。

③見《文獻通考》卷一百七十四。

④⑤同見《玉海》卷四十三。按：此事亦見《皇宋中興兩朝聖政》卷五十五；《咸淳臨安志》卷十一；《宋會要輯稿》第五十六冊〈崇儒六〉等。其中以《玉海》所載最詳。

⑥見《直齋書錄解題》卷八。

⑦見《朱子大全文集》卷七十九。

⑧見黃榦《勉齋集》卷三十六。

⑨見《宋元學案》卷六十九，〈滄州諸儒學案上〉。

⑩見《續資治通鑑長編》卷一六四。又《宋史》卷四十一〈理宗本紀〉所載略同。

⑪見《宋史》卷四十二，〈理宗本紀二〉。

⑫見同註⑪。

⑬見國立政治大學中文研究所吳萬居碩士論文《宋代書院與宋代學術之關係》第二章第一節。

⑭見《中國書院史話》二〈書院的演變〉台北學海出版社發行。按：政大吳萬居碩士論文《宋代書院與宋代學術之關係》第二章第一節據政大教育研究所孫彥民在〈教育研究叢書乙種〉所統計，稱：書院創於北宋者三十七

所，創於南宋者一四七所，含不可考者計三七九所。吳君另依該書附錄并不以書院名者合計，凡四百六十七所之多。與《中國書院史話》所計，相差一倍又多。今略較二者所計，《中國書院史話》未列福建、安徽、四川等省，且不以書院名者，或未列入計算故也。唯兩者所計，顯然以南宋爲多，且多分布於江南等地爲主則一致，誠然可信。

⑮參見《宋元學案》卷二十五〈龜山學案〉。

⑯參見《宋元學案》卷三十四〈武夷學案〉。

⑰《宋元學案》卷七十一〈嶽麓諸儒學案〉云：「宣公身後，湖湘弟子，有從止齋、岷隱遊者，然如彭忠肅公（龜年）之節概，吳文定公（獵）之勛名，二游文清（九言）、莊簡（九功）公之德器，以至胡盤谷輩，嶽麓之巨子也。再傳而得漫塘（劉宰）、實齋（王遂），誰謂張氏之後弱於朱乎。」實則，張氏沒後，湖相之學其影響已不逮於閩學甚明。

⑱參見《宋元學案》卷七十二〈二江諸儒學案〉。

⑲參見《宋元學案》卷四十八、四十九〈晦翁學案〉。

⑳見黃榦《勉齋文集》卷三十六。

㉑見同⑳。

㉒見《宋元學案》卷五十八〈象山學案〉。

㉓參見董金裕《宋儒風範》〈宋學的雙璧—朱熹與陸九淵〉。

㉔見《象山全集》卷三十五〈語錄下〉。

㉕見《鮚埼亭集外編》卷十六〈同谷三先生書院記〉

㉖見《黃氏日抄》卷四十。

㉗按：端宗景炎三年（西一二七八年）端宗卒，陸秀夫等人立帝昺，以元軍進逼，乃徙崖山，元軍執文天祥。祥興二年（西元一二七九年），元軍窮追不捨，丞相陸秀夫負帝投海而亡。元世祖至元十九年十二月（西元一二八二年），天祥不屈降於元，終被處死。元人檢其衣帶，有贊云：「孔曰成仁，孟曰取義。惟其義盡，所以仁至。讀聖賢書，所學何事？而今而後，庶幾無愧！」（見《宋史》卷四一八〈文天祥傳〉）又著有〈正氣歌〉，傳誦至今。又謝枋得任江西招諭使，爲元軍所執，枋得堅不仕元，終於元世祖、至元二十六年（西元一二八九年）不屈而亡。謝嘗歎亡國之痛云：「五帝三王自立之中國，竟滅於諸儒道學大明之時。此宇宙間大變也。讀《四書》者有愧矣！」（見謝枋得《疊山集》卷七〈東山書院記〉）又云：「儒者常談，所謂爲天地立心，爲生民立命，爲往聖繼絕學，爲萬世開太平。正在我輩人承當，不可使天下後世謂程、朱之事大言無當也。」（見《疊山集》卷一．〈與李養吾書〉）。

結語

孟子生當戰國紛亂之世，天下方務於合縱連横，當此之時，百家競起，棄仁義而尚功利，以致儒學不著，聖道充塞。孟子乃挺其名世之才，秉「舍我其誰」之精神，排異端，息邪說，欲以正人心，挽狂瀾。終能使儒家之道綿延恢宏於世也。其書雖爲記言之體，篇章似不相系，然綜而析之，則孟子學說之思想體系，隱然可見。概略而言，孟子紹承孔子、曾子、子思一脈相傳之學，仰則於天道，而知安命樂天，從而肯定人所秉之於天之根性爲善，並以之爲其立論之基礎，發揮其內聖與外王之道。其學說之要，就個人而言，欲人知所持養並擴而充其本然之善，俾能體現道德，遠離獸域，以躋於聖賢大人之境。就群體政治而言，欲導化當政者，以先王爲法，伸其不忍人之心，實民生、重教育，以落實仁政而登於王道之理想。《孟子》七篇之論，無不據此一體系而伸張也。

唯孟子之說，時君咸以爲迂濶而未能納之。自秦漢以降，論者或以其倡論「民貴君輕」之說，有忤於封建帝王之君威，是以未能徧爲士林之所重，《孟子》一書乃始終浮沉於經、子二部之間矣。中唐之世，韓文公起而排佛老，倡古文，標舉儒家之「道統」，推尊孟子之德業，孟子之學遂漸爲學者之所注意焉。

逮乎趙宋之興，初以朝廷之刻意標榜「重文輕武」政策，學術乃逐漸蓬勃發展。唯宋初諸帝，雖名爲儒、釋、道並重，實多迷信佛老，是以有識之士，起而效韓愈維護儒家「道統」之舉，以與釋、道相抗衡。此時，孟子學說亦漸爲學者多所稱引，其中尤以眞宗、大中祥符間，詔命孫奭校定《孟子》，且進而刊列於十三經之舉，使《孟子》一書得以偏爲士林之所重，並確立其在儒學中之地位。至於北宋中葉之後，儒者疑經、改經說之風起，是以經學之發展，漸捨章句訓詁之學，而趨向義理之析說。加之以時之鴻儒，或有受佛家思想之影響者，而探究理氣心性之道學於焉興起。當此之時，孟子學雖在少數儒者之非疑激盪下，然非但無損於其學術價值，反因而逐漸振興矣。迄乎衣冠南渡之後，道學大興，加以各地書院講學之風盛行，孟子學終在諸多道學家之探討論辯中，臻於鼎盛，而成時代之顯學。其中尤以孝宗淳熙間，朱子承程氏兩夫子表彰《大學》、《中庸》、《論語》、《孟子》之意，爲分章句並作集註，合而編之，以此爲儒家「道統」之所繫，而力加推廣。自此士子無不奉爲圭臬，雖歷元、明、清數代，近千年而不衰，其影響可謂深且遠矣。

夫任一學術流衍之盛衰晦顯，固緣於其本身之價值而定，然時代環境之客觀條件，與整體學術發展之趨勢，乃至學者治學之態度與方法，在在均爲影響之因素也。觀乎孟學兩千餘年來，流衍之晦顯可知矣。

主要參引書目

一、典籍著作

十三經注疏　漢・鄭玄等注，唐・孔穎達等疏　藝文印書館
韓詩外傳　漢・韓嬰撰　臺灣商務印書館
孟子解　宋・蘇轍撰　臺灣商務印書館
四書集註　宋・朱熹撰　世界書局
癸巳孟子說　宋・張栻撰　臺灣商務印書館
四書纂疏　宋・趙順孫撰　啓聖圖書公司
孟子集註考證　元・金履祥撰　臺灣商務印書館
孟子正義　清・焦循撰　世界書局
孟子微　清・康有爲撰　臺灣商務印書館
經義考　清・朱彝尊撰　臺灣中華書局

經義考補正　清・翁方綱撰　廣文書局
經學歷史　清・皮錫瑞撰　藝文印書館
經學通論　清・皮錫瑞撰　河洛圖書公司
經學五變記　清・廖平撰　學海出版社
經學源流考　清・甘鵬雲撰　學海出版社
二十五史　漢・司馬遷等撰　藝文印書館
唐六典　唐・張九齡撰　商務欽定四庫全書珍本
資治通鑑　宋・司馬光撰　世界書局
續資治通鑑長編　宋・李燾撰　世界書局
宋朝事實　宋・李攸　商務欽定四庫全書珍本別輯
冊府元龜　宋・王欽若、楊億等撰　臺灣中華書局
宋名臣奏議　宋・趙汝愚等撰　商務欽定四庫全書珍本
玉海　宋・王應麟撰　華文書局
文獻通考　元・馬端臨撰　臺北新興書局
續文獻通考經籍考　明・王圻撰　文海出版社
宋史紀事本末　明・陳邦瞻撰　臺北鼎文書局

宋史質　明・王洙撰　大化書局
宋史新編　明・柯維騏撰　龍門書店
國史經籍志　明・焦竑撰　廣文書局
增補宋元學案　清・黃宗羲撰、黃百家、全祖望增補　臺灣中華書局
宋元學案補遺　清・王梓材、馮雲濠撰　世界書局
儒林宗派　清・萬斯同撰　廣文書局
漢學師承記　清・江藩撰　廣文書局
宋學淵源記　清・江藩撰　廣文書局
四庫全書總目（附辨證）　清・紀昀等撰　藝文印書館
學統　清・熊賜履撰　廣文書局
理學宗傳　清・孫奇逢撰　藝文印書館
閩中理學淵源考　清・李清馥撰　商務欽定四庫全書珍本
續文獻通考　清・高宗敕撰　新興書局
宋論　清・王夫之撰　里仁書局
中興館閣書目　清・陳揆、趙士煒輯　成文影印書目類編本
天下書院總志　（未書作者）　廣文書局

中國書院史話　（未書作者）　學海出版社
周子全書　宋・周敦頤撰　臺灣商務印書館
張子全書　宋・張載撰　臺灣商務印書館
二程全書　宋・程顥、程頤撰　臺灣中華書局
朱子大全　宋・朱熹撰　臺灣商務印書館
朱子大書　宋・朱熹撰　廣學社
朱子行狀　宋・黃榦撰　中文出版社
象山先生全集　宋・陸象山撰　臺灣商務印書館
朱子語類　宋・黎靖德撰　正中書局
困學紀聞　宋・王應麟撰　臺灣商務印書館
黃氏日鈔　宋・黃震撰　臺灣商務印書館
直齋書錄解題　宋・陳振孫撰　臺灣商務印書館
郡齋讀書志　宋・晁公武撰　廣文書局
癸辛雜識　宋・周密撰　中文出版社
齊東野語　宋・周密撰　中文出版社
孟子年譜　元・程復心撰　臺灣商務印書館

孟子雜記　明・陳士元撰　臺灣商務印書館
近思錄集註　清・茅星來撰　商務四庫著錄本
續近思錄　清・張伯行撰　世界書局
廣近思錄　清・張伯行撰　世界書局
孔孟弟子考　清・朱彝尊撰　廣文書局
孟子事實錄　清・崔述撰　古書流通處印崔東壁遺書
孟子時事考徵　清・陳寶泉撰　廣文書局
孟子時事略　清・任兆麟撰　藝文印書館
孟子生卒年月考　清・閻若璩撰　皇清經解
孟子四考　清・周廣業撰　皇清經解續編
孟子七篇諸國年表　清・張宗泰撰　藝文印書館
韓昌黎文集　唐・韓愈撰　世界書局
柳宗元集　唐・柳宗元撰　漢京文化公司
范文正公集　宋・范仲淹撰　臺灣商務印書館
孫明復小集　宋・孫復撰　商務欽定四庫全書珍本
歐陽修全集　宋・歐陽修撰　河洛圖書公司

徂來集　宋・石介撰　商務欽定四庫全書珍本
蘇東坡全集　宋・蘇東坡撰　河洛圖書公司
五峯集　宋・胡宏撰　商務欽定四庫全書珍本
直講李先生文集　宋・李覯撰　臺灣商務印書館
盱江集　宋・李覯撰　商務四部叢刊本
雞肋集　宋・晁補之撰　臺灣商務印書館
傳家集　宋・司馬光撰　商務四部叢刊本
節孝集　宋・徐積撰　文海出版社
臨川集　宋・王安石撰　商務四部叢刊本
廣陵集　宋・王令撰　商務欽定四庫全書珍本
景迂生集　宋・晁說之撰　商務四部叢刊本
游廌山集　宋・游酢撰　商務欽定四庫全書珍本
龜山集　宋・楊時撰　商務欽定四庫全書珍本
北山小集　宋・程俱撰　商務欽定四庫全書珍本
豫章文集　宋・羅從彥撰　商務四部叢刊本
和靖集　宋・尹焞撰　商務欽定四庫全書珍本

拙齋文集　宋・林之奇撰　商務四部叢刊本
止齋文集　宋・陳傅良撰　臺灣商務印書館
東萊集　宋・呂祖謙撰　商務欽定四庫全書珍本
南軒集　宋・張栻撰　商務欽定四庫全書珍本
勉齋集　宋・黃榦撰　商務四部叢刊本
水心先生文集　宋・葉適撰　臺灣商務印書館
誠齋集　宋・楊萬里撰　臺灣商務印書館
後村先生大全集　宋・劉克莊撰　臺灣商務印書館
鶴山先生大全文集　宋・魏了翁撰　臺灣商務印書館
攻媿集　宋・樓鑰撰　臺灣商務印書館
斐然集　宋・胡寅撰　商務欽定四庫全書珍本
浮沚集　宋・周行己撰　商務欽定四庫全書珍本別輯
楳埜集　宋・徐元杰撰　商務欽定四庫全書珍本別輯
絜齋集　宋・袁燮撰　商務欽定四庫全書珍本別輯
須溪集　宋・劉辰翁撰　商務欽定四庫全書珍本
雪坡集　宋・姚勉撰　商務欽定四庫全書珍本

北溪大全集　宋・陳淳撰　商務欽定四庫全書珍本
巽齋文集　宋・歐陽守道撰　商務欽定四庫全書珍本
雲莊集　宋・劉爚撰　商務欽定四庫全書珍本
龍川文集　宋・陳亮撰　藝文百部叢書集成之九五
陳克齋先生集　宋・陳文蔚撰　藝文百部叢書集成之二六
謝疊山先生集　宋・謝枋得撰　藝文百部叢書集成之二六
文文山全集　宋・文天祥撰　世界書局
日知錄　清・顧炎武撰　明倫書局
結埼亭集　清・全祖望撰　商務國學叢書四百種本
十駕齋養新錄　清・錢大昕撰　商務國學叢書四百種本
東塾讀書記　清・陳澧撰　臺灣商務印書館
中國學術思想變遷大勢　清・梁啓超撰　臺灣中華書局
經學教科書　清・劉師培撰　漢聲出版社
高明文集　民國・高師仲華撰　黎明文化事業公司
羣經述要　高師仲華撰　黎明文化事業公司
孟子　高師仲華撰　海外華人青少年叢書

中國學術通義　錢穆撰　學生書局
四書釋義　錢穆撰　學生書局
中國學術思想史論叢　錢穆撰　東大圖書公司
宋明理學概述　錢穆撰　學生書局
宋代理學三書隨劄　錢穆撰　東大圖書公司
國史大綱　錢穆撰　臺灣商務印書館
朱子新學案　錢穆撰　三民書局
先秦諸子繫年　錢穆撰　東大圖書公司
孟子的名理思想及其辯說實況　陳大齊撰　臺灣商務印書館
名理論叢　陳大齊撰　正中書局
孟子待解錄　陳大齊撰　臺灣商務印書館
中國學術思想大綱　林師景伊撰　學生書局
群儒考略　姚永樸撰　廣文書局
諸子通考　蔣伯潛撰　正中書局
諸子考索　羅根澤撰　（未著出版社）
先秦諸子學　嵇哲撰　樂天出版社

宋代政教史　劉驥伯撰　臺灣中華書局
宋史研究論集　王德毅撰　臺灣商務印書館
孟子思想與中國文化　張明凱撰　臺灣商務印書館
中國文化史　柳貽徵撰　正中書局
中國倫思想研究　張岱年撰　貫雅文化事業有限公司
宋儒與佛教　日本常盤大定撰，林科棠譯　臺灣商務印書館
宋元經濟史　王志瑞撰　臺灣商務印書館
宋代佛教社會經濟史論集　黃敏枝撰　學生書局
北宋中期儒學復興運動　劉復生撰　文津出版社
宋代修史制度研究　蔡崇榜撰　文津出版社
南宋高宗偏安江左原因之探討　張峻榮撰　文史哲出版社
宋明道學　孫振青撰　千華出版社
宋明理學（北宋篇）（南宋篇）　蔡仁厚撰　學生書局
孔孟荀哲學　蔡仁厚撰　學生書局
儒學的常與變　蔡仁厚撰　東大圖書公司
新儒家的精神方向　蔡仁厚撰　學生書局

中國哲學原論　唐君毅撰　學生書局
中國思想史論集　徐復觀撰　學生書局
心體與性體　牟宗三撰　正中書局
中國文化的省察　牟宗三演講錄　聯合報叢書
中國哲學思想史　羅光撰　學生書局
儒家哲學的體系續篇　羅光撰　學生書局
新編中國哲學史　勞思光撰　三民書局
新儒家思想史　張君勱撰　弘文館出版社
孟子今註今譯　史次耘撰　臺灣商務印書館
二程學說研究　楊大膺撰　臺灣中華書局
中國歷代典籍考　程登元撰　盤庚出版社
中國佛學源流略講　呂澂撰　里仁書局
禪宗與中國文化　葛兆光撰　里仁書局
中國經學史　日本・本田成之撰　廣文書局
朱子哲學思想的發展與完成　劉述先撰　學生書局
儒佛異同與儒佛交涉　曾錦坤撰　谷風出版社

中國哲學的生命與方法　吳怡撰　東大圖書公司
宋明清理學體系論史　黃公偉撰　幼獅書店
中國哲學史綱要　范壽康撰　開明書店
朱子及其哲學　范壽康撰　開明書店
朱學論集　陳榮捷撰　學生書局
朱子門人　陳榮捷撰　學生書局
兩宋思想述評　陳鐘凡撰　華世出版社
理學概論　程發軔撰　正中書局
宋明理學　吳康撰　華國出版社
宋學概要　夏君虞撰　華世出版社
孟子本義　胡毓寰撰　正中書局
儒家與現代中國　韋政通撰　東大圖書公司
先秦七大哲學家　韋政通撰　牧童出版社
中國經學發展史論（上冊）　李威熊撰　文史哲出版社
孟子義理疏解　王邦雄撰　鵝湖月刊雜誌社
中國近古史　陶晉生撰　東華書局

宋代書院與宋代學術之關係　吳萬居撰　文史哲出版社
宋代書院制度之研究　孫彥民撰　政大教研所教育研究叢刊乙種
宋儒風範　董金裕撰　東大圖書公司
宋人疑經改經考　葉國良撰　臺大文史叢刊之五十五
宋代人物與風氣　禚夢庵撰　臺灣商務印書館
宋代理學與佛學之探討　熊琬撰　文津出版社
孟子學說體系探賾　駱建人撰　文津出版社
孟子探微　林漢仕撰　文史哲出版社
孟子旁通　懷瑾講述、蔡策編　（大陸）經濟日報出版社
論語孟子研究　譚承耕撰　（大陸）湖南教育出版社
孟子導讀　楊伯峻撰　（大陸）巴蜀書社

二、論文及期刊

兩宋孟子著述考　趙國雄撰　政大中研所碩士論文
孟子趙注與朱注之比較研究　顧健民撰　政大中研所碩士論文
孟子義理思想研究　許宗興撰　政大中研所博士論文

孟子著述及孟學顯晦考　李旭光撰　臺大中文研所碩士論文
宋永嘉學派之學術思想　董金裕撰　政大中研所博士論文
南宋永嘉學派之經學思想　張元撰　東海大學歷史研究所碩士論文
宋代理學家的歷史觀　張元撰　臺灣師大歷史所博士論文
宋儒春秋尊王思想研究　倪天惠撰　政大中研所碩士論文
中國古代書院及其刻書之探研　黃晴文撰　文化大史學研究所碩士論文
南宋館閣典籍考　李健祥撰　政大中研所碩士論文
北宋史學的忠君觀念　陳芳明撰　臺大史研所碩士論文
中國天人合一思想之研究　李光泰撰　政大三研所碩士論文
陸象山學說的根源與演變　梁實雄撰　珠海大學中研所碩士論文
書院史略　陳東原撰　學風一卷九期
宋明新儒與書院之發展　楊國賜撰　文化大學創新週刊六期
宋代教育宗旨闡釋　程運撰　中正學報二期
宋代書院教育之成因　邱兆偉撰　臺灣教育輔導月刊十七卷二期
兩宋學風的地理分佈　何佑森撰　新亞學報一卷一期
兩宋學術風氣之分析　程運撰　政大學報二十一期

宋代儒者地理分佈的統計　余瑛撰　禹貢半月刊一卷六期
兩宋湘學與浙學　吳康撰　學術季刊四卷二期
宋代四明之學風　張其昀撰　宋史研究集第三輯
兩宋永嘉學術思想之變遷　周學武撰　書目季刊十卷二期
宋人疑經的風氣　屈萬里撰　大陸雜誌二十九三期
兩宋治經取向及其特色　李威熊撰　中華學苑三十期
宋人在學術資料方面之貢獻　程元敏撰　國立編譯館館刊二卷三期
宋代的經學風氣與張南軒經解的弊病　朱學瓊撰　中華文化復興月刊七卷六期
論孟學中之興起心志以立人之道　唐君毅撰　新亞學術年刊十四期
論孟子之不動心與養氣　陳拱撰　東海學報五卷一期
孟荀學說所以異趨之臆測　陳大齊撰　孔孟學報二期
研討人性善惡問題的幾個先決條件　陳大齊撰　孔孟學報二期
孟子的倫理思想　王武陵撰　鵝湖月刊十七期
孟子盡心知性知天章略解　楊祖漢撰　鵝湖月刊三十期
孟子心學義理結果初探　林安梧撰　鵝湖月刊四十期
心的性質及其實現　蔡仁厚撰　鵝湖月刊九四期

孟子的學術批評　蔡仁厚撰　鵝湖月刊九九期
由孟子三章看其思想理念之間架與進程　周群振撰　鵝湖月刊一〇〇期
孟子本義之疏釋及疑難試解　周群振撰　鵝湖月刊一二七期
孟子義利之辨的涵義與時空背景　侯家駒撰　孔孟學報二三卷九期
論語孟子中所說的權　河澤恆撰　孔孟學報二四卷三期
楊龜山學脈之考察　蔡介裕撰　孔孟學報三十卷一期
孟子人性論之現象與解析　陳榮華撰　哲學與文化十卷六期
人性向善論——對古典儒家的一種理解　傅佩榮撰　哲學與文化十二卷六期
孟子之天道思想探微　方俊吉撰　高仲華先生八秩榮慶論文集
試說孟子之人格品類觀　方俊吉撰　第一屆先秦學術國際研討會論文集